I0366168

www.ingramcontent.com/pod-product-compliance
Lightning Source LLC
Chambersburg PA
CBHW070130080526
44586CB00015B/1634
9781927998847

تفسیر

تھسلنیکیوں 1،2

تیمتھیس 1،2

مصنف:۔ ایف، وین، میکلائید

مترجم:۔ عمانوایل دیوان

LIGHT TO MY PATH BOOK DISTRIBUTION

Sydney Mines, Nova Scotia, CANADA

جملہ حقوق بحق مصنف و مترجم محفوظ ہیں

نام کتاب:۔۔۔۔۔۔۔۔۔۔۔۔۔ تفسیر۔ 1، 2 تھسلنیکیوں، 1، 2 تیمتھیس

مصنف:۔۔۔۔۔۔۔۔۔۔۔۔۔۔۔۔ ایف وین، میکلائیڈ

مترجم:۔۔۔۔۔۔۔۔۔۔۔۔۔۔۔۔۔ عمانوایل دیوان

کمپوزنگ:۔ ۔۔۔۔۔۔۔۔۔۔ پرنس میتھیو، سن آف عمانوایل داؤد

پروف ریڈنگ:۔۔۔۔۔۔۔۔۔۔۔۔ رضیہ عمانوایل

تعداد:۔۔۔۔۔۔۔۔۔۔۔۔۔۔۔۔ ایک ہزار

سنِ اشاعت:۔۔۔۔۔۔۔۔۔۔۔۔ دسمبر 2021

ہدیہ کتاب:۔۔۔۔۔۔۔۔۔۔۔۔۔ 300 روپے

ملنے کا پتہ:۔۔۔۔۔۔۔۔۔۔۔ ایف۔ جی۔ اے بک سٹال، بہار کالونی، کوٹ لکھپت لاہور۔ عامر ریاض۔   فون نمبر 03314004219

رابطہ مترجم و پبلشر۔۔۔۔۔۔۔۔ عمانوایل داؤد
فون نمبر 03351470565
وٹس ایپ نمبر +923164656552
mathewforjesus7@gmail.com

فہرست مضامین

پیش لفظ

صفحہ	عنوان
7	1۔ ایمانداروں کے لئے نمونہ
14	2۔ رسولوں کی خدمت
25	3۔ پولس رسول کی خوشی اور تاج
33	4۔ تیمتھیس کی طرف سے خیر خبر
40	5۔ زیادہ سے زیادہ
49	6۔ بادلوں پر اُٹھائے جائیں گے
53	7۔ ہمیشہ تیار
61	8۔ آخری مگر اہم باتیں
73	9۔ آنے والا آرام
82	10۔ بے دین
91	11۔ بیکار رہنے والوں سے خبردار رہیں
99	12۔ تیمتھیس کو نصیحت
108	13۔ پولس رسول کی گواہی
117	14۔ ضرورت ہے۔ دُعا گو لوگوں کی
124	15۔ عورتوں کے لئے کلام
133	16۔ نگہبان

148	17۔ ڈیکن
155	18۔ دینداری کا بھید
162	19۔ پُر فریب روحیں
169	20۔ دینداری کے لئے ریاضت
178	21۔ بیوائیں
186	22۔ بزرگ / ایلڈرز
194	23۔ غلام
202	24۔ جھوٹے اُستاد
209	25۔ تیمتھیس کے لئے کلام
219	26۔ شرمندہ نہ ہونا پڑے
230	27۔ سپاہی، دوڑ میں دوڑنے والے اور کسان
237	28۔ اِنجیل کی خاطر دُکھ
246	29۔ پاک برتن
256	30۔ مشکل وقت
263	31۔ ایذا ہرسانی اور کلامِ مقدس
272	32۔ تیمتھیس کو تاکید
279	33۔ میرے پاس آجا

پیش لفظ

تھسلنیکیوں کے نام پولس رسول کے دو خطوط تھسلنیکے میں موجود کلیسیا کو لکھے گئے۔ (دَورِ جدید کا یونان) اُن خطوط کا مقصد دُکھ اور ایذاہ رسانی کے دَور میں ایمانداروں کی حوصلہ افزائی کرنا تھا۔ اِن خطوط میں پولس رسول نے خاص طور پر مسیح کی آمد کے تعلق سے اُن کے سوالات کے جوابات دیئے ہیں۔ اپنی مشکلات، مسائل اور ایذاہ رسانیوں کے باوجود یہ کلیسیا اُمید، ایمان اور محبت میں اپنے اِرد گرد کے علاقہ جات میں رہنے والے ایمانداروں کے لئے ایک نمونہ بن چکی تھی۔ پولس رسول نے دُوسروں کے لئے نمونہ اور مثال بننے پر اُن کی تعریف کی اور اُنہیں سراہا۔ لیکن ساتھ ہی اُنہیں مسیح یسوع میں مزید پختہ اور مضبوط ہونے کے لئے کہا۔ دُوسرے خط میں پولس رسول نے ان لوگوں کے تعلق سے بات کی جو کام کاج کرنا چھوڑ چکے تھے اور مسیح کی آمد کے انتظار میں دوسروں پر بوجھ بنے ہوئے تھے۔

پولس رسول کے تیمتھیس کے نام خطوط کا مقصد نوجوان پاسبان کی خدمت میں حوصلہ افزائی تھا۔ پولس رسول نے کئی ایک معاملات میں تیمتھیس کو ہدایات دیں، جیسا کہ کلیسیا میں بزرگوں اور ڈیکنز کی خصوصیات اور بیواؤں کی دیکھ بھال۔ پولس رسول نے تیمتھیس کو اپنا فرزند جانتے ہوئے لکھا اور اُس کی حوصلہ افزائی کی کہ وہ دلیر اور مضبوط ہو اور جس سچائی کی اُسے تعلیم دی گئی تھی اُس کی حفاظت کرے۔

نئے عہد نامہ کی دیگر تفاسیر کی طرح تفسیر کی اِس کتاب کو بھی جلدی جلدی نہ پڑھیں۔ میں اپنے قارئین کو یہی تلقین کروں گا کہ وہ اُسے مکمل طور پر ہر باب کے شروع میں دیئے

گئے حوالہ جات کے ساتھ پڑھیں۔ روح القدس سے درخواست کریں کہ وہ آپ سے ہمکلام ہو، سیکھنے اور اپنے کلام کی ہر ایک سچائی کا آپ کی زندگی پر اطلاق کرنے میں مدد اور رہنمائی فرمائے۔ زیرِ نظر تفسیر کی یہ کتاب ایک رہنما کتاب ہے۔ اُمیدِ واثق ہے کہ تفسیر کی یہ کتاب آپ کو نہ صرف سچائی کو جاننے بلکہ اپنی زندگی پر اس سچائی کا اطلاق کرنے میں مشعلِ راہ ثابت ہوگی۔ میری دُعا ہے کہ خداوند اِس کتاب کو استعمال کرتے ہوئے اپنے زندہ کلام کو آپ پر آشکارہ کرے۔ جب آپ اِس کتاب کے وسیلہ سے خدا کے کلام کی اہم کتب کا مطالعہ کرنے کے لئے وقت نکالتے ہیں تو خداوند آپ کو برکت دے۔ میرے ساتھ دُعا گو رہیں تاکہ یہ کتاب ملکِ پاکستان میں ایمانداروں، مسیحی کارکنان، پاسبانوں اور کسی بھی طریقہ سے خداوند کی خدمت کرنے والوں کے لئے اُن کی مسیحی زندگی اور خدمت میں باعثِ برکت ہو۔

مصنف:۔ ایف، وین، میکلائیڈ

باب 1

ایمانداروں کے لئے نمونہ

1 تھلسنیکیوں 1 باب 1 تا10 آیت کامطالعہ کریں

اعمال17 باب میں ہم پڑھتے ہیں کہ کس طرح پولس رسول نے دُوسرے مشنری سفر کے دوران تھسلنیکے شہر میں وقت گزاراتھا۔اُس کی خدمت کو وہاں پر قبول کیا گیا تھااور لوگوں کا روّیہ اور ردِ عمل مثبت تھا۔اُس کی خدمت نے اُس شہر کے لوگوں کو مضطرب کر کے رکھ دیا۔ یہاں تک کہ ایمانداروں کو اپنی جان کے لالے پڑگئے اور اُنہیں اپنے آپ کو بچانے کے لئے وہاں سے اِدھر اُدھر بھی ہونا پڑا(اعمال17 باب 1، 10 آیت پڑھیں) اگرچہ یہ سب مشکلات پیدا ہوچکی تھیں، خدا کا پاک روح کام کررہا تھا، کلیسیا وجود میں آچکی تھی اور ترقی اور افزائش کی شاہراہ پر گامزن تھی۔

خدا کی راہیں ہماری راہیں نہیں ہیں۔ کتنی ہی بار ہم اپنی کاوّشوں کے باوجود شکست خوردہ محسوس کرتے ہیں؟ میں پولس رسول کے احساسات کو محسوس کر سکتا ہوں جب اُس نے تھسلنیکے شہر میں منادی کی اور وہاں کے لوگوں نے اُسے رد کر دیا اور وہ وہاں سے چلا گیا۔ خدا نے ہر ایک چیز کو بڑے مختلف انداز سے دیکھا، جن چیزوں کو ہم ناکامی کی صورت میں دیکھتے ہیں خدا اُنہی چیزوں کو اچھے مقاصد کی تکمیل کے لئے استعمال کرنے کی قدرت رکھتا ہے۔ نہ صرف تھسلنیکے میں کلیسیا وجود میں آگئی بلکہ یہی کلیسیا اس خطے میں دیگر ایمانداروں کے لئے ایک زبردست مثال اور نمونہ بھی بن گئی۔

یہ خط، پولس، سیلاس اور تیمتھیس کی طرف سے لکھا گیا۔) 1 آیت) اُنہوں نے یہ خط

تھسلنیکے میں موجود کلیسیا کے نام لکھا۔ غور کریں کہ پہلی آیت میں پولس رسول کلیسیا کے تعلق سے کچھ اس طرح سے بیان کرتا ہے کہ وہ کلیسیا خدا باپ اور خداوند یسوع میں ہے۔ اِن تینوں شخصیات (پولس، سیلاس اور تیمتھیس) کا بھروسہ، توکل اور اعتماد خدا باپ اور خدا بیٹے یسوع مسیح پر تھا۔

پولس رسول نے تھسلنیکیوں کو بتایا کہ وہ اپنی دُعاؤں میں اُن کا ذکر کرتے ہوئے خدا کی شکر گزاری کرتے ہیں۔ پولس رسول جن لوگوں کے درمیان خدمت کر چکا ہوتا تھا، اُن کے لئے دُعا کرنا پولس رسول کا ایک معمول تھا۔ یہ اس کی خدمت کا اہم حصہ تھا۔ خواہ وہ کہیں بھی ہوتا تھا، وہ اُن ایمانداروں کے لئے دُعا کیا کرتا تھا۔

غور کریں 2 آیت میں پولس رسول لفظ" ذکر" استعمال کرتا ہے۔ ایسے وقت بھی ہوتے تھے جب پولس رسول کی ایمانداروں کے لئے دُعا میں بڑی شدت اور جوش پایا جاتا تھا۔ لیکن یہاں پر پولس رسول تھسلنکیوں کو بس یہی بتاتا ہے کہ وہ اپنی دُعاؤں میں اُنہیں یاد کر کے خداوند کی شکر گزاری کرتا ہے۔ لیکن اِس کا ہرگز یہ مطلب نہیں کہ پولس رسول کی یہ دُعائیں کم اہمیت کی حامل تھیں۔ بعض اوقات ہم اپنے دوست احباب اور پیاروں کو یاد کر سکتے ہیں، اُن کے لئے خداوند کی شکر گزاری کرتے ہوئے اُنہیں خداوند کے ہاتھوں میں اُس کی الٰہی محافظت کے لئے دیتے ہیں۔ خدا ایسی دُعاؤں کو بھی سنتا ہے۔

پولس رسول روح القدس کے کام کے لئے بھی خدا کا شکر گزار تھا جو اس نے تھسلنیکے کے ایمانداروں کے درمیان کیا تھا۔ اُس نے پہلے بھی خدا باپ اور خداوند یسوع مسیح کے کام کا ذکر کیا ہے۔ وہ اُن کے درمیان خدا کے پاک روح کے کام کا بھی ذکر کرتا ہے۔ کئی لحاظ سے روح القدس کا کام بالکل عیاں تھا۔ آنے والی آیات میں، پولس رسول خدا کے پاک روح کے اُس کام کا ذکر کرتا ہے جو وہ تھسلنیکے کی کلیسیا کے درمیان کر رہا تھا۔

ایمان کے کام(3 آیت)

پولس رسول تھسلنیکیوں کو بتاتا ہے کہ وہ خدا کے حضور اُن کے کاموں کو یاد کرتا ہے جو ایمان کی بنیاد پر کئے گئے ہیں۔ ہر ایک کام ایمان کی پیداوار نہیں ہوتا۔ اکثر کام تو ہماری انسانی کاوش کا نتیجہ ہوتے ہیں نہ کہ ایمان کا ثمر۔ جب کوئی کام ایمان کی بنیاد پر کیا جاتا ہے تواُس کی جڑیں خدا کے پاک روح کی بلاہٹ کی تابعداری اور اُس کی رہنمائی میں مضبوط ہوتی ہیں۔

ایسے لوگ جو ایمان کے کاموں کو پیدا کرتے ہیں، اپنی خودی، خیالات، تصورات اور اپنی خواہشوں اور زندگی کی بھاگ دَوڑ اور دُنیوی معاملات کے اعتبار سے مر چکے ہوتے ہیں۔ ایسے لوگ خدا کی رہنمائی اور اُس کی قوت اور قدرت پر بھروسہ کرتے ہیں۔ تھسلنیکے کی کلیسیا اس بات کو سمجھ چکی تھی۔ خدا اُن کی رہنمائی بھی کر رہا تھا اور اُن کے درمیان کام بھی کر رہا تھا۔ وہ اُس کی رہنمائی کے مطابق چل رہے اور اُس کی قدرت اور حکمت پر بھروسہ کرتے تھے۔ نتیجاً اُن کے درمیان بڑے بڑے کام وقوع پذیر ہو رہے تھے۔

محبت کی محنت

تھسلنیکیوں کی محنت کے پیچھے محبت کا جذبہ کارفرما تھا۔ خداوند یسوع مسیح کی محبت سے لبریز ہو کر وہ اس دُنیا کے کھوئے ہوئے انسانوں تک رسائی حاصل کر رہے تھے۔ وہ کچھ بھی تکبر کی بنیاد پر اور لوگوں کی نظر میں مقبول ہونے کے لئے نہیں کر رہے تھے۔ مسیح یسوع کی محبت اُن میں اِس قدر جوش مار رہی تھی کہ وہ لوگوں تک انجیل کے پیغام کے ساتھ پہنچنے کے لئے اپنے اندر ایک گہرا بوجھ محسوس کرتے تھے۔ اسی محبت سے اُنہیں جوش و جذبہ اور کچھ کرنے کی تحریک ملتی تھی اور اسی محبت کے باعث وہ مشکل گھڑیوں میں قائم اور ثابت

قدم بھی رہتے تھے۔

اُمید کا صبر (3 آیت)

خداوند کی خدمت ہمیشہ آسان کام نہیں ہوتا۔ کچھ ایسے وقت بھی اُن ایمانداروں کی زندگی میں آئے ہوں گے جب وہ بے دل ہو کر بیٹھ سکتے تھے۔ اُن کے پیغام کو معاشرے کے ہر شخص نے قبول نہ کیا تھا۔ یہودی اور دیگر عقائد کے لوگ اُن پر حملہ آور بھی ہوئے ہوں گے لیکن اُنہوں نے ہمت نہ ہاری۔ اُنہوں نے یاد رکھا کہ اُنہیں خداوند میں کیا کچھ حاصل ہے اور وہ کیوں اس دُنیا میں آیا تھا۔ اُنہیں یہ بھی علم تھا کہ یہ دُنیا اُن کا گھر نہیں اور خداوند اُن کے لئے عظیم آسمانی برکات تیار کر رہا ہے۔ اُنہیں یاد تھا کہ موت تو صرف اُنہیں خداوند کی حضوری میں لے جانے کے لئے ایک وسیلہ ہے۔ اُن کی آنکھیں آسمانی برکات اور خداوند کی ابدی حضوری پر لگی تھی۔ وہ دُنیاوی مال و دولت کے اسیر ہو کر اُس کی بھاگ دَوڑ میں نہیں لگے ہوئے تھے۔ یہی وجہ ہے کہ دشواریوں، مشکلات اور مسائل کے باجود اُنہیں آگے بڑھنے کی توفیق اور ہمت ملتی رہی۔

4 آیت میں پولس رسول نے ایمانداروں کو بتایا کہ خدا نے اُن سے محبت رکھی، اس لئے اُس نے اُنہیں چن لیا۔ وہ اُنہیں یاد کراتا ہے کہ کس طرح انجیل کا پیغام اُن کے پاس تھسلنیکے میں پہنچا تھا۔ انجیل کا یہ پیغام ان تک محض لفظی طور پر نہیں پہنچا تھا۔ بلکہ یہ روح القدس کی قوت اور قدرت کے ساتھ اُن کے درمیان پہنچا تھا جس کے باعث اُنہوں نے گہری قائلیت محسوس کی تھی۔ بالفاظ دیگر، جب خوشخبری کی منادی اُن کے درمیان کی گئی تو روح القدس نے بڑے زبردست طریقہ سے اُن کے درمیان خدمت کی تھی۔ جب پولس رسول نے دیکھا کہ کس طرح تھسلنیکے کی کلیسیا میں خدا جُنبش کر رہا ہے، تو اُس نے جانا کہ خدا اُن کے لئے ایک خاص مقصد رکھتا ہے۔

پولس رسول نے تھسلنیکیوں کو یہ تاکید و تلقین کی (5 اور 6 آیت) کہ وہ رسولوں کی زندگیوں کے نمونے کو اپنائیں۔ ہم 6 آیت سے یہ بات سمجھتے ہیں کہ تھسلنیکے میں موجود کلیسیا کو شدید مسائل اور دُکھوں کا سامنا تھا۔ لیکن یہ مسائل اور مصائب اُنہیں خداوند کی خدمت سے الگ نہ کر سکے۔ وہ ثابت قدم رہے اور اپنی توجہ اور دھیان اُس اُمید سے نہ ہٹایا جو خداوند نے اُنہیں عطا کی تھی۔ اُنہوں نے دو طرح سے رسولوں کی تقلید کی تھی۔

اوّل۔ دُکھوں میں ثابت قدم اور قائم رہ کر وہ رسولوں کے نقشِ قدم پر چلے۔ اس کلیسیا نے دیکھا تھا کہ کس طرح پولس رسول کو اُن کے شہر سے نکال دیا گیا تھا۔ اُنہیں شروع ہی سے یہ علم ہو گیا تھا کہ مسیحی زندگی بسر کرنا آسان کام نہ ہو گا۔ اُنہوں نے پولس اور دیگر رسولوں کو دُکھ اور مصائب جھیلتے ہوئے دیکھا تھا اور یہ بھی کہ وہ نہ تو بے دل ہوئے اور نہ ہی اُنہوں نے خدمت ترک کی تھی۔ اس طرح وہ رسولوں کے نقشِ قدم پر چل رہے تھے۔

دوئم۔ تھسلنیکیوں خوشی کے ساتھ روح القدس کے پیغام کو خوش آمدید کہنے کے لئے تیار ہوئے تھے۔ (6 آیت) اُنہوں نے صرف خدا کے کلام کی منادی کو ہی خوش آمدید نہ کہا تھا بلکہ اُس کلام کی تابعداری میں زندگی بسر کرنے کا عہد بھی کیا تھا۔ اس کے نتیجہ میں وہ اپنے ارد گرد پھیلی مشکلات اور مخالفت کے باوجود روح القدس کی شادمانی سے معمور ہو گئے تھے۔ تھسلنیکے کے ایمانداروں نے اَخیہ اور مکُدنیہ کے علاقہ میں حقیقی مسیحیت کا مظاہرہ کیا تھا۔ (7 آیت) وہ ایمان کے کاموں، محبت کی محنت اور لازوال اُمید میں دوسروں کے لئے ایک مثال اور نمونہ بن گئے تھے۔ اِرد گرد کے لوگوں نے مسیح یسوع پر اُن کے ایمان کا حال سن لیا تھا۔

لوگوں کے درمیان یہ چرچا تھا کہ کس طرح تھسلنیکے میں موجود کلیسیا نے اپنے دلوں کو

رسولوں کے لئے کھول کر اُن کے پیغام کو قبول کر لیا تھا۔ خطے میں پیدا ہونے والی تبدیلی کا چرچا بھی زبان زدِ عام تھا۔ اُنہوں نے دیکھا کہ کس طرح لوگ بُت پرستی چھوڑ کر زندہ اور حقیقی خدا کی طرف رجوع لا رہے تھے۔(9 آیت) اُنہوں نے یہ بھی دیکھا کہ کس طرح مخالفت کے باوجود، اُن کے دل خداوند کی آمدِ ثانی کے مشتاق تھے۔ کیونکہ آمدِ ثانی کے وقت اُنہوں نے عدالت سے بچ جانا تھا۔

پولس رسول نے کہا کہ اُن کی مثال اور نمونہ اس قدر زبردست اور پُر قدرت ہے کہ اُسے اب خطے میں منادی کی ضرورت محسوس نہیں ہوتی۔ اُنہوں نے اپنے طرزِ زندگی سے اَنجیل کے مکمل پیغام کو ظاہر کر دیا تھا۔ لوگوں نے دیکھ لیا تھا کہ کس طرح خداوند گنہگاروں کو تبدیل کر کے اُنہیں اپنی خوشی اور ایک مقصدِ حیات سے معمور کر دیتا ہے۔

تھسلنیکے میں موجود کلیسیا کی گواہی، مثال اور نمونہ کس قدر زبردست، پُر اثر اور پُر قدرت ہے۔ اگر لوگ آپ کی زندگی پر نگاہ کریں، تو کیا اُنہیں اَنجیل کے پیغام کا فہم و ادراک حاصل ہو سکتا ہے؟ کیا اُنہیں آپ کی زندگی میں وہ تبدیلی نظر آئے گی جو خداوند یسوع مسیح نے آپ کی زندگی میں پیدا کی ہے۔ کیا اُنہیں معلوم ہو گا کہ مسیح یسوع میں حاصل شدہ اُمید سے آپ کی زندگی میں ایک بڑی تبدیلی واقع ہو چکی ہے؟ کیا آپ کا طرزِ گفتگو اس بات کا عکاس ہے کہ مشکل حالات اور ناگوار صورتحال میں بھی آپ خداوند پر توکل اور بھروسہ کرتے ہیں؟ کیا ہماری زندگیاں انجیل کے پیغام کی زبردست مثال اور نمونہ ہیں؟ بہت سے نو مرید اس لئے بھی ایمان سے پھر جاتے ہیں کیونکہ اُنہیں ایمانداروں کی زندگیوں میں وہ تبدیلی دیکھنے کو نہیں ملتی جو خداوند یسوع پیدا کرتا ہے۔ خدا کرے کہ ہماری زندگیاں تھسلنیکے کے ایمانداروں جیسی ہوں تاکہ ہم سے ملنے والا ہر شخص ہمارے نجات دہندہ خداوند یسوع مسیح کو پہچان جائے۔

چند غور طلب باتیں

☆۔ کیا آپ کبھی ایسے وقت سے گزرے ہیں جب آپ نے محسوس کیا ہو کہ آپ مکمل طور پر ناکام ہو چکے ہیں؟ آپ کو اس حقیقت سے کیا حوصلہ افزائی ملتی ہے کہ تھسلنیکے کی کلیسیا نے ترقی کی حالانکہ پولس رسول کو شہر سے نکال دیا گیا تھا؟

☆۔ جسم میں کیئے گئے کاموں اور ایمان سے کیئے گئے کاموں میں کیا فرق پایا جاتا ہے؟

☆۔ مسیح میں حاصل شدہ اُمید نے کس طرح بڑھتے رہنے کے لئے آپ کی ہمت افزائی کی؟

☆۔ کس طرح خدا نے آپ پر اپنی محبت اور مہربانی کو ظاہر کیا ہے؟

☆۔ آپ دوسرے ایمانداروں کے لئے کس حد تک اچھا نمونہ ہیں؟ آپ کو اپنی زندگی کے کون سے حصے خداوند کے تابع کرنے کی ضرورت ہے؟

چند اہم دُعائیہ نکات

☆۔ اپنے ارد گرد کے لوگوں کے لئے اچھا نمونہ بننے کے لئے خداوند سے مدد اور فضل چاہیں۔

☆۔ خداوند سے التجا کریں کہ وہ خدمت میں آپ کے محرکات کا جائزہ لے کہ آپ کس نیت اور کس مقصد کے تحت خدمت گزاری کا کام کر رہے ہیں۔ خداوند سے دُعا کریں کہ آپ اُس کے اور اُس کے لوگوں سے محبت کی بنا پر خدمت گزاری کا کام کریں۔

☆۔ اُس خوبصورت اُمید کے لئے خداوند کی شکر گزاری کریں جو اُس نے آپ کو عطا کی ہے۔ خداوند سے دُعا کریں کہ وہ مشکل گھڑی میں آپ کو اپنے وعدے یاد دلائے۔

باب 2

رسُولوں کی خدمت

1 تھسلنیکیوں 2 باب 1 تا 12 آیت کا مطالعہ کریں

ہم یہ دیکھ چکے ہیں کہ بے حد مشکلات اور مسائل کے باوجود تھسلنیکے کی کلیسیا اپنے اِرد گرد کے علاقہ جات میں موجود ایمانداروں کے لئے ایک اچھا نمونہ بنی۔ جب پہلی دفعہ پولس اس علاقہ میں آیا تھا تو عوام الناس نے اچھے طریقہ سے اُس کا استقبال نہیں کیا تھا۔ بلکہ مخالفت کی وجہ سے اسے وہ علاقہ چھوڑنے پر مجبور کیا گیا تھا۔ تاہم خدا اس علاقہ میں ایک خوبصورت اور جلالی کام کرنے کے لئے تیار اور راضی تھا اور وہاں پر ایک زبردست کام ہوا اور ایک کلیسیا وجود میں آگئی۔

2 باب میں پولس رسول یاد کرتا ہے کہ کس طرح اُس نے اپنے ہم خدمت ساتھیوں کے ہمراہ تھسلنیکیوں کے درمیان خدمت گزاری کا کام سرانجام دیا تھا۔ مسیحی قیادت کو کس طرح اپنی ذمہ داریاں نبھانا چاہئے۔ میں اس باب میں کچھ اہم باتیں بیان کرنا چاہتا ہوں۔

پولس رسول کلیسیا کو یاد کراتے ہوئے آغاز کرتا ہے کہ اُس کا اُن کے درمیان وقت بے پھل اور بے نتیجہ نہیں تھا۔ اگر ہم اس بیان کو پڑھیں کہ کس طرح پولس رسول کو اس علاقہ سے نکال دیا گیا تھا تو ہمیں معلوم ہو سکتا ہے کہ اس کے لئے یہ کس قدر آسان تھا کہ وہ محسوس کر لیتا کہ یہاں پر وہ ناکام ہو گیا ہے۔ یا پھر یہ کہتا کہ خدا کی مرضی نہیں ہے کہ میں یہاں پر ٹھہروں۔ پولس رسول نے حالات و واقعات کو اس انداز سے نہ دیکھا۔ اس کے برعکس وہ اپنی نگاہیں خدا کی طرف لگائے رہا۔ باوجود اس حقیقت کے کہ اُسے وہ شہر

چھوڑنا پڑا۔ پولس رسول اس بات پر ایمان رکھتا تھا کہ خدا جس نے اُسے اپنی خدمت کے لئے بلایا ہے، وہ اس وقت کو اپنے جلال کے لئے استعمال کرے گا جو اُس نے اس علاقہ میں صرف کیا ہے۔ خدا کامل خدا ہے، اس لئے وہ کبھی غلطی نہیں کرتا۔ جو کچھ بھی خدا کرتا ہے اس میں ایک مقصد ہوتا ہے۔ ظاہری طور پر نظر آنے والی چیزیں بعض اوقات اصل میں مختلف بھی ہو سکتی ہیں۔ خدا ناکام اور ناگوار صورتحال کو بھی اپنے اچھے کاموں کو سرانجام دینے کے لئے استعمال کرنے کی قدرت رکھتا ہے۔ بطور قائد اگر ہم اپنی منزل، مقصد اور نصب العین پر توجہ مرکوز رکھیں تو کیا ہی اچھا اور بھلا ہو گا!

پولس رسول کو انجیل کی خدمت کرتے ہوئے ذلت و رسوائی کے ساتھ ساتھ کئی دفعہ جسمانی طور پر دُکھ بھی اٹھانا پڑا۔ جن باتوں کی منادی پولس رسول کر رہا تھا وہ ہر کسی کی سمجھ میں نہیں آر ہی تھیں۔ بعض اوقات لوگ اُس کی باتیں سُن کر پُر تشدد ردِ عمل کا اظہار کرتے تھے۔ تھسلنیکے میں آنے سے پہلے فلپی شہر میں بھی تو ایسی ہی صورتحال پیدا ہو گئی تھی۔ وہاں پولس رسول اور اُس کے ہم خدمت ساتھیوں کے کپڑے اتار کر اُنہیں مارا پیٹا گیا تھا، بس یہی نہیں بلکہ اِس کے بعد اُنہیں قید خانہ میں بند بھی کر دیا گیا تھا۔ مخالفت کے باوجود اُنہوں نے اُمید کا دامن ہاتھ سے نہیں چھوڑا تھا۔ اس شہر کو چھوڑ کر وہ تھسلنیکے میں آ گئے اور دوبارہ انجیل کی منادی شروع کر دی تھی۔

یہاں یہ بات بھی قابلِ غور ہے کہ پولس رسول اور اُس کے ساتھیوں نے جو کچھ بھی کیا وہ اپنی طاقت اور عقل سے نہیں کیا تھا۔ 2 آیت ہمیں بتاتی ہے کہ "بلکہ تُم کو معلوم ہی ہے کہ باوجود پیشتر فلپی میں دُکھ اُٹھانے اور بے عزت ہونے کے ہم کو اپنے خُدا میں یہ دلیری حاصل ہوئی کہ خُدا کی خوشخبری بڑی جانفشانی سے تُمہیں سُنائیں۔"

فلپی شہر میں ایسی سخت مخالفت کا سامنا کرنے کے بعد تھسلنیکے شہر میں انجیل کی منادی

پولس رسول اور اُس کے ساتھیوں نے اپنی طاقت اور عقل سے جاری نہیں رکھی تھی۔ بلکہ یہ صرف اور صرف خدا کے فضل، طاقت اور اُس کی توفیق سے ہی ممکن تھی۔ اُن کی انسانی طاقت اور عقل اُن کے لئے ناکافی تھا۔ اُنہیں خداوند کی طرف سے توفیق و طاقت ملی تاکہ وہ تھسلنیکے شہر میں جاکر خدمت گزاری کا کام جاری رکھیں۔ کیونکہ جو کچھ خدا نے اُن کے دلوں پر رکھا تھا، لازم تھا کہ وہ اُسے دوسروں کے سامنے بڑی مستعدی، دلجمعی اور دلیری سے بیان کرتے۔

2 آیت پر غور کریں، تھسلنیکے میں، اُنہوں نے " بڑی سخت مخالفت کے باوجود "انجیل کی منادی کی۔ رسولوں کو اس بات کا علم تھا کہ اُنہیں اَنجیل کی خاطر دُکھ سہنے ہوں گے۔ وہ ذلت و رسوائی، طنز و تضحیک، دُکھ اور ایذاہ رسانی برداشت کرنے کے لئے تیار تھے۔ یہ سب کچھ اُنہیں اَنجیل کی منادی کرنے سے روک نہیں سکتا تھا۔ ہمیں دُشمن سے نبرد آزما ہونے کے لئے بلایا گیا ہے۔ بطور سپاہی، لازم ہے کہ ہم میدانِ جنگ میں ہم اِس حقیقت کو قبول کریں کہ بعض اوقات صورتحال بڑی گھمبیر ہو سکتی ہے۔ ہم اِس لئے اَنجیل کی منادی نہیں کرتے کیونکہ یہ بڑا آسان کام ہے۔ ہم اِس لئے منادی کرتے ہیں کیونکہ لوگوں کو خوشخبری کا پیغام سننے کی ضرورت ہے۔ ہمیں سختیوں، مشکلات اور مسائل کا سامنا ہو گا، لازم ہے کہ ہمارے حوصلے پست نہ ہونے پائیں۔ رسول انجیل کا پیغام ضرورت مندوں تک پہنچانے کے لئے ہر طرح کی مشکلات اور مسائل سے نبرد آزما ہونے کے لئے تیار تھے۔ انہیں ایسا کرنے کی طاقت اور توفیق خداوند کی طرف سے ملی۔ خداوند کی طرف سے توفیق، شکتی اور فضل ہمارے لئے بھی دستیاب ہے۔

3 آیت کے مطابق، پولس رسول کی منادی گمراہی کا نتیجہ نہیں تھی اور نہ ہی اِس کے پیچھے ناپاک اور خود غرضانہ محرکات تھے۔ اُس نے لوگوں کو کسی قسم کا جھانسہ دے کر خدا

کی بادشاہی میں شامل نہیں کیا تھا۔ نہ ہی پولس رسول نے کسی قسم کی مشکوک تکنیک کا سہارا لے کر لوگوں کو قائل کرنے کی کوشش کی تھی کہ وہ مسیح یسوع کے پیروکار بن جائیں۔ ہمارے لئے یہ کس قدر آسان ہے کہ لوگ بشارتی عبادات میں آگے آکر اپنے ہاتھ اُٹھائیں اور خداوند یسوع مسیح کو قبول کر لیں۔ ہم اُنہیں یہ بھی کہہ سکتے ہیں کہ وہ کمٹمنٹ کارڈ پر دستخط کریں اور ہم اُنہیں خوبصورت برکات کا وعدہ اور یقین دہانی بھی دے سکتے ہیں۔ ہم اُن کے ساتھ دوستانہ روّیہ اختیار کر کے متاثر بھی کر سکتے ہیں اور اُن کی خاطر مدارت بھی۔ لیکن خدا ہی ہے جو زندگیوں کو بدلنے کی قدرت رکھتا ہے۔ جو کچھ خداوند کرتا ہے وہی قائم رہتا ہے۔ پولس رسول کی توجہ اور پورا دھیان انجیل کی منادی پر تھا۔ روح القدس ہی لوگوں کو گناہوں سے توبہ کرنے اور ایمان لا کر نجات پانے کے لئے قائل کر رہا تھا۔ پولس رسول نہیں چاہتا تھا کہ لوگ اُسے ہیرو مان کر اُس پر اپنی توجہ مرکوز کر لیں۔ اس کے پاس لوگوں کو قائل کرنے یا جیت لینے کے لئے کوئی تکنیک اور طریقہ موجود نہیں تھا۔ اُس کا یہ ایمان تھا کہ صرف اور صرف خدا کا پاک روح ہی اِس قابل ہے کہ انسانی دلوں کو بدل ڈالے اور اُنہیں نجات دے جو اَنجیل کی سچائی کو سنتے اور اُس پر ایمان لاتے ہیں۔ پولس رسول کے دلی محرکات پاک اور خالص تھے۔ وہ کسی بھی قسم کی تکنیک، فریب اور چالبازی سے لوگوں کو خدا کی بادشاہی میں لانے کے چکر میں نہیں تھا۔ اُس نے خدا کو موقع دیا کہ وہ اُس کی منادی کے وسیلہ سے لوگوں کی زندگی میں کام کرے۔ پولس رسول حق بات کی منادی کے سلسلہ میں خدا کے پاک روح کی خدمت کے کردار سے بخوبی اور گہرے طور پر واقف تھا۔

آج بطور ایماندار ہمیں بھی حق بات کی منادی کے وسیلہ سے از سرِ نو پاک روح کی خدمت کو دیکھنے کی ضرورت ہے۔ خدا کی ہمیشہ یہی خوشی اور شادمانی رہی ہے کہ وہ اپنے پاک روح

کو استعمال کرے اور انجیل کے پیغام کی منادی سے زندگیاں بدل جائیں۔ خدا ہمارے دَور میں بھی ایسا ہی کرے گا۔ خدمت میں پولس رسول کی توجہ خدا کے پاک روح کی انسانی زندگیوں میں خدمت اور کلام کی منادی پر مرکوز تھی۔ اس خوبصورت امتزاج سے اُن لوگوں کی زندگیوں پر گہرے اثرات مرتب ہوئے جنہوں نے اُسے کلام کرتے ہوئے سنا۔ پولس رسول خدا کے مقبول خادم کے طور پر کلام کرتا تھا۔ (4 آیت) بالفاظ دیگر، خدا نے اُسے چنا اور خاص اسی مقصد کے لئے بلایا تھا۔ پولس رسول کی خدمت میں قدرت اور تاثر محض اِس لئے بھی نہیں تھی کہ وہ خدا کے کلام اور پاک روح کی منسٹری پر توجہ مرکوز کئے ہوئے تھا بلکہ اِس لئے بھی کہ کیونکہ خدا کی طرف سے اُس کی زندگی میں خدمت کی بلاہٹ تھی۔ پولس رسول نے جو بھی خدمت کی وہ اِس بنا پر کی، کیونکہ وہ خدا کا چنا ہوا اور مقبول خادم تھا۔ اُس نے اُنہی باتوں کی منادی کی جن کے لئے خدا نے اُسے خدمت میں بلایا تھا۔ اُس نے خدا کے چنے ہوئے اور مقبول خادم کی حیثیت سے خدمت کی۔ اُس نے لوگوں کو خوش کرنے کے لئے خدمت نہیں کی تھی بلکہ اُس خالق اور خداوند کی خوشنودی کے حصول کے لئے جس نے اُسے اِس خاص مقصد کے تحت اِس دُنیا سے الگ کیا تھا۔

لوگ ہمیشہ ہی خدا کے کلام کو قبول نہیں کرتے تھے بلکہ بعض اوقات اُس کی باتوں کو سُن کر آگے بڑھ جاتے تھے یا پھر اُس کے تعلق سے بُری باتیں کرتے تھے۔ بعض اوقات جسمانی طور پر اُس پر حملہ آور بھی ہو جاتے تھے۔ خداوند یسوع مسیح کو بھی رد کیا گیا تھا۔ رسولوں کو مارا کوٹا، ستایا اور حتیٰ کہ سنگسار کیا گیا تھا۔ کیونکہ جس پیغام کی وہ منادی کرتے تھے وہ لوگوں کے قابل قبول نہیں تھا۔ خواہ حالات و واقعات کیسے بھی تھے رسولوں کا یہی عزم تھا کہ وہ ہر قیمت پر خدا کی خوشنودی اور اُسی کے حضور مقبول اور قبول ٹھہرنے کے لئے خدمت کا کام جاری رکھیں گے نہ کہ لوگوں سے عزت حاصل کرنے کی طرف

متوجہ ہوں گے۔

پولس رسول نے اپنی منادی میں لوگوں کی خوشامد کا سہارا نہیں لیا۔ جب ہم کسی کی خوشامد کرتے ہیں تو ہم دل سے کسی کی تعریف نہیں کر رہے ہوتے بلکہ اِس میں مبالغہ آرائی شامل ہوتی ہے۔ خوشامد کرنے والا شخص لوگوں کے تعلق سے ہر طرح کی اچھی باتیں اُن کی نظر میں خود اچھا بننے یا مقبول ٹھہرنے کے لئے کرتا ہے۔ پولس رسول نے اِس تکنیک کا سہارا نہ لیا۔ اُس نے بڑی سادگی سے سچائی بیان کی۔ وہ یہی چاہتا تھا کہ پاک روح اُن لوگوں کی زندگیوں میں کام کرے جو اُس کی منادی سنتے ہیں۔ بعض اوقات لوگ اس لئے بھی ہمارے ساتھ چلتے ہیں کیونکہ ہم وہی باتیں کرتے یا اُن ہی باتوں کی منادی کرتے ہیں جو وہ سننا چاہتے ہیں۔ بعض اوقات وہ ہماری پیروی اِس لئے بھی کرنا چاہتے ہیں کیونکہ ہم اُنہیں اپنی باتوں سے ایک اچھا احساس دیتے ہیں۔ پولس رسول ایسی حکمت عملی، تکنیک اور منادی سے مطمئن نہیں تھا۔ وہ یہی چاہتا تھا کہ روح القدس اُن لوگوں کی زندگیوں میں ایک حقیقی تبدیلی پیدا کرے جو اُس کی منادی سنتے ہیں۔

پولس رسول نے لالچ کا لبادہ بھی نہیں اوڑھا تھا۔ (آیت 5 اور 6) اُسے پیسہ جمع کرنے میں کوئی دلچسپی نہیں تھی۔ اُس نے منادی اِس بنا پر کی کیونکہ خدا اُسے ایسا کرنے کی تحریک دے رہا تھا اور اِرد گرد منادی کرنے کی ضرورت کو دیکھ کر اُس کا دل ٹوٹ جاتا تھا۔ خواہ سننے والے اُسے کچھ روپیہ پیسہ دیں یا نہ دیں، وہ اس سوچ اور لالچ سے بالاتر ہو کر کلام کی منادی کرتا تھا۔ اس نے اپنے سننے والوں کی ہمدردی اور اچھی رائے حاصل کرنے کا مطلق خیال نہ کیا۔ اس نے روپیہ پیسہ حاصل کرنے کے لئے بھی کسی سے منت سماجت نہ کی۔ خدا نے اسے اپنی خدمت کے لئے بلایا تھا، اِس لئے وہ جانتا تھا کہ خدا ہی اُس کی ضروریات پوری کرے گا۔

مسیحی کارکنان کے لئے لالچ ایک مسئلہ ہو سکتا ہے۔ پولس رسول کے دَور میں، سفر کرنے والے مبشر اور نبی خدا کے لوگوں کی طرف سے ملنے والے ہدیہ جات پر ہی اکتفا کرتے تھے۔ اُن کے لئے یہ بہت آسان تھا کہ وہ لالچی بن کر اُن لوگوں سے بہت کچھ حاصل کر لیتے جن کے ہاں وہ منادی کر رہے تھے۔ اَنجیل کی منادی میں ہمارے دلی محرکات کیسے ہیں؟ آئیں اِس بات کا شخصی طور پر جائزہ لیں۔

کیا ہم کچھ حاصل کرنے کے لئے منادی کرتے ہیں۔(لوگوں میں مقبولیت، روپیہ پیسہ اور لوگوں کی توجہ وغیرہ) ؟ کیا ہم اپنے مسائل اور ضروریات کی فراہمی کے لئے خدا پر توکل اور بھروسہ کرتے ہیں؟ یا پھر ہم لوگوں کی طرف سے روپیہ پیسہ اور مقبولیت حاصل کرنے کے لئے ہر طرح کی تکنیک اور طریقہ کار برُوئے کار لاتے ہیں؟

6 آیت میں پولس رسول نے لکھا کہ وہ کلیسیا پر بوجھ بننا نہیں چاہتا۔ اُس نے اُن کے درمیان مُفت منادی کرنے اور بلا معاوضہ خدمت کرنے کا چناؤ کیا تھا۔ وہ اس پر نہایت مطمئن تھا کہ اُن سے کوئی بھی مالی برکت یا ہدیہ لئے بغیر وہاں سے آگے بڑھ جائے۔ کیا آپ خدا کی رہنمائی سے وہاں جانے کے لئے تیار ہو جائیں گے جہاں آپ کو مالی نقصان بھی دکھائی دے رہا ہو؟ اگر کوئی روپیہ پیسہ ملنے کی توقع اور اُمید نہ بھی ہو تو کیا آپ خدا کی بلاہٹ کی اطاعت اور تابعداری کر کے خدا کے بتائے ہوئے علاقہ میں جاکر خدمت کرنے کے لئے تیار ہوں گے؟ کیا روپیہ پیسہ آپ کے لئے خدمت سے بڑھ کر ہے؟ پولس رسول کے دل کے لالسا اور محرک انجیل کی منادی کرنا تھا؟ وہ بلا معاوضہ اور ہر طرح کی قربانی دیتے ہوئے خدا کی خدمت کے لئے تیار اور رضامند تھا۔

پولس رسول نے اپنی خدمت کو اس ماں سے تشبیہ دی جو اپنے چھوٹے بچوں کا خیال رکھتی ہے۔ بطور ماں، پولس رسول نے کلیسیا کے لئے بڑی قربانی دی تھی۔ کون سی ماں ہے جو

اپنے بچوں کی پروّرش کے لئے کسی معاوضے کی توقع کرتی ہے؟ایک ماں کا دل یہی ہوتا ہے کہ اس کے بچے بڑھیں، پھلے پھولیں اور جوان ہو جائیں۔ وہ بلا معاوضہ اپنے بچوں کی نشوو نما اور پرورش کرتی ہے۔ اس کی خدمت میں شائستگی، ہمدردی اور ترس موجود ہوتا ہے۔ وہ بخوشی و رضا اپنے بچوں کے آرام اور سکون کے لئے اپنی خوشی اور آرام بھول جاتی ہے۔ جیسا کہ پولس رسول 8 آیت میں بیان کرتا ہے۔ رسول تھسلنیکیوں کے لئے جان تک دینے کے لئے تیار تھے۔ کیونکہ وہ انہیں بہت عزیز اور دل کے قریب ہو گئے تھے۔

9 آیت بیان کرتی ہے کہ تھسلنیکے کے ایمانداروں کے لئے وہ ایک ماں کی طرح تھے۔ انہوں نے دن رات ایک ماں کی طرح اُن کے لئے محنت کی۔ اُن کی اس کلیسیا کے لئے انتھک محنت اور کاوّش قابلِ ذکر ہے۔ روحانی بچوں کے لئے یہ اُن کی محبت ہی تھی جس کے تحت وہ اُن کی خدمت کے لئے کمربستہ، مُستعد اور متحرک رہے۔ اُنہوں نے اُن کی دیکھ بھال، روحانی پروّرش، بہتری اور بھلائی کے لئے اپنے آرام اور مفادات کو ایک طرف رکھ دیا۔

اَنجیل کی صداقت کی منادی کرنا ہی کافی نہ تھا۔ رسولوں نے اس سچائی کو اپنی زندگیوں سے بھی ثابت کیا۔ اُنہوں نے پاک، راست اور اُن کے درمیان بے عیب زندگی بسر کی۔ (10 آیت) جن باتوں کی وہ منادی کرتے تھے، وہ اُن باتوں کا عملی نمونہ بھی تھے۔ جن باتوں کی ہم منادی کرتے ہیں اگر ہم ان کے مطابق خود زندگی بسر نہیں کرتے تو اچھا ہے کہ ہم منادی ہی نہ کریں۔ تھسلنیکیوں نے اُن کے نقشِ قدم پر چلنے کے لئے اُن میں ایک نمونہ دیکھا تھا۔

پولس رسول رسولوں کی خدمت کو ایک باپ سے بھی تشبیہ دیتا ہے۔ اُنہوں نے باپ کی طرح اپنے روحانی بچوں سے سلوک کیا تھا۔ وہ اُن کے لئے حوصلہ افزائی کا باعث ہوئے

تاکہ وہ مشکل اور نامساعد حالات میں بھی آگے بڑھتے رہیں اور کسی بھی رکاوٹ کے باعث روحانی جمود کا شکار نہ ہو جائیں۔ جب وہ ہمت ہار جاتے تو وہ اُن کے پاس آکر اُن کی ہمت بندھاتے اور اُنہیں نیا جوش، ولولہ اور تازگی دے کر پھر سے آگے بڑھنے کے لئے تیار کر دیتے تھے۔ ایسے وقت بھی آتے تھے جب ان ایمانداروں کو چھوٹے بچوں کی طرح اُنہیں اُٹھانے کے لئے مضبوط بازوؤں کی ضرورت ہوتی تھی۔ اُنہیں بڑے بازوؤں کی ضرورت ہوتی تھیں جو اپنی آغوش میں لے کر اُن کو تسلی، تشفی اور تحفظ فراہم کریں۔

رسولوں نے اُن کے لئے ایسا ہی کیا تھا۔ بطور باپ، رسولوں نے تھسلنیکیوں کو مضبوط کیا کہ وہ خدا کے لائق زندگی بسر کریں جس نے انہیں اپنی بادشاہی میں بلایا ہے۔ اُنہوں نے اپنے بچوں کو تاکید، تلقین اور نصیحت بھی کی تاکہ وہ مسیح میں وہ سب کچھ بن جائیں جو خدا اُنہیں بنانے کا ارادہ رکھتا ہے۔

خدا کے لوگوں کی خدمت گزاری کا کام نہ تو ہمیشہ آسان ہی ہو گا اور نہ ہی ہمیشہ اس کو سراہا جائے گا۔ پولس رسول یہ چاہتا ہے کہ ہم اپنی منسٹریز میں دو چیزوں کو مرکزی اہمیت دیں۔

اوّل۔ خواہ ہمیں کیسی ہی قیمت ادا کیوں نہ کرنی پڑے، ہم روح القدس کی قوت اور قدرت سے انجیل کے پیغام کی منادی کرنے پر توجہ مرکوز رکھیں۔ کبھی بھی آدمیوں کو خوش کرنے کے لئے کسی بھی چیز کے لالچ اور بہکاوے میں نہ آئیں۔ اور نہ ہی لوگوں کو مسیح کے لئے جیتنے کے پیش نظر کسی تکنیک اور طریقہ پر بھروسہ کریں۔ اس کی بجائے روح القدس پر بھروسہ اور توکل کریں کہ وہی لوگوں کو قائل کر کے توبہ کے لئے تیار کریں اور اُن کی زندگیوں میں ایسی تبدیلی لائے جو وہ لانا چاہتا ہے۔

دوئم۔ خدا کے بچوں کی خدمت کرنے کے لئے ہم ہمیشہ ایک باپ اور ماں کی طرح تیار اور مستعد ہو کر ہر طرح کی قربانی دینے کے لئے تیار رہیں۔ شائستگی، رحم و ترس اور شخصی نمونہ

دینے کے لئے تیار ہوں۔ صرف اور صرف خدا کی خوشنودی کے حصول کے لئے مسیح کے بدن کی تعمیر و ترقی میں مصرُوف و مشغول رہیں۔

چند غور طلب باتیں

☆۔کیا آپ انجیل کے پھیلاؤ کی خاطر مخالفت کا سامنا کرنے کے لئے تیار ہیں؟

☆۔کیا آپ نے کبھی محسوس کیا کہ آپ روح القدس کی بہ نسبت اپنے طریقہ کار، پروگرامز، شخصیت اور لیاقت پر زیادہ اعتماد اور بھروسہ کر رہے ہیں؟

☆۔کیا آپ نے کبھی محسوس کیا کہ آپ خدمت میں لوگوں کو خوش کرنے کی زیادہ کوشش کر رہے ہیں؟ ایسے طرزِ عمل سے خدا کی بادشاہی کی وُسعت اور پھیلاؤ میں کس طرح رکاوٹ پیدا ہو جاتی ہے؟

☆۔ایک باپ اور ماں کے کیا اوصاف اور خصوصیات ہوتی ہیں؟ کس طرح ہم نے مسیح کے بدن اور اُس کی خدمت کے کام میں اِن اَوصاف کا اظہار کرنا ہے؟

چند اہم دُعائیہ نکات

☆۔ خداوند سے دُعا کریں کہ وہ آپ کی خدمت کا جائزہ لے اور آپ پر منکشف کرے کہ کس طرح آپ اُس کے پاک روح پر توکل اور بھروسہ نہ کرتے رہے۔

☆۔ کیا آپ کا کوئی روحانی باپ یا ماں ہے؟ وہ کس طرح آپ کی حوصلہ افزائی اور برکت کا باعث ہوئے؟ ایسے لوگوں کے لئے خداوند کی شکر گزاری کریں۔ خداوند سے فضل اور توفیق چاہیں تاکہ آپ اپنے ارد گرد کے لوگوں کے لئے ایک باپ یا ماں بن سکیں۔

☆۔ عہد کریں کہ آپ خدمت میں صرف اور صرف خداوند کی خوشنودی اور مقبولیت کے طالب ہوں گے۔ خداوند سے دُعا کریں کہ وہ آپ کی زندگی میں لوگوں کی پسندیدگی اور مقبولیت کی ہر ایک خواہش کا خاتمہ کر دے۔

باب 3

پولس رسُول کی خوشی اور تاج

1 تھسلنیکیوں 2 باب 13 تا 20 آیت کا مطالعہ کریں

پولس رسول تھسلنیکیوں کے لئے باپ اور ماں کی طرح تھا۔ اگرچہ وہاں کے باشندوں نے اُسے وہاں پر خوش آمدید نہ کہا تھا۔ تاہم کچھ لوگوں نے اُس کے پیغام کو قبول کر لیا تھا۔ پولس رسول اُن لوگوں کے لئے خدا کی شکر گزاری کرتا ہے۔ (13 آیت)

13 آیت پر غور کریں کہ تھسلنیکے کے لوگوں نے اُسے آدمیوں کا کلام نہیں بلکہ جیسا ہے اُسے خدا کا کلام تسلیم کرتے ہوئے قبول کر لیا تھا۔ روح القدس نے اُن کے دلوں میں قائلیت پیدا کی تھی کہ جو کچھ وہ سن رہے ہیں وہ خدا کی طرف سے ہے۔ پولس رسول اس بات کے لئے بھی خدا کی تمجید کرتا ہے۔

یہ بات بھی قابلِ غور ہے کہ وہ کلام جو ایمان لانے والوں نے سنا تھا اَب اُن کی زندگیوں اور دِلوں میں کام کر رہا تھا۔ کیونکہ خدا کا کلام زندہ ہے۔ یہ ایمان لانے اور قبول کرنے والوں کی زندگیوں کو تبدیل کرنے کی قدرت رکھتا ہے۔ یہ حقیقت بھی اِس بات کا منہ بولتا ثبوت ہے کہ بائبل مقدس خدا کا کلام ہے کیونکہ یہ زندگیوں اور دلوں کو یکسر تبدیل کر دیتا ہے۔ دُشمن کو بھی علم ہے کہ خدا کے کلام میں تبدیل کرنے اور شفا دینے کی قدرت پائی جاتی ہے۔ وہ کلام جو پولس رسول نے تھسلنیکیوں کو سنایا تھا اب بھی ان کی زندگیوں میں تبدیلی پیدا کرنے کا کام کر رہا تھا۔ بائبل مقدس کی تعلیمات اور رسُومات کی فہرست اور علم سے کہیں بڑھ کر ہے۔ بائبل مقدس کو محض تعلیمات کی کتاب جاننے والے ایک زبردست چیز

سے محروم رہ جاتے ہیں۔ بائبل مقدس زندہ اور مؤثر کلام ہے۔ وہ لوگ جو ایمان لاتے اور اس کی سچائیوں کو قبول کر لیتے ہیں، یہ کلام اُنہیں پہلے جیسا نہیں رہنے دیتا بلکہ یکسر بدل دیتا ہے۔ تھسلنیکے کی کلیسیا میں یہی کچھ ہو رہا تھا۔

اگرچہ خدا کا کلام زندہ اور مؤثر تھا تو بھی تھسلنیکے کے ایمانداروں کو شخصی دُکھوں اور امتحانوں سے استثنیٰ حاصل نہ ہوا۔ در حقیقت، تاریخ میں اس مقام پر، یعنی جس دَور میں رسول خدمت کرتے تھے، ایمان لانے کا تقاضا یہی تھا کہ ایماندار دُکھوں اور مصائب کے لئے تیار ہو جائیں۔ 14 آیت ہمیں بتاتی ہے کہ تھسلنیکے کے ایماندار اپنے ہی شہر کے لوگوں سے دُکھ اور تکلیفیں اُٹھا رہے تھے۔

پولس رسول کو علم تھا کہ ایذا رسانی کے دَور سے گزرتے ہوئے کس طرح کی ذہنی، جسمانی اور جذباتی کیفیت ہوتی ہے۔ اُس نے بھی یہودیوں کے ہاتھوں بہت سی مصیبتوں اور دُکھوں کا سامنا کیا تھا۔ انہوں نے خداوند یسوع مسیح کو قبول کرنے سے انکار کر دیا اور اُن لوگوں کے مخالف ہو گئے جو خداوند یسوع کو بطور مسیح لوگوں کے سامنے پیش کرتے تھے۔ (15 آیت)

یہودیوں کے لئے اس بات کو قبول کرنا اور اس بات پر ایمان رکھنا مشکل تھا کہ خدا غیر اقوام تک رسائی کرے کیونکہ وہ سمجھتے تھے کہ صرف وہی خدا کے لوگ ہیں۔ اُن کے نکتہء نظر سے یہودی خدا کے فضل کے لائق ہی نہ تھے۔ 16 آیت کے مطابق، یہودیوں نے بھرپور کوشش کی کہ پولس رسول کو غیر اقوام سے کلام کرنے سے روک دیں۔ کیونکہ وہ نہیں چاہتے تھے کہ وہ ایمان لا کر بچ جائیں۔ پولس رسول کے مطابق، جب یہودی اسے غیر اقوام تک رسائی سے روک رہے تھے تاکہ وہ اُنہیں کلام نہ سنائے تو وہ اپنے گناہوں میں اضافہ کر رہے تھے۔ فی الحقیقت یہ ایک سنجیدہ معاملہ تھا۔

آج ہم کئی ایک طریقوں سے اَنجیل کی منادی میں رکاوٹ بن سکتے ہیں۔ ہم اپنے بُرے نمونہ سے بھی رکاوٹ بن سکتے ہیں۔ ہم ان لوگوں کو انجیل کا پیغام نہ سنا کر بھی رکاوٹ بن سکتے ہیں جنہیں خدا ہمارے سامنے لاتا ہے۔ ہم اپنے وسائل کو اُن لوگوں کے ساتھ شیئر نہ کر کے بھی رکاوٹ بن سکتے ہیں جنہیں خدا نے اس کام کے لئے بلایا ہے۔ پولس رسول بیان کرتا ہے کہ جب انجیل کے پیغام میں رکاوٹ پیدا کی جاتی ہے تو یہ گویا گناہوں میں اضافہ کرنے والی بات ہے۔ اگر ہم اس طرح کے گناہ کے مرتکب ہوئے ہیں تو ہمیں اس بات کا اعتراف کرنا ہو گا۔ یہودیوں کی صورتحال کو سامنے رکھتے ہوئے۔ خدا نے پہلے ہی اُن کی عدالت کر دی تھی۔ (16 آیت) خدا کرے ہمارے ساتھ ایسا واقع نہ ہو۔

جب پولس رسول تھسلنیکے میں تھا تو اسے ایذا رسانی کی وجہ سے بھی اُس شہر کو چھوڑنے پر مجبور کیا گیا تھا۔ 17 آیت میں، اُس نے ایمانداروں کو بتایا کہ اگرچہ وہ اُن سے الگ ہونے پر مجبور کیا گیا۔ تو بھی اُس نے واپس لوٹنے کی ہر ممکن کوشش کی۔ اگرچہ وہ اُن سے الگ قید خانہ میں تھا تاہم اس کے خیالات اور اُس کی دُعائیں مسلسل ان کے ساتھ تھیں۔ اسے ان کی روحانی زندگی کی بہت زیادہ فکر تھی۔ اُسے علم تھا کہ وہ کیسی کیفیت اور صورتحال میں زندگی بسر کر رہے ہیں۔ اُسے اِس طرح کی مخالفت، انجیل کے پھیلاؤ میں رکاوٹوں اور ایذا رسانی کا شخصی تجربہ بھی تھا۔ اس لئے وہ اس خطہ میں موجود ایمانداروں کے تحفظ، ایمان کی مضبوطی اور روحانی نشوونما کے لئے فکر مند تھا۔

اکثر ہی ایسا ہوتا تھا کہ جہاں کہیں پولس رسول انجیل کا پیغام سناتا تھا تو اُس شہر کے لوگ اُسے وہاں سے نکل جانے پر مجبور کر دیتے تھے۔ ان علاقوں میں ایمانداروں کے لئے اس کے دل پر بڑا بوجھ تھا۔ لیکن خدا نے اُسے اِس بات کی اجازت نہ دی کہ وہ اُن علاقوں میں زیادہ دیر قیام کر سکے۔ یاد رہے کہ خدا نے پولس رسول کو زیادہ سے زیادہ لوگوں تک انجیل

سنانے کے لئے بلایا تھا۔ خدا کا یہ مقصد اور منصوبہ نہیں تھا کہ پولس رسول کسی ایک خطہ یا علاقہ میں زیادہ دیر تک قیام کرے۔

یہ کہہ کر پولس رسول نے بطور ایک رسول نے اِس بلاہٹ کو بڑی سنجیدگی سے لیا کہ اُس نے خدا کے لوگوں کو اُن کے ایمان میں مضبوط کرنا ہے۔ 18 آیت میں، اگرچہ پولس رسول تھسلنیکیوں کو دوبارہ ملنے کے لئے آنا چاہتا تھا، شیطان نے اسے روکے رکھا۔ یہاں پر ایک ایسا مردِ خدا ہے جو روح سے معمور تھا۔ پولس رسول نے بدروحوں کو نکالا اور اپنی زندگی کے وسیلہ سے خدا کو زبردست کام کرتے ہوئے دیکھا تھا۔ لیکن پھر بھی شیطان اُسے روکے ہوئے تھا۔

پولس رسول کو اکثر اوقات اپنی خدمت میں شیطان سے نبرد آزما ہونا پڑا۔ 2 کرنتھیوں 12 باب 7 تا 9 آیت میں، وہ ہر روز شیطان سے شخصی طور پر نبرد آزما ہونے کی بات کرتا ہے۔

" اور مکاشفوں کی زیادتی کے باعث میرے پھول جانے کے اندیشہ سے میرے جسم میں کانٹا چبھویا گیا یعنی شیطان کا قاصد تا کہ میرے مکے مارے اور میں پھول نہ جاؤں۔ اس کے بارے میں نے تین بار خداوند سے التماس کی کہ یہ مجھ سے دُور ہو جائے مگر اُس نے مجھ سے کہا میرا فضل تیرے لئے کافی ہے کیونکہ میری قدرت کمزوری میں پوری ہوتی ہے۔ میں بڑی خوشی سے اپنی کمزوری پر فخر کروں گا تا کہ مسیح کی قدرت مجھ پر چھائی رہے۔ "

پولس رسول کو " شیطان کے قاصد " سے دُکھ پہنچ رہا تھا۔ اگرچہ اُس نے اس تعلق سے دُعا بھی کی۔ خدا نے اُس کے جسم میں سے اُس کانٹے کو نہ نکالا۔ " یہاں پر ہم دیکھتے ہیں کہ کس طرح پولس رسول کی راہ میں شیطان نے رکاوٹ پیدا کر دی تا کہ وہ تھسلنیکے جا کر

ایمانداروں کی ہمت افزائی نہ کر سکے۔

یہاں پر ہمیں دو چیزیں سمجھنے کی ضرورت ہے۔ اوّل۔ اگرچہ شیطان بہت مستعد تھا۔ تو بھی پولس رسول کی صورتحال میں خدا ہر ایک چیز کو سنبھالے رہا۔ ہمیں ایوب کا واقعہ یاد کرایا گیا ہے کہ کس طرح شیطان نے ایوب کو اُس کی اولاد، مال و جائیداد اور اُس کے نام اور وقار سے محروم کر دیا تھا۔ اس کہانی میں ہم دیکھ سکتے ہیں کہ شیطان نے سر توڑ کوشش کی، لیکن بالآخر خدا ہی فاتح ہوا۔ ایوب کو خدا نے اس کے دُکھوں اور امتحان کی گھڑی میں محفوظ رکھا اور پہلے سے زیادہ برکت دے کر اُسے بحال کر دیا۔ خدا شیطان کو بھی اپنے مقاصد کی تکمیل کے لئے استعمال کر سکتا ہے۔ جب پولس رسول کے جسم میں کانٹا چبھویا گیا تو خدا نے اپنے مقاصد کی تکمیل کی۔ خدا نے پولس رسول کو بتا دیا تھا کہ وہ شیطان کے قاصد کو اجازت دینے لگا ہے تاکہ وہ اُس کے جسم میں کانٹا چبھوئے لیکن وہ اس قاصد کو اپنی قدرت کے اظہار و بیان کے لئے استعمال کرے گا۔ شیطان نے پولس رسول کو تھسلنیکے جانے سے روکا لیکن اِس کا ہر گز یہ مطلب نہیں ہے کہ شیطان ہر ایک چیز پر قوی اور قادر ہے۔ خدا نے اسی چیز کو اپنے جلال کے لئے استعمال کرنا تھا جسے شیطان اپنے مقاصد کے لئے استعمال کرنے کا ارادہ کئے ہوئے تھا۔ اگرچہ پولس رسول تھسلنیکے نہ جا سکا تو بھی کلیسیا نے ترقی کی۔ وہ بڑھتی، پھلتی پھولتی اور تعمیر ہوتی چلی گئی۔ وہ اپنے اِرد گرد موجود کلیسیاؤں کے لئے ایک نمونہ بن گئی۔ خدا نے پولس رسول کے بغیر ہی اُن کے دُکھوں اور آزمائشوں کو استعمال کرتے ہوئے اُنہیں روحانی طور پر پختہ اور مضبوط بنا دیا۔

یہاں پر دوسری چیز ہمیں یہ سمجھنے کی ضرورت ہے کہ خدا کی فتح ہمیشہ ایسے دکھائی نہیں دیتی جیسے کہ وہ ہماری فتح ہو۔ اکثر اوقات ہم مکمل تصویر دیکھنے سے قاصر رہتے ہیں۔ پولس رسول "جسم میں کانٹے" کے ساتھ دُکھ کے تجربہ سے گزرا۔ اس کانٹے کے باوجود

اَنجیل کا پیغام پھیلتا چلا گیا۔ کیا بالآخر پولس رسول کو شیطان پر فتح حاصل ہوئی؟ یقیناً اسے فتح حاصل ہوئی۔ شیطان نے پولس رسول کو تھسلنیکے جانے سے روکا۔ پھر بھی خدا نے پولس رسول کی خدمت کو برکت عطا کی۔ شیطان کی ہر ایک مکاری اور چال دھری کی دھری رہ گئی۔

پولس رسول ایمانداروں کو یاد دلاتے ہوئے اس بات کا اختتام کرتا ہے کہ وہ اُس کی اُمید، خوشی اور اُس کا تاج ہیں۔ خدا کی حضوری میں وہ اُس کے لئے جلال اور خوشی کا باعث ہوں گے۔

جب بھی پولس رسول تھسلنیکیوں کو یاد کرتا تھا تو اس کا دل خوشی سے بھر جاتا تھا۔ اُسے اس بات کی بڑی خوشی تھی کہ درپیش مشکلات اور مسائل کے باوجود اُنہوں نے مسیح خداوند کو پہچان لیا تھا۔ پولس رسول اِس بات پر خوش تھا کہ خدا نے اُنہیں اپنے پاس لانے کے لئے اسے استعمال کیا تھا۔ اُنہیں اپنے ہی شہر میں خواہ کتنے ہی دُکھوں اور مسائل کا سامنا تھا۔ پولس رسول کو اِس بات کی خوشی تھی کیونکہ خدا اُنہیں پختہ اور روحانی طور پر مضبوط بنا رہا تھا۔

تھسلنیکیوں پولس رسول کا تاج تھے۔ خدا کے کلام میں تاج سے مراد وہ اَجر ہے جو ایمانداروں کو وفاداری سے خدمت کرنے پر ملتا ہے۔ پولس رسول 1 کرنتھیوں 9 باب 24 اور 25 آیت میں اس تاج کے بارے میں بات کرتا ہے۔

"کیا تُم نہیں جانتے کہ دَوڑ میں دَوڑنے والے دوڑتے تو سب ہی ہیں مگر انعام ایک ہی لے جاتا ہے؟ تُم بھی ایسے ہی دَوڑو تا کہ جیتو۔ اور ہر پہلوان سب طرح کا پرہیز کرتا ہے۔ وہ لوگ تو مُرجھانے والا سہرا پانے کے لئے یہ کرتے ہیں مگر ہم اُس سہرے کے لئے کرتے ہیں جو نہیں مُرجھاتا۔"

پولس رسول انعام جیتنا چاہتا تھا۔ اُس نے خداوند کی خوشنودی کے حصول کے لئے زندگی بسر کی اور خدمت گزاری کا کام بھی اسی نیت سے کیا کہ وہ خدا سے وفادار رہتے ہوئے اُس کی خدمت گزاری پوری دلجمعی سے کرے گا۔ تھسلنیکے اُس کے تاج کا حصہ تھے۔ وہ اُس کی محنت کا پھل تھے جس کہ وجہ سے اسے آسمان پر اَجر ملنا تھا۔

پولس رسول نے تھسلنیکے کے ایمانداروں کو بتایا کہ جب خداوند یسوع مسیح کی آمدِ ثانی ہوگی تو وہ خداوند کی حضوری میں اُن کے سبب سے شادمان ہوگا۔ اُسے اُن پر ناز ہوگا۔ یہی وجہ ہے کہ خداوند کی آمد پر اُسے کسی طرح کی کوئی شرمندگی نہ ہوگی۔ اُس نے اُنہیں اپنی خدمت کے پھل کے طور پر خداوند کے حضور پیش کرنا تھا۔

چند غور طلب باتیں

☆۔ خداوند کے کلام پر ایمان رکھنے اور اُس کی فرمانبرداری میں زندگی بسر کرنے میں کیا فرق پایا جاتا ہے؟ اگر ہم خدا کے کلام کی فرمانبرداری میں زندگی بسر کرنے کے لئے تیار نہیں ہیں تو کیا ہم کہہ سکتے ہیں کہ ہم خدا کے کلام پر ایمان رکھتے ہیں؟

☆۔ خدا کا کلام کس طرح آپ کی زندگی بدلنے کا باعث ہوا ہے؟

☆۔ وہ کون سے چند ایک ایسے طرزِ عمل ہیں جن سے ہم اَنجیل کی منادی میں رکاوٹ کا باعث بن سکتے ہیں؟

☆۔ ہم اس تعلق سے کیا سیکھتے ہیں کہ خدا شیطان کو اپنے جلال کے لئے استعمال کر سکتا ہے؟ آپ کو اس سے کیا حوصلہ افزائی حاصل ہوتی ہے؟

☆۔ کیا وفاداری سے خدمت کا اَجر پانے کی توقع کرنا غلط بات ہے؟ اس باب میں پولس رسول ہمیں کیا بتاتا ہے؟

☆۔ پولس رسول نے تھسلنیکے کے ایمانداروں کو خدا کے حضور اپنی خدمت کے پھل کے طور پر پیش کرنا تھا۔ آپ کے پاس خداوند کے حضور پیش کرنے کے لئے کیا ہے ؟

چند اہم دُعائیہ نکات

☆۔ خداوند کی شکر گزاری کریں کہ اس کا کلام سچا ہے اور ہم پورے طور پر اُس پر توکل اور بھروسہ کر سکتے ہیں ؟

☆۔ خداوند کی اِس بات کے لئے شکر گزاری کریں جب شیطان ہم پر حملہ آور ہوتا یا ہمیں دُکھ دیتا ہے، ہم اُس پر یسوع کے نام سے فتح پا سکتے ہیں۔

☆۔ خداوند سے فضل اور عقل چاہیں تاکہ آپ کسی بھی طرح سے انجیل کے پیغام کے پھیلاؤ میں رکاوٹ کا باعث نہ ہوں۔

☆۔ اس اَجر وصلہ کے لئے خداوند کی شکر گزاری کریں جس کا اُس نے اُن سب سے وعدہ کیا ہے جو وفاداری سے اُس کی خدمت کرتے ہیں۔

☆۔ خداوند سے دُعا کریں کہ وہ اِس زمین پر آپ کی محنت کا بہت زیادہ پھل آپ کو عطا کرے۔

باب 4
تیمتھیس کی طرف سے خیر خبر

1 تھسلنیکیوں 3 باب 1 تا 13 آیت کا مطالعہ کریں

گزشتہ باب میں پولس رسول نے تھسلنیکیوں کو یاد کرایا کہ وہ اُس کی خوشی اور تاج ہیں۔ اُسی کے وسیلہ سے وہ خداوند یسوع مسیح پر ایمان لائے تھے۔ اور اب پولس رسول کے دل پر یہ بوجھ تھا کہ وہ خداوند یسوع کے ساتھ اپنے رشتے میں مضبوط اور پختہ ہوتے چلے جائیں۔ تھسلنیکے کی کلیسیا نے خداوند سے وفاداری کرتے ہوئے بہت دُکھ اُٹھایا تھا۔ پولس رسول کو اُن کے حالات و واقعات کی بڑی فکر لاحق تھی۔

پولس رسول نے 1 آیت میں ایمانداروں کو بتایا کہ جب وہ اتھینے میں تھا اور اُس سے رہانہ گیا تو اُس نے تیمتھیس کو اُن کے پاس بھیجا تا کہ وہ اُن کی ہمت بندھاتے ہوئے اُنہیں مضبوط کرے۔ پچھلے باب میں، ہم نے دیکھا کہ شیطان نے پولس رسول کو تھسلنیکے جانے سے روکے رکھا۔ پولس رسول کے دل کی لالسا تھی کہ وہ کلیسیا کی ہمت افزائی کرے اور اُنہیں تسلی و تشفی دے، پس اُس نے ضرورت کی اس گھڑی میں اپنی جگہ پر تیمتھیس کو یہ کام سرانجام دینے کے لئے بھیجا۔

پولس رسول کی طرف سے ایسی فکر مندی اور دلچسپی دیکھ کر کلیسیا کس قدر خوش ہوئی ہو گی اور ان کے حوصلے بھی کس قدر بلند ہوئے ہوں گے۔ غور کریں کہ تیمتھیس کو بھیجنے کا مقصد یہ تھا کہ وہ اُنہیں ایمان میں مضبوط کرے اور اُن کی ہمت افزائی کرے۔ پولس رسول یہ سمجھتا تھا کہ وہ مسائل جن کا ان ایمانداروں کو سامنا ہے، اُن کے ذہن میں کئی

طرح کے سوال پیدا کر سکتے ہیں۔ اور اُن کا ایمان متزلزل ہو سکتا ہے۔ پولس رسول نے اُن کے بعض سوالات کے جوابات دینے کے لئے تیمتھیس کو اُن کے ہاں بھیجا۔

ان آیات میں ہم مسیح کے بدن کی اہمیت کو دیکھتے ہیں۔ تھسلنیکے میں موجود کلیسیا کو اس مشکل وقت میں روحانی قائدین کی طرف سے حوصلہ افزائی کی ضرورت تھی۔ خدا اکثر و بیشتر اپنے روح القدس کے وسیلہ سے اپنے لوگوں کو تقویت اور قوت دیتا ہے تا کہ وہ ایک دوسرے کی ہمت افزائی کر سکیں، خدا نے اس وقت تیمتھیس کو چنا تا کہ وہ اس کلیسیا کے لئے حوصلہ افزائی کا باعث ہو۔

پولس رسول جانتا تھا کہ وہاں تھسلنیکے میں انجیل کی مخالفت ہو رہی ہے۔ اسے اس بات پر بالکل بھی حیرت نہیں تھی کہ وہاں پر ایماندار اپنے ایمان کے باعث دُکھ اٹھا رہے ہیں۔ لیکن وہ اُن کے لئے فکر مند تھا۔ اُسے اُن کے حالات و واقعات کے بارے جاننے میں دلچسپی تھی۔ اُسے معلوم تھا کہ شیطان اُنہیں آزمائے گا اور اُنہیں اُن کے ایمان سے منحرف کرنے کی بھرپور کوشش کرے گا۔ پولس رسول نے تیمتھیس کو بھیجا تا کہ وہ ایمانداروں کی اس مشکل، آزمائش اور دُکھ بھری صورتحال میں ہمت افزائی کرے اور اُن کے ایمان کو مضبوط اور مستحکم کرے۔

جب تیمتھیس تھسلنیکے سے واپس کلیسیا کی خیر خبر لے کر واپس پولس رسول کے لئے پہنچا ہوگا تو یہ کس قدر بابرکت لمحات ہوں گے۔ اُس نے پولس رسول کو تھسلنیکے کے ایمانداروں کے ایمان اور محبت کا حال کہہ سنایا۔ (6 آیت) اس نے پولس رسول کو یہ بھی بتایا کہ وہ اُس وقت کو خوب یاد کرتے ہیں جو اُس نے اپنے ہم خدمت لوگوں کے ساتھ اُن کے درمیان گزارا تھا۔ جس قدر پولس رسول اُنہیں دیکھنے کا مشتاق تھا اُسی قدر وہ بھی اُسے ملنے میں دلچسپی رکھتے تھے۔ پولس رسول کے لئے یہ کس قدر پُر مسرت خبر تھی۔

اُسے یہ جان کر بھی خوشی ہوئی کہ تھسلنیکے کے ایماندار اپنے ایمان میں پختہ اور مضبوط ہیں اور سچائی کی راہ سے منحرف نہیں ہوئے۔ 8 آیت میں وہ بیان کرتا ہے۔"اب اگر تم خداوند میں قائم ہو تو ہم زندہ ہیں۔"

پولس رسول نے جب یہ سنا کہ تھسلنیکے میں اُس کی محنت اُکارت نہیں گئی بلکہ پھل دار ثابت ہوئی ہے تو پولس رسول کو ایک طرح سے حیاتِ نو اور نیا جوش اور وَلولہ مل گیا۔ ہم سب کو بھی اپنی اپنی خدمت میں ایسی ہی ہمت افزائی، اچھی خبروں اور حوصلہ افزاء باتیں سننے کی ضرورت ہوتی ہے۔ بعض اوقات خدا ہمیں ہماری محبت کا پھل دکھاتا ہے۔ اس سے ہم ثابت قدمی، تازگی اور تقویت پاتے ہیں۔جو خبریں تیمتھیس تھسلنیکے سے لے کر پولس رسول کے پاس پہنچا تھا، اِس سے پولس رسول کا دِل باغ باغ ہو گیا اور وہ خداوند کی شکر گزاری سے بھر گیا۔ اُس نے 1 تھسلنیکیوں 3 باب 9 آیت میں ان سے مخاطب ہوتے ہوئے یہ پوچھا"تُمہارے باعث اپنے خُدا کے سامنے ہمیں جِس قدر خوشی حاصل ہے اُس کے بدلہ میں کس طرح تُمہاری بابت خُدا کا شکر ادا کریں؟"

اِس سے پولس رسول نے اُن کے ہاں دوبارہ سے خدمت کرنے کے لئے دُعا کرنا شروع کر دی اور وہ منتظر تھا کہ خدا اُسے ایسا کرنے کا موقع فراہم کرے۔(10 آیت)

پولس رسول تھسلنیکیوں کے لئے تین طرح کی دُعائیں کرتے ہوئے اس حصہ کو اختتام پذیر کرتا ہے۔ اس کی پہلی دُعا یہ ہے کہ خداوند ہر ایک رکاوٹ کو دُور کرے تاکہ وہ ان کے ہاں خدمت کے لئے جاسکے۔(11 آیت) وہ دل سے اُن کے ہاں جانے کا مشتاق تھا تاکہ شخصی طور پر اُن کی روحانی ضروریات کو پورا کرے اور اُن سے رفاقت کر کے اُنہیں مضبوط کرے اور اُن کے حوصلوں کو نئی قوت تازگی بخشے۔

پولس رسول کی دوسری دُعا یہ تھی کہ خدا اُن کے دلوں کو اپنی محبت سے لبریز کرے۔

جب کوئی برتن لبریز ہوتا ہے تو پہلے وہ بھرتا ہے۔ اگر آپ خدا کی محبت سے واقف نہیں ہیں تو کس طرح آپ خدا کی محبت سے لبریز ہو سکتے ہیں۔ اگر آپ خالی ہیں تو کس طرح کسی کو کچھ دے سکتے ہیں؟ خدا ہمیں اپنی محبت سے معمور ہونے کے لئے بلا رہا ہے خدا کی مرضی یہ نہیں کہ ہم اُس کی محبت سے بھرپور ہوں بلکہ اُس کی محبت سے لبریز ہونا شروع ہو جائیں۔

سب سے پہلے اس محبت نے خدا کے خاندان میں لبریز ہونا تھا۔ کتنے ہی لوگ ہیں جو محض اس وجہ سے آج خداوند سے دُور جا چکے ہیں کیونکہ اُنہیں مسیحیوں کے درمیان ایک دوسرے کے لئے حقیقی محبت دیکھنے کو نہ ملی؟ اگر ہم سب سے پہلے آپس میں ایک دوسرے سے محبت نہیں رکھتے، تو پھر ہم اپنے اردگرد کی دُنیا کے لئے کس طرح مسیح کی محبت کے مؤثر گواہ ہو سکتے ہیں؟ اگر ہمارے دلوں میں ہی اپنے مسیحی بہن بھائیوں کے لئے محبت نہیں ہے تو پھر غیر ایمانداروں کے سامنے ہم مسیح کی محبت کا بیان کیسے کر سکیں گے؟

ایک بار جب تھسلنیکیوں مسیح کی محبت سے بھر گئے تھے اور اب ایک دوسرے کے لئے اُن کے دلوں میں محبت کا بہاؤ جاری تھا، تو اب اگلا قدم یہ تھا کہ وہ کلیسیا سے باہر کے لوگوں کے لئے بھی اِس محبت کا اظہار کرتے۔ وہ اِس محبت کا اظہار صرف اسی صورت میں کر سکتے تھے جب پہلے اُنہیں اِس کا شخصی تجربہ ہوتا، اور پھر وہ کلیسیا کے اندر اِس محبت کا اظہار کرتے۔ تب ہی وہ کلیسیا سے باہر کے لوگوں سے بھی اِس محبت کا اظہار کر سکتے تھے۔

پولس رسول کی تھسلنیکیوں کے لئے تیسری دُعا یہ تھی کہ خداوند خدا اُن کے دلوں کو مضبوط کرے تا کہ وہ بے عیب اور پاک ہو جائیں۔ یہاں پر یہ بات قابل غور ہے کہ پولس رسول آزمائشوں، دُکھوں اور ایذاہ رسانی کے ختم ہونے کے لئے دُعا نہیں کر رہا۔ پولس

رسول نے تھسلنیکیوں کو بتایا کہ وہ اُن دُکھوں کے لئے ہی مقرر ہوئے ہیں۔ (3 آیت) پولس رسول یہاں پر دُعا گو ہے کہ جن مسائل اور مشکلات سے وہ گزر رہے ہیں، خدا اس صورتحال کو اُنہیں پاک اور بے عیب بنانے کے لئے استعمال کرے۔ وہ توقع کر رہا ہے کہ خدا ان دکھوں کے وسیلہ سے اُنہیں پاک اور بے عیب بنائے۔ ان کے امتحان اور دُکھوں اور مشکلات کی یہ گھڑیوں نے اُنہیں ہر طرح کی ناپاکی سے پاک کر کے خداوند کے اور قریب لے آنا تھا۔ کتنی ہی بار ہم اپنے دُکھوں اور مصیبتوں سے جان چھڑانا چاہتے ہیں اور خدا کو موقع نہیں دیتے کہ ناگوار صورتحال اور مشکل گھڑیاں ہمیں پاک کرنے کے لئے استعمال کرے۔ ہمیں اس زندگی میں مسائل اور مصائب کا سامنا کرنا ہو گا۔ اکثر و بیشتر ہم درپیش ناگوار صورتحال کے وسیلہ سے نکھارے اور سنوارے جاتے ہیں۔

ہم اس حصہ میں دیکھتے ہیں کہ تھسلنیکوں انجیل کی خاطر دُکھ اٹھانے کے لئے مقرر ہوئے تھے۔ پولس رسول کی یہ دُعا تھی کہ مشکل وقت میں بھی خدا اُنہیں ایک دوسرے اور ارگرد کے لوگوں کے لئے محبت سے لبریز کر دے۔ اُس نے اُنہیں یاد کرایا کہ خدا اُن کے دُکھوں اور مسائل کو استعمال کر کے انہیں اپنی قربت اور رفاقت میں مضبوطی بخشے گا۔ ان امتحانوں اور دُکھوں کے وسیلہ سے خدا اُنہیں مضبوط کر رہا تھا۔ وہ پہلے ہی اپنے اِردگرد کے علاقہ جات میں موجود ایمانداروں کے لئے زبردست نمونہ اور مثال بن چکے تھے۔

چند غور طلب باتیں

☆۔اس حوالہ سے ہمیں تھسلنیکیوں کے لئے پولس کی فکر مندی کے بارے میں کیا جانکاری حاصل ہوتی ہے؟

☆۔ مسیح کے بدن میں ایک دوسرے کی مدد اور ہمت افزائی کے تعلق سے ہم یہاں پر کیا سیکھتے ہیں؟ کیا کوئی ایسا بھائی یا بہن ہے جسے آپ کو اُٹھانے اور اُس کی ہمت افزائی کرنے کی ضرورت ہے؟

☆۔ کیا مسیحی لوگ اس دُنیا میں دُکھ اُٹھائیں گے؟ ایذاہ رسانی ہماری زندگی میں کیا سرانجام دیتی ہے؟

☆۔ خداوند ہمیں مزید نکھارے اور سنوارنے کے لئے ہماری زندگی کے دُکھوں، مسائل اور مشکلات کو استعمال کرتا ہے؟ کیا آپ نے کبھی خدا سے یہ دُعا کی ہے کہ وہ اس آگ کو آپ کی زندگی سے دُور کر دے جو آپ کو نکھارنے، سنوارنے اور پاک کرنے کا کام کر رہی ہے؟

☆۔ اگر ہم خدا کی محبت کو دوسروں کے ساتھ بانٹنا چاہتے ہیں تو یہ کیوں کر ضروری ہے کہ پہلے ہم اُس کی محبت سے بھر جائیں؟ جس چیز کا ہمیں خود تجربہ نہیں ہے، کیا ممکن ہے کہ ہم اس چیز کے بارے میں لوگوں کو مؤثر طریقہ سے بتا سکیں؟

☆۔ خدا کس طرح آپ کی زندگی کے دُکھوں کو آپ کو پاک کرنے، نکھارنے اور سنوارے کے لئے استعمال کرتا ہے؟ آپ نے زندگی میں پیش آنے والے دُکھوں، مسائل اور مشکلات سے کیا سیکھا ہے؟

☆۔ کیا ہم غیر ایمانداروں کے ساتھ مسیح کی محبت کو بیان کر سکتے ہیں، اگر ہم مسیح کے بدن میں ایک دوسرے سے خود پہلے محبت نہ کرتے ہوں؟ وضاحت کریں۔

چند اہم دُعائیہ نکات

☆۔ کیا اِس وقت آپ کو کسی خاص مشکل یا مسئلے کا سامنا ہے؟ خداوند سے دُعا کریں کہ وہ اس میں بھی آپ کو کچھ سکھائے اور آپ کی تعلیم و تربیت کرے اور آپ کو مزید نکھارے اور سنوارے۔ خداوند کی شکر گزاری کریں کہ وہ ہر چیز پر قوی اور قادر ہے۔

☆۔ خداوند سے دُعا کریں کہ وہ آپ کے ارد گرد مسیح کے بدن کی ضروریات کو دیکھنے کے لئے آپ کی آنکھیں کھول دے۔ خداوند سے دُعا کریں کہ وہ آپ کو کچھ ایسے عملی طریقہ کار بتائے جس سے آپ اپنے اِرد گرد کے لوگوں میں مسیح کی محبت کو بانٹ سکیں۔

☆۔ کیا آپ کے اِرد گرد کچھ ایسے لوگ ہیں جو مشکلات اور مسائل سے دوچار ہیں؟ خداوند سے دُعا کریں کہ وہ ان مشکلات اور مسائل ہی میں اُنہیں مضبوط اور اُن کے حوصلوں کو بلند کرے۔ خداوند سے دعا کریں کہ وہ آپ پر منکشف کرے کہ آپ کس طرح دوسروں کے لئے حوصلہ افزائی اور مدد کا باعث ہو سکتے ہیں۔

باب 5

زیادہ سے زیادہ

1 تھسلنیکیوں 4 باب 1 تا 12 آیت کا مطالعہ کریں

پولس رسول نے اس خط میں تھسلنیکیوں کے تعلق سے بڑی اچھی باتیں بیان کی ہیں۔ اِس کا ہرگز یہ مطلب نہیں کہ اُن میں کوئی عیب یا خامی موجود نہیں تھی۔ اگرچہ وہ اپنے اردگرد کے لوگوں کے لئے ایک نمونہ تھے۔ پھر بھی پولس رسول اُنہیں نصیحت کرتا ہے کہ وہ خداوند میں بڑھتے اور ترقی کرتے چلے جائیں۔ بعض اوقات ہم خداوند کے ساتھ ہم اپنے رشتہ میں ایک ایسے مقام پر آجاتے ہیں جہاں افزائش اور ترقی کا عمل رُک جاتا ہے۔ ہم جو کچھ بھی ہوتے ہیں، اسی پر مطمئن ہو کر بیٹھ جاتے ہیں۔ خدا کے کلام کا یہ حصہ ہمیں یہی تلقین اور تاکید کرتا ہے کہ ہم رُک نہ جائیں بلکہ بڑھتے اور ترقی کرتے چلے جائیں۔ ہمیں خدا کے تعلق سے ابھی بہت کچھ جاننا اور سمجھنا باقی ہے۔ پولس رسول اسی لئے اُنہیں یہ تلقین کر رہا ہے کہ وہ مطمئن ہو کر نہ بیٹھ جائیں بلکہ خداوند کی ذاتِ اقدس اور اُس کی نعمت وبرکات اور اُس کی گہری رفاقت اور قربت کے تجربہ میں بڑھتے چلے جائیں۔

1 آیت میں ہم دیکھتے ہیں کہ پولس رسول نے پہلے ہی ہدایت اور رہنمائی کر دی ہے کہ کس طرح خداوند کی خوشنودی کے لئے اُنہوں نے زندگی بسر کرنی ہے۔ کوئی بھی ہدایت اور نصیحت جب تک اسے عملی جامہ نہ پہنایا جائے بے کار اور بے سود ہوتی ہے۔ یہ کلیسیا نہ صرف پولس رسول کی ہدایت اور نصیحت کو سُن رہی بلکہ اُسے عملی طور پر اپنا بھی رہی تھی۔ (1 آیت) پولس رسول اس کے لئے شکر گزار تھا۔

اب پولس رسول اُنہیں یہ تاکید اور نصیحت کر رہا ہے کہ جو ہدایت اُنہیں دی گئی تھی اس پر وہ زیادہ سے زیادہ عمل پیرا ہوں۔ اُنہیں خدا اور اُس کے مقاصد کو جاننے کے لئے آگے ہی آگے بڑھتے چلے جانا تھا۔ بعض اوقات ہم چھوٹی موٹی چیزوں پر ہی مطمئن ہو کر بیٹھ جاتے ہیں۔ کیا آپ خداوند پر توکل اور بھروسہ کرتے چلے آرہے ہیں؟ اور زیادہ اُس پر توکل اور بھروسہ کریں اور کرتے ہی رہیں۔ کیا آپ نے دیکھا ہے کہ خداوند آپ کو استعمال کر رہا ہے؟ خداوند سے دُعا کریں کہ وہ آپ کو زیادہ سے زیادہ استعمال کرے۔ کیا آپ کو زندگی میں کسی ایک خاص گناہ پر غلبہ اور فتح ملی ہے؟ ایسی مزید فتوحات کے لئے خداوند سے دُعا کریں؟ پولس رسول کی کلیسیا کو یہی نصیحت اور تلقین تھی کہ جو کچھ بھی وہ کر رہے ہیں، کرتے رہیں بلکہ پہلے سے بھی زیادہ کرتے رہیں۔

پولس رسول 2 آیت میں ایمانداروں کو بتاتا ہے کہ اُنہیں ان نصیحتوں پر اس لئے بھی کاربند رہنا ہے کیونکہ اُس نے وہ نصیحتیں مسیح خداوند کے اختیار سے کی ہیں۔ جو کچھ بھی تعلیم پولس رسول نے اُنہیں دی تھی وہ محض اُس کی مرضی اور سوچ کا حاصل نہیں تھی۔ بلکہ تھسلنیکے کی کلیسیا کے لئے خدا کا یہی مقصد اور ارادہ تھا۔ پولس رسول کی تھسلنیکے کے ایمانداروں کو کی گئی نصیحتیں خداوند یسوع مسیح کی طرف سے تھیں۔ بالخصوص، پولس رسول کلیسیا سے تین اہم موضوعات پر بات کرتا ہے۔

حرامکاری

3 آیت میں پولس رسول تھسلنیکیوں کو یاد کراتا ہے کہ یہ خداوند کی مرضی تھی کہ اُنہیں پاک کرے۔ لفظ پاک کرنا کا مفہوم ایک راست اور پاک مقصد کے لئے الگ ہونا ہے۔ خدا نے انہیں الگ کر لیا تھا اور وہ چاہتا تھا کہ وہ اُس میں اور اُس کے لئے زندہ رہیں۔ خدا کی یہی مرضی اور مقصد تھا کہ وہ پاک اور خالص زندگی بسر کریں۔

پولس رسول مزید بیان کرتا ہے، چونکہ یہ خدا کی مرضی اور خواہش تھی کہ اُنہیں پاک زندگی بسر کرنے کے لئے الگ کرے۔ اِس لئے اُنہیں حرامکاری سے بھاگنا تھا۔ حرامکاری میں پڑکر اُنہوں نے خدا کی نظر میں ناپاک اور آلودہ ہو جانا تھا۔ تھسلنیکیوں جس دنیا میں رہتے تھے، وہ ہماری دُنیا جیسی ہی تھی۔ اُس میں حرامکاری بھی پائی جاتی تھی۔ لیکن خدا اُنہیں پاک اور دُنیا سے منفرد زندگی بسر کرنے کے لئے بلا رہا تھا۔

ہمارے دَور میں بھی یہ آزمائش بہت حقیقی ہے۔ ہم اپنے اردگرد، حرامکاری کاروباری اشتہارات، فلموں، کُتب، رسائل اور مختلف طرح کے کتابچوں میں بھی دیکھتے ہیں۔ کاروباری مقامات یا تفریح طبع مقامات بھی ایسی غلیظ گفتگو سے بھرے ہوتے ہیں جس میں حرامکاری کی بدبو آرہی ہوتی ہے۔ اِس دُنیا کی اخلاقیات کا معیار خدا کے معیار سے گھٹیا، آلودہ اور کم تر ہے۔

4 آیت میں پولس رسول اِس بات کو واضح کرتا ہے کہ اگر ہم نے خود کو حرامکاری سے بچانا ہے، تو ہمیں یہ سیکھنا ہوگا کہ کس طرح ہم نے اپنے بدنوں کو قابو میں رکھنا ہے۔ یہ بلاوجہ نہیں ہے کہ روح کے پھلوں میں سے ایک پھل پرہیزگاری ہے۔ کیا آپ کو جنسی گناہوں کے ساتھ نبرد آزما ہونا پڑتا ہے؟ تو پھر آپ کو پرہیزگاری کے پھل کے لئے دُعا کرنے کی ضرورت ہے۔ جب یہ پھل آپ کی زندگی میں کام کرے گا تو آپ ایسے مقامات سے دُور بھاگیں گے جہاں پر آزمائش آپ کو دبوچ لیتی ہے۔ پرہیزگاری کی صورت میں آپ اپنی آنکھیں بند اور اپنی توجہ اس مقام سے ہٹالیں گے جو آپ کے اندر گناہ کی رغبتوں کو جوش دلاتا ہے۔ بعض اوقات لوگ محسوس کرتے ہیں کہ خدا ان میں سے بُری خواہش کو ختم کردے گا اور پھر وہ گناہ نہیں کریں گے۔ لیکن ہمیشہ ایسا نہیں ہوتا۔ بعض اوقات، ایسا بھی ہوتا ہے کہ ہمیں گناہ کے ساتھ ایک طرح کشتی کرنا پڑتی ہے۔ ہمیں خدا کی طرف

سے قوت اور توفیق کی ضرورت ہوتی ہے تاکہ ہم اپنے بدنوں کو مارتے کوٹتے ہوئے قابو میں رکھ سکیں۔ تاکہ ہم حرامکاری کے گناہ میں مبتلا نہ ہوں۔

تھسلنیکے میں کچھ ایسے بے دین لوگ تھے جو پرہیزگاری کو خاطر میں نہ لاتے تھے۔ یہ وہ لوگ تھے جو اپنی جنسی خواہشوں اور رغبتوں کے سامنے ہتھیار ڈال دیتے تھے۔ وہ جسمانی خواہشوں کو موقع دیتے تھے کہ وہ اُن کے اعمال و افعال کو اپنے قابو میں رکھیں۔ اُن کا جسم جو بھی چاہتا تھا وہ اُس کو پورا کرتے تھے۔ وہ دینداری اور راستبازی کے اصولوں کو مدِ نظر نہ رکھتے تھے۔ وہ اپنے جسم کی خواہشوں کو پورا کرتے تھے (5 آیت) ہمارے دَور میں بھی ایسے لوگ پائے جاتے ہیں۔

پولس رسول 6 آیت میں اپنے قارئین کو یاد کراتا ہے کہ جب وہ حرامکاری کے گناہ میں مبتلا ہوتے ہیں تو نہ صرف وہ خود کو آلودہ کرتے ہیں بلکہ اس شخص کو بھی ناپاک اور آلودہ کرتے ہیں جس کے ساتھ وہ حرامکاری کرتے ہیں۔ وہ اُنہیں یاد کراتا ہے کہ خدا حرامکاروں کو سزا دے گا۔ خدا نے اُنہیں پاک زندگی بسر کرنے کے لئے بلایا تھا۔

(7 آیت) حرامکاری اس پاکیزگی کے معیار سے کوئی میل جول نہ رکھتی تھی جس کے لئے خدا نے اُنہیں بلایا تھا۔

بطور ایماندار، تھسلنیکیوں خدا کے روح کا مقدس تھے۔ ان ہیکلوں کو آلودہ کرنا روح القدس کے خلاف گناہ تھا۔ خدا کے مقدس کو لے کر اُسے حرامکاری کے لئے استعمال کرنا کس قدر بھیانک عمل ہے۔ پولس رسول نے ایمانداروں کو نصیحت کی کہ وہ خدا کے مقدس کو پاک اور مقدس رکھیں تاکہ وہ خدا کے استعمال کے قابل رہیں۔

پولس رسول تھسلنیکے کے ایمانداروں کو خدا کے حضور پاک اور بے عیب پیش کرنے کا خواہاں تھا۔ اُس نے اُن کی ہمت بندھائی کہ وہ ہر طرح کی ناپاکی اور حرامکاری سے دُور

رہیں اور خداوند کے لئے پاک اور بے عیب زندگی بسر کرتے رہیں۔

برادرانہ محبت

پولس رسول جس دوسرے موضوع پر بات کرنا چاہتا تھا وہ برادرانہ محبت ہے۔ 9 آیت میں پولس رسول اس بات کو تسلیم کرتا ہے کہ تھسلنیکے کے ایماندار پہلے ہی برادرانہ محبت میں مضبوط اور قائم تھے۔ خدا نے اُنہیں سکھایا تھا کہ وہ ایک دوسرے سے محبت رکھیں۔ اُن کی محبت آپس تک محدود نہ تھی بلکہ مکدُنیہ کے علاقہ میں بھی اِس برادرانہ محبت کا اثر اور تاثیر دیکھنے کو ملتی تھی۔ پولس رسول اُن کے ساتھ اس موضوع پر اس لئے بات نہیں کر رہا کیونکہ وہ اس میں کمزور پڑ چکے تھے بلکہ وہ اس لئے اِنہیں یاددہانی کے طور پر کہتا ہے کہ وہ رُک نہ جائیں بلکہ اُس میں بڑھتے اور ترقی کرتے چلے جائیں اور زیادہ سے زیادہ آپس میں بھی اور کلیسیا سے باہر کے لوگوں سے بھی محبت کا بھرپور اظہار کرتے رہیں۔

ہمیں یہاں پر اس بات کو سمجھنے کی ضرورت ہے کہ جس محبت کا پولس رسول ذکر کر رہا ہے اسے بڑھنے اور نشوونما پانے کی ضرورت تھی۔ اس کے لئے تھسلنیکیوں کو بھی اپنا کردار ادا کرنا تھا۔ بہت دفعہ ہم تبدیلی اور فتح کے لئے خدا کا ہی انتظار کرتے رہتے ہیں، لیکن اپنے طور پر کوئی قدم نہیں اُٹھاتے، ہم خدا سے اور زیادہ محبت کی دُعا کرتے ہیں لیکن اس بات کو جاننے سے قاصر رہتے ہیں کہ جب تک ہم پہلے سے موجود محبت کا اظہار اور استعمال نہیں کریں گے اس وقت تک مزید محبت کرنے کی توفیق نہیں ملے گی۔ پولس رسول تھسلنیکیوں کو تاکید اور تلقین کرتا ہے کہ وہ محبت میں بڑھتے جانے اور اس کے عملی اظہار کے ہر ایک موقع سے بھرپور فائدہ اُٹھائیں۔

تھسلنیکے کی کلیسیا میں بڑے اچھے کام ہو رہے تھے لیکن پولس رسول نے اُنہیں پہلے سے بھی بہتر بلکہ بہترین کی جستجو کرنے کی تلقین اور تاکید کی۔ پولس رسول اُنہیں پاک بے

اطمینانی کو لینے کی تلقین کر رہا ہے۔ وہ اُنہیں یہی کہہ رہا ہے کہ وہ اپنے ایمان کو مزید وُسعت دیں اور مسیحی زندگی کے لئے ایک افسوسناک بات یہ ہے کہ ہم خدا کی برکت اور کثرت کے اس معیار تک پہنچے سے پہلے ہی مطمئن ہو جاتے ہیں۔ خدا نے ہمارے لئے ایسی ایسی برکات اور نعمتیں رکھی ہوئی ہیں جن کا ہمیں وہم و گمان بھی نہیں ہے۔ پولس رسول تھسلنیکے کے ایمانداروں کو یہ تاکید کرتا ہے کہ وہ اپنی برادرانہ محبت کی حدوُد کو بڑھائیں اور اس میں ترقی اور فضیلت پاتے چلے جائیں۔

خاموش زندگی

اس حصہ میں پولس رسول کلیسیا کی ایک آخری معاملہ پر توجہ مرکوز کرتے ہیں۔ 11 آیت میں پولس رسول ایمانداروں کو تاکید و تلقین کرتے ہیں کہ وہ ایک خاموش زندگی بسر کرنے کو اپنی زندگی کا نصب العین بنائیں۔ یہ خاموش زندگی تب ہی ممکن ہونی تھی جب ہر شخص اپنے کام سے کام رکھتا اور دوسروں کے کام میں ٹانگ نہیں اُڑاتا بلکہ اپنے ہاتھوں سے محنت کرنے پر دھیان دیتا۔

11 آیت پر غور کریں "اور جِس طرح ہم نے تُم کو حکم دیا چُپ چاپ رہنے اور اپنا کاروبار کرنے اور اپنے ہاتھوں سے محنت کرنے کی ہمت کرو۔" بالفاظ دیگر یہ خاموش زندگی اُس وقت ہی ممکن ہونی تھی جب وہ ایک منظم زندگی گزارنے اور خاموش زندگی گزارنے کو اپنی اوّلین ترجیح بنالیتے۔

جس خاموش زندگی کی پولس رسول بات کر رہا ہے، اس کا تقاضا یہی تھا کہ ہر ایک ایماندار اپنے کام سے کام رکھے اور دوسروں کے کام میں دخل اندازی نہ کرے۔ جب پولس رسول تھسلنیکیوں کو یہ بتا رہا تھا کہ وہ اپنے کام سے کام رکھیں تو دراصل وہ انہیں یہ بتا رہا تھا کہ وہ اپنی اور اپنے گھرانے کی ضروریات کی فراہمی کے لئے اپنے ہاتھوں سے محنت کریں۔

انہیں اس لئے ایسا کرنا تھا تاکہ باہر والوں کے نزدیک وہ روزمرّہ زندگی میں نیک نام ہوں۔ تھسلنیکیوں خدا کی باتوں اور اُس کے کاموں کے تعلق سے پُر جوش اور شادمان تھے۔ وہ اس بات کی توقع میں تھے کہ خداوند کسی بھی وقت آجائے۔ اس دَور میں کچھ لوگ خداوند یسوع مسیح کی آمدِ ثانی کے تعلق سے اس قدر پُر یقین، پُر جوش اور شادمانی سے بھرے ہوئے تھے کہ بعض لوگوں نے اپنے کام کاج ہی چھوڑ دئے تھے۔ یوں اُن کے خاندان بھی نظر انداز ہو کر مشکلات کا شکار ہو گئے تھے۔ اُنہیں صرف خداوند کی آمد اور اُس کی خدمت ہی کی دُھن تھی۔ پولس رسول نے اُنہیں بتایا کہ وہ خداوند کی آمد کے انتظار کے ساتھ ساتھ اپنا اپنا کاروبار اور کام کاج بھی جاری رکھیں۔ (11 آیت) اُنہیں کسی دوسرے پر انحصار کرنا تھا اور نہ ہی کسی پر بوجھ بننا تھا۔

ہمیں ایسا طرزِ زندگی اپنانا ہے کہ اگر ہمیں معلوم ہو کہ خداوند یسوع مسیح کل آرہا ہے، تو کسی بھی چیز میں تبدیلی نہ آئے۔ جو کچھ بھی ہم کر رہے ہیں، کرنا جاری رکھیں۔ کیونکہ ہمارا یہ ایمان ہے کہ خداوند نے یہی کچھ ہمیں کرنے کے لئے بلایا ہے۔ آپ کسی کارخانے میں کام کرتے ہیں کیونکہ خدا ہی نے آپ کو وہاں پر رکھا ہے۔ آپ سکول جاتے ہیں کیونکہ آسمانی باپ کی آپ کے لئے یہی مرضی ہے۔ آپ کھیتوں میں کام کرتے ہیں تاکہ اپنے گھرانے کی کفالت کر سکیں، کیونکہ خداوند آپ سے یہی توقع کرتا ہے۔ تھسلنیکے میں بعض ایماندار اپنی ذمہ داریوں کو نظر انداز کر رہے تھے کیونکہ اُن کا ایمان اور اعتقاد یہ تھا کہ خداوند یسوع مسیح کی آمدِ ثانی بہت قریب ہے۔ اس طرزِ فکر اور روّیے سے دوسرے لوگوں کے کندھوں پر اُن کے گھرانوں کی کفالت کی ذمہ داری آن پڑی تھی۔ خداوند کے لئے اُن کی محبت اور آمدِ ثانی کوئی ایسا بہانہ نہیں تھا کہ وہ اپنے گھرانوں کی کفالت کو نظر انداز کر دیتے۔ اُنہیں اس لحاظ سے اپنے کام سے کام رکھنا تھا کہ وہ اپنے کام کاج یا کاروبار پر

دھیان دیتے اور اپنی اور اپنے گھرانے کہ کفالت کی ذمہ داری خود اُٹھاتے۔

پولس رسول نے تھسلنیکیوں کو یہ تاکید کی کہ وہ خداوند کے ساتھ اپنے رشتہ میں مضبوط ہوں۔ حرامکاری کی آزمائش کا مقابلہ کریں۔ برادرانہ محبت میں ترقی کریں اپنے ہاتھوں سے محنت کر کے اپنے گھرانے کی کفالت کی ذمہ داری اٹھائیں۔ ایسا کرنے سے اُنہوں نے باہر والوں کی نظر میں نیک نام اور خداوند کے حضور مقبول ٹھہرنا تھا۔

چند غور طلب باتیں

☆۔ کیا آپ خداوند کی توقع سے کہیں کم مطمئن زندگی بسر کرتے رہے ہیں؟ وضاحت کریں۔

☆۔ آپ کے معاشرے میں جنسی بدکاری کی آزمائش کس حد تک اپنی گرفت مضبوط کئے ہوئے ہے؟ اس سے کلیسیا پر کیا اثرات مرتب ہوتے ہیں؟

☆۔ پرہیز گاری کیا ہے؟ آپ کو اس سے کیا حوصلہ افزائی ملتی ہے کہ یہ پاک روح کا پھل ہے؟ یہ کس طرح ہمیں گناہ میں گرنے سے محفوظ رکھتی ہے؟

☆۔ اگر آپ کو علم ہو جائے کہ مسیح یسوع کل آرہا ہے تو اس سے آپ کی زندگی میں کیا تبدیلی واقع ہو گی؟

☆۔ اِس حوالہ سے اپنے خاندانوں کی ضروریات مہیا کرنے کے تعلق سے ہمیں کیا تعلیم ملتی ہے؟ اِس سے ہمیں خدا کی نظر میں خاندان کی اہمیت کے بارے کیا علم حاصل ہوتا ہے؟ کیا مسیحی خدمت میں اپنے خاندانوں کو نظر انداز کرنے کے امکانات موجود ہوتے ہیں؟

چند اہم دُعائیہ نکات

☆۔ خداوند سے دعا کریں کہ وہ ایمان اور اپنی خدمت میں آپ کو اور زیادہ وُسعت اور برکت عطا فرمائے۔

☆۔ اپنے اردگرد موجود آزمائشوں کے جال میں پھنسنے سے بچاؤ کے لئے خداوند سے مزید پرہیزگاری کے حصول کے لئے دُعا کریں۔

☆۔ خداوند سے دُعا کریں کہ وہ آپ کے اردگرد کے لوگوں سے محبت کرنے کے نئے طریقہ کار آپ پر منکشف کرے۔

☆۔ خداوند سے اُن کاموں کے لئے وفادار رہنے کی دُعا کریں جن کے لئے خدا نے آپ کو اپنی خدمت میں بلایا ہے۔

☆۔ ایسے وقتوں کے لئے خداوند سے معافی کے طلبگار ہوں جب آپ اپنی زندگی میں اس کے مقصد سے کہیں کم کسی اور چیز پر مطمئن ہو کر بیٹھ گئے۔

☆۔ اپنے گھرانے کے لئے خداوند کی شکر گزاری کریں۔ خداوند سے مدد اور فضل چاہیں تاکہ آپ اُن کی ضروریات بہتر طور پر فراہم کر سکیں۔

باب 6

بادلوں پر اُٹھائے جائیں گے

1 تھسلنیکیوں 4 باب 13 تا 18 آیت کا مطالعہ کریں

مسیح کی آمدِ ثانی کے تعلق سے تھسلنیکے میں موجود کلیسیا کو کچھ ہدایت اور رہنمائی کی ضرورت تھی۔ جیسا کہ ہم پہلے ہی دیکھ چکے ہیں کہ یہ ایماندار اس بات کی توقع کر رہے تھے کہ خداوند یسوع کی آمدِ ثانی اُن کے جیتے جی ہی واقع ہو گی۔ بہت سے لوگوں کے ذہنوں میں آمدِ ثانی کے تعلق سے کئی ایک سوالات بھی تھے۔ اِس حصہ میں پولس رسول نے اُن کے بعض سوالات کے جوابات دیئے ہیں۔

پہلا سوال جس پر پولس رسول نے بات کہ ہے وہ یہ تھا کہ جو مسیحی وفات پا چکے ہیں اُن کے ساتھ کیا واقع ہو گا۔ 13 آیت میں پولس رسول نے کہا کہ جب اُن کا کوئی عزیز و اقارب وفات پا جائے تو اُنہیں دُنیا کے دیگر لوگوں کی طرح غمزدہ ہونے کی کوئی ضرورت نہیں ہے۔ بالکل ایسے ہی جس طرح خداوند یسوع مسیح مُردوں میں سے زندہ ہو گیا، اسی طرح خدا اُن سب کو بھی مُردوں میں سے زندہ کرے گا جو اُس کے اپنے لوگ ہیں۔

(14 آیت) خداوند کی موت کے وسیلہ سے، گناہوں کی قیمت چکا دی گئی ہے اور قبر کا زور اور تسلط ختم ہو گیا ہے۔ جو لوگ خداوند یسوع مسیح کے ہو چکے ہیں، موت اُن کا مقدر نہیں ہے۔ یہ اُن کا اختتام نہیں بلکہ یہ اُن کا آغاز ہے۔

پولس رسول نے 15 اور 16 آیت میں بیان کیا ہے کہ وہ دن قریب ہے جب خداوند یسوع مسیح کی آمد واقع ہو گی۔ وہ بڑی آواز کے ساتھ دُنیا میں واپس آئے گا۔ یہاں پر ایک

فوجی سپہ سالار کی تصویر کشی کی گئی ہے جس کی فوج اُس کے حکم کی منتظر ہو۔ ایک ہی للکار سے دُنیا کے انجام کا فیصلہ ہو جائے گا۔ اُس کے منہ سے نکلنے والا ایک ہی لفظ زمین پر آسمانی قوتوں کو متحرک کر دے گا۔ وہ دِن قریب ہے جب یہ حکم صادر کر دیا جائے گا۔ بعضوں کے لئے یہ فتح کا نشان جبکہ کئی ایک کے لئے اس للکار یا آواز کا معنی شکست ہو گا۔

پولس رسول نے ایمانداروں کو یہ بتایا کہ خداوند مقرب فرشتہ کی آواز کے ساتھ آئے گا۔ (16 آیت) مُقرّب فرشتے کا رُتبہ آسمان پر دیگر تمام فرشتوں سے بلند تر ہے۔ ہم یہوداہ 1 باب کی 9 آیت سے یہ سیکھتے ہیں کہ مُقرّب فرشتے کا نام میکائیل ہے۔ مُقرّب فرشتے میکائیل کے کئی ایک حوالہ جات بائبل مقدس میں موجود ہیں۔ مکاشفہ 12 باب 7 تا 9 آیت میں، مقریب فرشتہ میکائیل ہی تھا جس نے شیطان کو آسمان سے نیچے پھینکا تھا۔

"پھر آسمان پر لڑائی ہوئی۔ میکائیل اور اُس کے فرشتے اژدہا سے لڑنے کو نکلے اور اژدہا اور اُس کے فرشتے اُن سے لڑے۔ لیکن غالب نہ آئے اور اُس کے بعد آسمان پر اُن کے لئے جگہ نہ رہی۔ اور وہ بڑا اژدہا یعنی وہی پُرانا سانپ جو ابلیس اور شیطان کہلاتا ہے اور سارے جہان کو گُمراہ کر دیتا ہے زمین پر گرا دیا گیا اور اُس کے فرشتے بھی اُس کے ساتھ گرا دئے گئے۔"

ہم دانی ایل کی کتاب میں بھی میکائیل فرشتے سے ملتے ہیں۔ وہاں پر وہ ملکِ فارس کے مؤکلوں سے لڑتا ہوا دکھائی دیتا ہے۔ (دانی ایل 10 باب 13 آیت) اسے دانی ایل 12 باب 1 آیت میں خدا کے لوگوں کے محافظ کے طور پر بیان کیا گیا ہے۔

ہمیں یہاں پر یہ سمجھنے کی ضرورت ہے کہ جب خداوند یسوع مسیح دوبارہ اس دُنیا میں آئے گا تو مقریب فرشتے اور اُس کے لشکروں کے ساتھ آئے گا۔ وہ بدی اور ناراستی کی قوتوں سے جنگ کرنے اور اُن کا کام تمام کرنے کے لئے آئیں گے۔

پولس رسول نے تھسلنیکیوں کو 16 آیت میں بتایا کہ خداوند نرسنگے کی آواز کے ساتھ آئے گا۔ نرسنگا اعلانِ جنگ کے لئے استعمال کیا جاتا تھا۔ یہ عظیم بادشاہ کی آمد کے لئے بھی استعمال کیا جاتا تھا جو میدانِ جنگ میں اُتر رہا ہوتا تھا۔

جب خداوند یسوع مسیح آئے گا تو وہ جو مسیح یسوع پر ایمان رکھتے ہوئے وفات پا گئے ہیں، دوبارہ زندہ ہوں گے اور ہوا میں خداوند یسوع مسیح کا استقبال کرنے کے لئے قبروں سے باہر آجائیں گے۔ (17 آیت) یہ اس بات کی یقین دہانی بھی ہو گی کہ بادلوں پر سوار ہو کر آنے والا یسوع، خدا کا بیٹا ہی ہے۔ آسمان پر واضح نشانات دکھائی دیں گے۔ جب یہ ساری چیزیں واقع ہوں گی تو وہ جو زندہ ہوں گے وہ بھی آسمان پر خداوند کی حضوری میں اٹھا لئے جائیں گے۔ اور خداوند اپنے ایماندار لوگوں کو ہمیشہ کے لئے اپنے ساتھ رہنے کے لئے آسمان پر اپنی حضوری میں لے جائے گا۔

پولس رسول نے تھسلنیکیوں کو یہ تاکید کی کہ وہ ایک دوسرے کو تعلیم کے ساتھ مضبوط اور ایک دوسرے کے حوصلوں کو اِن باتوں سے بلند کریں۔ (18 آیت) بطور ایماندار اُنہیں کئی طرح کی تکالیف اور دُکھوں کا سامنا تھا۔ بعض اُن میں سے اپنے ایمان کے سبب سے موت کو بھی گلے لگا چکے تھے۔ اُن کی موت اُن کا اختتام نہیں تھا۔ وہ دن قریب تھا جب ان روحوں نے خداوند کی آمد کا شور سُن کر ہوا میں خداوند کے استقبال کے لئے اُٹھ کھڑے ہونا تھا۔ یہی وجہ تھی کہ اُنہیں اُن لوگوں کی طرح غم نہیں کرنا تھا جو اپنے گناہوں اور ناراستیوں میں اس جہاں فانی سے کوچ کر جاتے ہیں۔ موت اُن کا اختتام نہیں تھی۔ یہ تو ابدیت خداوند کے ساتھ گزارنے کا آغاز تھا۔

جب تھسلنیکے کے ایماندار اپنے ایمان کے سبب سے دُکھ اُٹھا رہے تھے تو یہ باتیں ان کے لئے بڑی حوصلہ افزا تھیں۔ زمین پر اُن کے لئے حالات و واقعات اور صورتحال

خوشگوار نہیں تھی۔ لیکن ابدیت میں اُن کے لئے ایک زندہ اور روشن اُمید یہ تھی کہ انہوں نے خداوند کے ساتھ رہنا تھا۔ اسی یقین دہانی سے اُنہیں اس زمین پر دُکھوں اور مسائل سے نبرد آزما ہونے کی تقویت، حوصلہ اور اعتماد حاصل ہوا تھا۔

چند غور طلب باتیں

☆۔ مسیح میں حاصل شدہ اُمید موت کے تعلق سے ہمارے نکتہ نظر کو کس طرح تبدیل کر دیتی ہے؟

☆۔ آپ کس طرح پر یقین ہو سکتے ہیں کہ آپ خداوند سے ملنے کے لئے تیار ہیں؟

☆۔ جب خداوند کی آمدِ ثانی ہو گی تو اس وقت ایمانداروں کے ساتھ کیا واقع ہو گا؟

☆۔ میکا ایل کون ہے؟ اس کا کیا کردار ہے؟

☆۔ مستقبل میں ایمانداروں کے لئے اُمید کے تعلق سے پولس رسول کی تعلیم سے آپ کو کیا حوصلہ ملتا ہے؟

چند اہم دُعائیہ نکات

☆۔ خداوند کی شکر گزاری کریں کہ اس نے موت کے زور کو ختم کر دیا ہے۔

☆۔ خداوند کی شکر گزاری کریں کہ اُس نے ہمارے لئے واپس آنے کا وعدہ کیا ہے

☆۔ کیا آپ کسی ایسے شخص سے واقف ہیں جو ابھی تک خداوند کی آمدِ ثانی کے لئے تیار نہیں ہے؟ اس شخص کے لئے کچھ وقت دُعا میں گزاریں۔

☆۔ خداوند سے دُعا کریں اور فضل چاہیں تا کہ آپ ہمیشہ اس اُمید کے ساتھ زندہ رہیں کہ آپ نے ابدیت میں خداوند پاک خدا کے ساتھ رہنا ہے۔

باب 7

ہمیشہ تیار

1 تھسلنیکیوں 5 باب 1 تا 11 آیت کا مطالعہ کریں

پولس رسول خداوند یسوع مسیح کی آمدِ ثانی کے موضوع پر بات کر رہا ہے۔ اس نے کہا کہ خداوند اپنے لوگوں کو لینے کے لئے آئے گا اور وہ ہوا میں اُڑ کر اُس کا استقبال کریں گے۔ اُنہیں اس اُمید کے ساتھ ہی ایک دوسرے کی ہمت افزائی کرنا تھی۔ اس روز، خدا کے وہ لوگ جو پہلے ہی جہان فانی سے کوچ کر چکے ہیں، سب سے پہلے وہی مُردوں میں سے جی اُٹھیں گے۔ اِس کے بعد جو زندہ ہوں گے وہ خداوند کو دیکھیں گے۔ اور پھر یہ ایماندار ہمیشہ ہمیشہ کے لئے خداوند کے ساتھ رہیں گے۔

ان باتوں کے سبب سے تھسلنیکیوں میں ایک تجسّس پیدا ہو گیا کہ خداوند کب آئے گا۔ پولس رسول نے تھسلنیکیوں کو بتایا کہ خداوند رات کے وقت چور کی طرح آئے گا۔ (2 آیت) کسی کو علم نہیں ہوتا کہ چور نے کب آنا ہے۔ چور اس وقت آتا ہے جب کسی کے وہم و گمان میں بھی نہیں ہوتا۔ اسی طرح خداوند بھی غیر متوقع طور پر آئے گا۔ وہ کسی بھی وقت اور کسی بھی گھڑی آسکتا ہے۔ پولس رسول کے پاس اس سوال کا جواب نہیں تھا کہ خداوند کب آئے گا۔ اُس نے تھسلنیکیوں کو بس یہی بتایا کہ وہ ہر وقت تیار رہیں۔

اگرچہ خداوند نے ہمیں بتایا ہے کہ وہ آئے گا، تاہم بہت سے ایسے لوگ ہوں گے جو اس وقت تیار نہیں ہوں گے۔ پولس رسول نے کہا کہ لوگ آخیر زمانہ میں اَمن اور شانتی کی باتیں کریں گے لیکن تباہی اور بربادی اُنہیں آگھیرے گی۔ لوگ اَمن و اطمینان کے

جھوٹے احساسِ تحفظ میں زندگی بسر کر رہے ہوں گے، اُس وقت خداوند کی آمدِ ثانی واقع ہو گی۔ اُن کا توکل اور اعتماد خداوند پر نہیں ہو گا۔ بلکہ وہ قوموں کے درمیان اَمن و تحفظ کے لئے اپنی صلاحیتوں پر اعتماد اور بھروسہ کریں گے۔ ان کے تمام اقدام جو وہ اپنے تحفظ اور اَمن وشانتی قائم کرنے کے لئے کریں گے بے سود ہوں گے۔ خداوند کا دن اُن پر اس طرح آئے گا جس طرح حاملہ عورت کو درد لگتے ہیں۔ اپنی گفت وشنید میں وہ اہم نکتہ بھول گئے، اور وہ اہم بات خدا کے ساتھ صلح اور میل ملاپ کرنا تھا۔ اس روز، وہ اُس قدُوس خدا کے حضور کھڑے ہوں گے جس کے ساتھ اُنہوں نے کبھی میل ملاپ نہیں کیا تھا۔ یہ کس قدر ہولناک دن ہو گا۔ جب تک ہم خدا کے ساتھ اپنا تعلق اور رشتہ درست نہ کر لیں اس وقت اَمن وشانتی کی ساری باتیں اور اقدام لاحاصل ہوں گے۔

کوئی بھی پیشن گوئی کر کے نہیں بتا سکتا کہ خداوند کی آمد کب ہو گی۔ ہر دَور اور ہر نسل کے لوگوں نے یہی توقع کی کہ خداوند اُن کے جیتے جی آجائے گا۔ تھسلنیکیوں بھی یہی توقع کر رہے تھے کہ خداوند اُن کے دورِ حیات میں ہی آجائے گا۔ درحقیقت، ہمیں قطعاً کوئی علم نہیں کہ خداوند کی آمدِ ثانی کب ہو گی۔ خدا اپنے وقت پر کام کرتا ہے نہ کہ ہمارے وقت پر۔ جب خدا اِس دُنیا میں اپنے مقاصد کو پایہ تکمیل تک پہنچا لے گا اس وقت وہ ہمیں لینے کے لئے آئے گا تاکہ ہمیشہ اُس کے ساتھ رہیں۔ کسی کو علم نہیں کہ یہ سب کچھ کب واقع ہو گا۔ لیکن اہم بات یہ ہے کہ ہم ہر وقت تیار اور مستعد رہیں۔

پولس رسول کو بہت زیادہ اعتماد تھا کہ تھسلنیکیوں اُن لوگوں کی مانند نہیں ہوں گے جو گناہ کی تاریکی میں زندگی بسر کرتے ہیں۔ اُس روز تھسلنیکیوں کا شمار اُن لوگوں میں نہیں ہو گا جو آمدِ ثانی کے لئے تیار نہیں ہوں گے۔ کیوں کہ وہ نور میں زندگی بسر کر رہے تھے۔ جب خداوند نے آنا تھا تو اُنہیں کسی طور پر شرمندگی کا سامنا نہیں ہونا تھا۔

6 آیت میں پولس رسول نے تھسلنیکیوں کے ایمانداروں کو تاکید و تلقین کی کہ وہ اُن لوگوں کی مانند نہ ہوں جو سوتے ہیں۔ چور بالعموم اسی وقت آتا ہے جب ہم سوئے ہوئے ہوتے ہیں۔ پولس رسول نے تھسلنیکیوں کو بتایا کہ بہت سے ایسے لوگ ہوں گے جو روحانی طور پر حالتِ خوابیدگی میں ہوں گے۔ ایسے لوگ خداوند کی خدمت میں مصروفِ عمل نہیں ہوں گے۔ وہ اپنی زندگیوں میں سے گناہ کو ختم نہیں کر رہے ہوں گے۔ وہ ان نعمتوں اور برکات کو خدا کی بادشاہی کے لئے اِستعمال نہیں کر رہے ہوں گے۔ وہ روحانی طور پر سُستی کا شکار ہوں گے۔ ایسے لوگوں کو خداوند کی آمدِ ثانی کے وقت جوابدہ ہونا پڑے گا۔ وہ اپنی زندگیوں کو ضائع کر رہے ہوں گے۔ وہ بے کار خدام ہوں گے۔

یہ بات بھی سمجھ لی جائے کہ صرف غیر ایماندار ہی خداوند کی آمدِ ثانی کے لئے تیار نہیں ہوں گے بلکہ مسیحی لوگ بھی آمدِ ثانی کے وقت تیار نہیں ہوں گے۔ اگر آپ خداوند کی خدمت نہیں کر رہے اور نہ ہی ان نعمتوں اور برکات کو خدا کی بادشاہی کے لئے استعمال کر رہے ہیں جو خدا نے آپ کو عطا کی ہیں تو پھر آپ اُس کا دیدار کرنے کے لئے تیار نہیں ہیں۔ اگر آپ گناہ سے مغلوب ہیں، تو گناہ سے قطع تعلق ہو جائیں، تب ہی آپ اپنے خداوند سے ملنے کے لئے تیار ہو سکیں گے۔

خداوند کی آمدِ ثانی کے لئے تیار ہونے کا تقاضا جانفشانی سے کام لینا ہے۔ پولس رسول نے تھسلنیکیوں کو بتایا کہ اُنہیں ہوشیار اور بیدار رہنے کے ساتھ ساتھ پرہیزگاری سے بھی کام لینا ہے۔ (6 آیت) ہوشیار اور بیدار ہونے کا مطلب یہ ہے کہ ہم اپنے ارد گرد ہونے والے حالات و واقعات کے اثر و تاثیر سے خبردار رہیں۔ ہم اپنی سوچوں پر پہرا بٹھائیں، دُشمن کے حیلے بہانوں کو دیکھنے کے لئے آنکھیں کھلی رکھیں۔ ہم اپنے جسم کی کمزوریوں سے بھی آگاہ رہیں تاکہ جسمانی خواہشوں کی تسکین کے لئے گناہ کے سامنے ہتھیار نہ

ڈالیں۔

وہ محافظ جو ہوشیار اور بیدار ہوتا ہے، وہ آنے والے خطرہ کو دیکھ کر ضروری اقدام کرتا ہے۔ اگر ہم نے خداوند کی آمدِ ثانی کے لئے تیار ہونا ہے تو پھر ہمیں ہوشیار اور بیدار رہنا ہوگا۔ روحانی طور پر جانفشانی سے کام لیں، دشمن کی اُن ساری کاوشوں سے آگاہ رہیں جو ہماری توجہ ایمان کے بانی اور کامل کرنے والے یسوع سے ہٹانا چاہتا ہے۔

پولس رسول نے ایمانداروں کو بتایا کہ اُنہیں پرہیز گاری اپنانا ہوگی۔ پرہیز گاری روح القدس کا پھل ہے۔ بہت سے لوگ ایسے ہیں جنہیں یہ علم ہے کہ اُنہیں کیا کرنا چاہئے لیکن ان میں ایسا کرنے کی صلاحیت اور قوت نہیں پائی جاتی۔ پرہیز گاری درست کام کرنے کی توفیق دیتی ہے۔ روحانی آگاہی اور بیداری ہی کافی نہیں ہے بلکہ ہمیں تابعداری بھی کرنا ہوگی۔ اِس کے لئے نظم وضبط اور پرہیز گاری درکار ہوتی ہے۔ اِس کا مطلب ہے کاوش اور محنت۔ یہ اِس بات کا تقاضا کرتی ہے کہ ہم درست کام کرنے کے لئے اپنی خودی کا انکار کریں۔ ہم ایک جنگ میں مبتلا ہیں۔ سپاہیوں کو جنگ میں دُشمن سے نبرد آزما ہونے کے لئے اپنے ذہنوں اور بدنوں کو نظم وضبط میں رکھنا پڑتا ہے۔ اسی طرح مسیحیوں کے لئے بھی ضروری ہے کہ وہ مسیح کے پاک سپاہی ہوتے ہوئے راہِ حق پر گامزن، ہر وقت تیار اور مُستعد رہیں۔

اگر ایمانداروں کو مسیح کی آمدِ ثانی کے لئے تیار ہونا ہے تو پھر لازمی ہے کہ وہ ایمان سے ملبس ہوں۔ (8 آیت) ایمان ہمیں خدا کی صداقت کی یقین دہانی عطا کرتا ہے۔ اس سے ہمیں مسائل اور مصائب میں بھی ثابت قدم رہنے کے لئے حوصلہ اور تقویت ملتی ہے۔ خداوند یسوع مسیح کی باتوں پر ایمان ہمیں ہر قیمت پر تابعدار اور وفادار رہنے کی توفیق دیتا ہے۔ ایمان خدا کے کلام پر بھروسہ کرتا ہے۔ جیسے جیسے خداوند کی آمدِ ثانی کے دن قریب

آئیں گے ایماندار کے ایمان کو جانچا اور پرکھا جائے گا۔۔ شیطان ایمانداروں کو گرانے کے لئے بھرپور کوشش سے ان کے سامنے ٹھوکر کھانے والی چیزیں رکھے گا۔ جب خداوند کی آمدِ ثانی کے منتظر ہوں گے تو ایمان ہی ہمیں مضبوط اور ثابت قدم رکھے گا۔

پولس رسول نے تھسلنیکیوں کو یہ بھی بتایا کہ جب وہ خداوند کی آمدِ ثانی کا انتظار کرتے ہیں تو اُنہیں محبت کو پہن لینا ہے۔ اگر ہم لوگوں کے درمیان خدمت گزاری کا کام پُر محبت جذبہ سے نہیں کرتے تو ہم خداوند کی تعظیم نہیں کرتے۔ اگر ہم اس سے محبت نہیں رکھتے تو پھر ہم اس کی تعظیم بھی نہیں کر سکتے۔ ہمارے تمام اعمال و افعال، رویئے اور طرزِ عمل محبت سے معمور ہونے چاہئے۔ خداوند ہماری بے دلی سے کی جانے والی تابعداری اور فرمانبرداری سے کہیں زیادہ کسی چیز کی تلاش میں ہے۔ ہم کئی ایک طریقوں سے خداوند کی خدمت کر سکتے ہیں۔ بعض روایتی طور پر خداوند کی خدمت کرتے ہیں، وہ گرجہ گھر میں عبادت کے لئے جاتے ہیں اور گرجہ گھر کے انتظام و انصرام کے لئے روپیہ پیسہ بھی دیتے ہیں۔ کیونکہ اُن کی روحانی اور ذہنی پرورش اسی طرح سے ہوئی ہوتی ہے۔ اُن کا خدا کے ساتھ کوئی شخصی تعلق اور رشتہ نہیں ہوتا۔ لیکن وہ وفاداری سے خداوند کی عبادت کے لئے گرجہ گھر جاتے ہیں اور فیاض دلی سے اپنے ہدیہ جات بھی چرچ میں دیتے ہیں۔

بعض لوگ خوف خدا اور اپنی ذمہ داری کے تحت خدمت گزاری کا کام کرتے ہیں۔ ایسے لوگ یہ سمجھتے ہیں کہ اگر اُنہوں نے خداوند کی خدمت نہ کی اور اُس کے تابع نہ رہے تو اُن کے ساتھ کچھ بُرا پیش آسکتا ہے۔ اُنہیں خدا کی عدالت کا خوف ہوتا ہے اور وہ خدا کی مہربانی اور نظرِ عنایت کے لئے سب کچھ کرتے ہیں۔

لیکن کچھ ایسے لوگ بھی ہوتے ہیں جو خداوند کی محبت کے اسیر ہو کر خدمت بہ دل و جان کرتے ہیں۔ ایسے ایمانداروں کی خدمت اُس کے حضور راحت انگیز خوشبو کی مانند ہوتی

ہے۔ خداوند ایسے ہدیہ جات ، نذروں اور قربانیوں سے خوش ہوتا ہے۔ کیونکہ اُن میں محبت کی چاشنی اور حقیقی عقیدت اور تعظیم پائی جاتی ہے۔ پولس رسول تھسلنیکیوں کو یہ بتارہا ہے کہ اگر وہ خداوند کی آمدِ ثانی کے لئے تیار ہونا چاہتے ہیں، تو اُنہیں خداوند سے محبت کرنے والے لوگ بننا ہے۔ اُن کے اعمال و افعال اور ہر طرح کی خدمت گزاری کا کام محبت بھرے دل سے ہو۔ خدمت کا محرک خداوند کی محبت اور اُس کی پورے دل سے تعظیم ہی ہو۔ اِس کے علاوہ کوئی مقصد، نیت یا غرض اُس میں شامل نہ ہو۔ خدا ایسے لوگوں کی تلاش میں ہے جو پورے دل سے اُس کے ساتھ محبت رکھتے ہوں۔

پولس رسول نے 8 آیت میں تھسلنیکیوں کو بتایا کہ اُنہیں نجات کی اُمید کو ایک خَود کی طرح لے لینا ہے۔ جب ہم اُمید کی بات کرتے ہیں تو اس سے مراد ایسی،، نہیں ہے۔ جس امید کا یہاں پر ذکر کیا گیا ہے، ایک مضبوط قائلیت ہے۔ پولس رسول ہمیں بتارہا ہے کہ اگر ہم واقعی خداوند کی آمدِ ثانی کے لئے تیار ہونا چاہتے ہیں تو ہمارے باطن میں نجات کا یہ مضبوط اعتماد اور کامل یقین دہانی ہونی چاہئے۔ بالفاظ دیگر، ہمارے اندر یہ ٹھوس قائلیت ہونی چاہئے کہ خداوند یسوع مسیح نے جو کچھ ہمارے لئے صلیب پر سرانجام دیا ہے وہی ہماری نجات کی ٹھوس بنیاد ہے۔ ہماری اُمید اور اعتماد خداوند یسوع مسیح اور اس کے صلیب پر سرانجام دئے گئے کام پر ہی ہونا چاہئے۔

خدا نے اپنے لوگوں کو مقرر کیا کہ وہ مسیح یسوع کے کام کے وسیلہ سے عدالت سے نجات پائیں ۔(9آیت) خداوند یسوع نے ان کے لئے جان قربان کی۔ تاکہ وہ ہمیشہ اُس کی حضوری میں رہ سکیں۔ (10آیت) وہی اُن میں اپنے کام کو پایہ تکمیل تک پہنچانے کے لئے وفادار رہے گا۔ یہ اُمید کسی اور چیز پر نہیں بلکہ خداوند یسوع مسیح کے اس کام پر ہے جو اُس نے اُن کے لئے سرانجام دیا ہے۔ کیونکہ نجات کی بنیاد مسیح یسوع کا کام ہی ہے

جو اس نے صلیب پر ہمارے لئے سر انجام دیا ہے۔ یہ کبھی ناکام اور بے پھل نہیں ہو سکتا۔ خداوند کی آمدِ ثانی کے لئے تیار ہونے کے پیشِ نظر، ایک ایماندار کو یقین دہانی ہونی چاہئے کہ اس نے مسیح کے اس کام کو قبول کر لیا ہے اور اس کی نجات کی بنیاد مسیح یسوع کا کام ہے جو اس نے اس کے لئے سر انجام دیا ہے۔

یہاں پر ایک اور چیز بھی دیکھنے کی بھی ضرورت ہے۔ پولس رسول نے تھسلنیکیوں کو یہ بھی بتایا کہ اُنہیں ایک دوسرے کی حوصلہ افزائی کرنی اور آمدِ ثانی کے لئے تیار ہوتے ہوئے ایک دوسرے کی تعمیر و ترقی کا باعث بھی ہونا ہے۔ (11 آیت) ہم خداوند یسوع مسیح کی آمدِ ثانی کے لئے از خود تیار نہیں ہو سکتے۔ خداوند نے ہمیں اس طور سے بنایا اور کلیسیا کو اِس طور سے تشکیل دیا ہے کہ ہمیں ایک دوسرے کی ضرورت پیش آتی ہے۔ مسیح یسوع میں اپنے بھائیوں اور بہنوں کی طرف سے برکت اور حوصلہ افزائی کی ضرورت ہمیں ہر وقت رہتی ہے۔ ہمیں اپنی تعمیر و ترقی کے لئے اُن کی برکات اور نعمتوں کی ضرورت ہوتی ہے۔ اُنہیں بھی آمدِ ثانی کے لئے ہماری نعمتوں، برکات اور حوصلہ افزائی درکار ہو گی۔

خط کے اس حصہ میں پولس رسول نے آمد ثانی کی تیاری کو سمجھنے کے لئے تھسلنیکیوں کی مدد کی۔ اُس نے اُنہیں یہ انتباہ بھی کیا کہ مخالفت کے پیشِ نظر وہ ہوشیار اور بیدار رہیں۔ اُس نے اُنہیں پرہیز گاری اپنانے کی بھی تلقین کی۔ اُس نے اُنہیں ایمان اور خداوند کی نجات اور محبت کو پہن لینے کی نصیحت کی۔ خداوند کی آمدِ ثانی کی تیار کرتے ہوئے اُنہیں ایک دوسرے کے ساتھ کھڑے ہونا اور ایک دوسرے کی ہمت افزائی کرنا تھی۔

چند غور طلب باتیں

☆۔ کیا کسی کو واقعی علم ہے کہ خداوند یسوع مسیح کب آنے والا ہے؟

☆۔ پولس رسول یہاں پر ان لوگوں کی بات کرتا ہے جو سوئے ہوئے ہیں۔ کس طرح مسیحی لوگ روحانی طور پر سو سکتے ہیں؟

☆۔ پرہیز گاری کیا ہے اور یہ کس طرح خداوند کی آمدِ ثانی کے لئے تیار ہونے میں ہماری مدد کرتی ہے؟

☆۔ ایمان کس طرح ثابت قدم اور مسیح کی آمد کے لئے تیار رہنے میں ہماری مدد کرتا ہے؟

☆۔ مسیح کی آمدِ ثانی کی تیاری میں بدن کا ایک دوسرے کے لئے کیا کردار ہو سکتا ہے؟

چند اہم دُعائیہ نکات

☆۔ خداوند سے دُعا کریں کہ وہ آپ پر ظاہر کرے کہ آپ کس طرح روحانی طور پر سوئے ہوئے ہیں؟

☆۔ خداوند سے دُعا کریں کہ آپ پر یہ بات منکشف کر دے کہ آپ مسیح کی آمدِ ثانی کے لئے تیار ہونے میں اپنے ارد گرد کے لوگوں کی کس طرح مدد اور حوصلہ افزائی فرما سکتے ہیں؟

☆۔ خداوند سے دُعا کریں کہ وہ دشمن کے حملوں کے پیش نظر آپ کو پہلے سے بھی زیادہ ہوشیار اور بیدار کرے۔

باب 8

آخری مگر اہم باتیں

1 تھسلنیکیوں 5 باب 12 تا 28 آیت

خط کے اِس آخری حصہ میں، پولس رسول کئی ایک معاملات کو زیرِ بحث لاتے ہوئے تھسلنیکیوں کو نصیحتیں کرتا ہے۔

روحانی قائدین کا احترام (12 اور 13 آیت)

پولس رسول تھسلنیکیوں کو ایسے لوگوں کا احترام کرنے کی تلقین سے آغاز کرتا ہے جو اُن کے درمیان محنت کرنے والے لوگ ہیں۔ 12 آیت پر غور کریں کہ قائدین اُنہیں نصیحت کر رہے تھے۔ نصیحت کا معنی ہے آگاہ یا خبر دار کرنا۔ یہ قائدین ایمانداروں کو بھلائی اور بہتری کے لئے اُن کی نگہبانی کر رہے تھے۔ کچھ ایسے وقت بھی آتے تھے جب اُنہیں وہ باتیں بھی کہنا پڑتی تھیں جو کلیسیا سننا بھی نہیں چاہتی تھی۔ بعض اوقات ضرورت پڑتی تھی کہ کلیسیا کی اصلاح کی جائے اور بوقت ضرورت اُس کی سرزنش بھی کی جائے۔

پولس رسول نے کلیسیا کو بتایا وہ اپنے روحانی قائدین سے محبت رکھیں اور اُن کا بے حد احترام کریں۔ قابلِ غور بات، اُنہیں اپنے روحانی قائدین کا احترام اُن کے اُس کام کی وجہ سے کرنا تھا جس کے لئے خدا نے اُنہیں بلایا تھا۔ یہ لوگ خداوند اور اُس کے مقصد کی نمائندگی کرتے تھے۔ جنہیں خدا نے اپنے مقاصد کی تکمیل کے لئے بلایا تھا، ایسے لوگوں کی مخالفت گویا خدا اور اس کے مقاصد کی مخالفت تھی۔ تھسلنیکیوں کی کلیسیا کو اپنے اس طرزِ عمل کے لئے خدا کے حضور جوابدہ ہونا تھا۔ کئی ایک طریقوں سے ہم اپنے روحانی

قائدین کے لئے کم احترام کا مظاہرہ کر سکتے ہیں۔ یہ کس قدر آسان ہے کہ ہم اپنے روحانی قائدین کے طرز خدمت پر اُنگلی اٹھائیں۔ پولس رسول یہاں پر تقاضا کر رہا ہے کہ روحانی قائدین کا احترام بلکہ بے حد احترام کیا جائے۔

ایک دوسرے کے ساتھ صُلح اور امن سے رہیں۔ (13 آیت)

پولس رسول نے تھسلنیکیوں کو آپس میں پیار محبت اور صلح کے ساتھ رہنے کی تلقین کی۔ اِس کا ہرگز یہ مطلب نہیں کہ ہم تمام باتوں میں ایک دوسرے کی ہاں کے ساتھ ہاں ملائیں۔ یہ ممکن ہے کہ بعض معاملات پر ہم ایک دوسرے سے مختلف رائے یا تجویز رکھتے ہوں تو بھی ہم آپس میں اَمن اور صلح کے ساتھ رہیں۔

اگر آپ کلیسیائی کوائر میں خدمت سر انجام دیتے رہے ہیں تو پھر آپ کو معلوم ہو گا کہ ہم آہنگی سے گانے اور یکسانیت کے ساتھ گانے میں کیا فرق ہوتا ہے جب یکسانیت سے گاتے ہیں تو سبھی ایک ہی مصرعہ گا رہے ہوتے ہیں۔ جب کہ ہم آہنگی سے گانا مختلف چیز ہے۔ وہ گائیک جو ہم آہنگی سے گاتے ہیں، وہ مختلف نوٹس پر گاتے ہیں تاہم پھر بھی ایک سُریلی آواز پیدا کرتے ہیں۔

بہت سی کلیسیائیں یکسانیت کے اصول کے تحت کام کرتی ہیں۔ وہ اِس بات پر اصرار کرتی ہیں کہ کلیسیا میں ہر ایک ایماندار کو کسی بھی معاملہ پر کلیسیا سے متفق ہونا چاہیئے۔ اگر کلیسیا ایک بات پر ایمان رکھتی ہے تو کلیسیا کا ہر ایک رُکن اس بات پر ایمان رکھے۔ کلیسیا کے ہر ایک رُکن کو پرستش کا ایک جیسا انداز اپنانا چاہیئے، اُن کا طرزِ زندگی بھی ایک جیسا ہونا چاہیئے۔ اگر کوئی ایسا نہ کرے تو پھر کلیسیائی قائدین کو اُن کے ساتھ گزر بسر کرنے میں دشواری محسوس ہوتی ہے۔ اور بہت سی کلیسیاؤں کو ایسے لوگوں کو اپنے درمیان رکھنے میں بھی دقت محسوس ہوتی ہے جو ہر بات میں ان کے ساتھ متفق نہیں ہوتے یا جو اُن کے ساتھ

بعض معاملات پر اختلافِ رائے رکھتے ہیں۔ در حقیقت مسیح کے بدن میں کئی طرح کی صلاحیتوں اور لیاقتوں کے لوگ موجود ہوتے ہیں، ہم سبھی ایک ہی طرح سے خدا کی پرستش نہیں کرتے۔ بعض اوقات تعلیمی موضوعات پر بھی ہمارے چھوٹے موٹے اختلافات ہوتے ہیں۔ ان اختلافات کے باوجود، ہمیں ایک دوسرے کے ساتھ پیار محبت، صلح اور شانتی سے رہنا ہے۔ ہر ایک ایماندار کسی موضوع یا نکتہ پر خواہ مختلف رائے رکھتا ہو پھر بھی وہ خدمت میں اپنا حصہ ضرور ڈال سکتا ہے۔ جب ہم ایک دوسرے کے اختلافِ رائے کو قبول کر لیتے ہیں تو پھر ہمارے لئے ہم آہنگی سے رہنا ممکن ہو جاتا ہے۔ لازم ہے کہ ہم بڑی محبت سے مسیح کے بدن میں دوسروں سے مختلف اپنی رائے یا تجویز کا اظہار کریں۔ اور یہ بھی یاد رہے کہ آپ کبھی بھی اپنی رائے کسی پر نہ ٹھونسیں ورنہ ہم آہنگی سے رہنا مشکل ہی نہیں ناممکن بھی ہو گا اور ایسا طرزِ عمل مسیح کے بدن کے لئے انتہائی مُضر اور نقصان دہ ثابت ہو گا۔

بعض لوگ اس بات پر یقین رکھتے ہیں کہ صلح اور شانتی کے ساتھ اسی وقت رہا جا سکتا ہے جب کوئی اختلاف نہ ہو۔ اُن کا یہ ایمان بھی ہوتا ہے کہ جب وہ ایسے لوگوں کو منہ نہ لگائیں جو اُن سے مختلف ہیں تو پھر ہی صلح کے ساتھ رہنا ممکن ہو سکتا ہے۔ تصور کریں ایک خاندان کے لوگ ایک دوسرے کے ساتھ اکٹھے رہتے ہوئے بھی ایک دوسرے سے رفاقت نہ رکھیں، کیونکہ اُنہیں معلوم ہے کہ اگر وہ مل بیٹھیں تو کئی طرح کے اختلافات اور معاملات سر اُٹھانے لگیں گے۔ کیا ہم کہہ سکتے ہیں کہ ایسا گھرانہ جہاں پر ایسا طرزِ فکر اور روّیہ پایا جاتا ہے، صلح کے ساتھ رہ رہا ہے؟ کچھ ایسے اوقات بھی ہوں گے جب ہمیں مسیح کے بدن میں معاملات کو سلجھانا اور اختلافات کو ختم کرنا ہو گا۔ صلح اور شانتی کے ساتھ رہنے کا ہرگز یہ مطلب نہیں کہ وقتاً فوقتاً ہمارے درمیان اختلافات اور کشیدگی پیدا نہیں

ہو گی۔ بلکہ اس کا مطلب یہ ہے کہ ہم ان معاملات کو سلجھانے اور ایک دوسرے کے اختلافات کو عزت سے دیکھنے کے لئے تیار ہیں۔

بے کار رہنے والوں کو انتباہ(4 آیت)

تھسلنیکے میں کچھ ایسے ایماندار بھی تھے جو بے کار رہتے اور کام کاج کرنے میں دلچسپی نہیں لیتے تھے۔ بعض ایماندار ایسے بھی تھے جو اس بات کی توقع کر رہے تھے کہ خداوند کی آمدِ ثانی اُن کے جیتے جی واقع ہونے والی ہے۔ انہوں نے کام کاج اس لئے کرنا چھوڑ دیا کیونکہ وہ بہت جلد خداوند کی آمدِ ثانی پر ایمان رکھتے اور توقع کر رہے تھے کہ شائد آج ہی خداوند یسوع مسیح اس دُنیا میں دوبارہ آجائے۔ اس طرزِ فکر سے مسئلہ کھڑا ہو گیا تھا۔ ایسے لوگوں نے اپنے خاندانوں کی کفالت کی ذمہ داری کو پس پشت ڈال دیا تھا۔ خاندانی ضروریات اور معاملات میں دلچسپی ختم کر کے وہ خداوند کی آمد کے منتظر رہنے لگے اور اپنے خاندان کی ذمہ داری دوسروں پر ڈالنے لگے۔ پولس رسول کی یہ توقع تھی کہ ہر ایک ایماندار معاشرے کا ایک فعال رُکن ہو۔ بے کار رہنے سے کئی مسائل کھڑے ہوتے ہیں۔ پولس رسول نے محسوس کیا کہ بے کار رہنے والے لوگ اپنا وقت بھی ضائع کر رہے ہیں اور اُن نعمتوں اور لیاقتوں کو استعمال نہ کر کے ایک دن خدا کے حضور جوابدہ ہوں گے، ایسے لوگ کلیسیا پر غیر ضروری بوجھ ڈال رہے تھے، صرف یہی نہیں بلکہ وہ خداداد صلاحیتوں اور خدمت کی نعمتوں کو بھی ضائع کر رہے تھے۔ پولس رسول نے اُنہیں محنت کرنے کی تلقین کی تاکہ وہ اپنے خاندانوں کی کفالت کی ذمہ داری اٹھا سکیں۔ اور ساتھ میں خداوند کی آمدِ ثانی کے منتظر اور مشتاق بھی رہیں۔

کمزوروں کی مدد اور کم دلوں کی حوصلہ افزائی۔(14 آیت)

کلیسیا پر یہ ذمہ داری بھی عائد ہوتی تھی کہ وہ کمزور اور کم دلوں کو مضبوط کرے۔ ایمانداروں کو ایسے لوگوں کے ساتھ کھڑے ہو کر اُنہیں بڑھ صبر و تحمل سے اُٹھا کھڑا کرنا تھا۔ بُزدلی اور کمزوری ایمانداروں کو خدا کی بادشاہی میں کام کرنے کے قابل نہیں چھوڑتی۔ خدا کے دل کی یہی لالسا ہے کہ کلیسیا کا ہر ایک رکن فعال اور پھل دار زندگی بسر کرے۔

شائد آپ بھی بُزدل ہوں، آپ اپنی کمزوریوں اور خامیوں پر نظر کرتے ہوئے یہ سوچتے ہیں کہ آیا خدا مجھ جیسے شخص بھی استعمال کر سکتا ہے۔ ہو سکتا ہے کہ آپ کا ایمان کمزور ہو اور آپ کو یہ بھی علم نہ ہو کہ آپ کے پاس کون سی خدمت کی نعمت یا نعمتیں ہیں۔ پولس ر سول ہمیں یاد دلاتا ہے کہ خدا ہر ایک ایماندار کے لئے ایک مقصد رکھتا ہے۔ حتیٰ کہ کمزور اور بُزدل لوگ بھی خدا کی وسعت اور پھیلاؤ کے لئے کردار ادا کر سکتے ہیں۔ پولس رسول نے تھسلنیکیوں کو تاکید اور تلقین کی کہ وہ کمزور اور کم دلوں کی ہمت افزائی کریں تاکہ اُنہیں خدا کی بادشاہی کے عظیم کام میں اپنے کردار اور مقصد کا علم ہو سکے۔

مہربانی (15 آیت)

مسیح کے بدن میں سبھی کچھ ہر وقت ترتیب اور روانی سے نہیں ہوتا رہتا۔ بعض اوقات لوگ کچھ ایسی حرکات کر جاتے اور کچھ ایسا بول جاتے ہیں جس سے ہمیں انتہائی دُکھ اور رنجش پہنچتی ہے۔ ایسی صورت میں بدلہ لینے کی آزمائش آپ کا پیچھا کرنے لگتی ہے۔ پولس رسول نے تھسلنیکے میں موجودہ ایمانداروں کو بتایا کہ وہ کبھی بدلہ نہ لیں۔ بدی کے عوض بدی نہ کریں۔ اس کی بجائے وہ اپنے قصورواروں سے مہربانی سے پیش آئیں۔ غور

کریں، مہربانی کا یہ طرزِ عمل اور روّیہ صرف مسیح کے بدن ہی میں نہیں بلکہ کلیسیا سے باہر دنیوی لوگوں کے ساتھ بھی اپنانا ہے۔ مسیحی لوگوں کا یہ طُرہ امتیاز ہو کہ وہ آپس میں بھی اور باہر کے لوگوں کے ساتھ بھی مہربانی سے پیش آئیں۔

خوش رہو (16 آیت)

پولس رسول نے تھسلنیکیوں کو نصیحت کی کہ وہ ہر وقت خوش رہیں۔ یاد رکھیں کہ تھسلنیکیوں اپنے خداوند کی خاطر دُکھ اور مخالفت سے گزر رہے تھے۔ جب سب کچھ ٹھیک اور درست سمت میں چل رہا ہو تو اس وقت خوش رہنا ایک الگ بات ہے لیکن جب مخالفت ، مسائل اور مصائب نے آپ کو گھیر رکھا ہو، اس وقت خوش اور شادمان رہنا ایک مختلف بات ہے۔ پولس رسول یہاں پر اچھے بُرے وقت میں امتیاز نہیں کر رہا۔ اُس نے اُنہیں یہی نصیحت کی، ہر وقت خوش رہو۔

امتحان اور دُکھ کی گھڑی میں خوش رہنا ممکن ہے۔ اس کا ہرگز یہ مطلب نہیں کہ ہم اس دُکھ یا تکلیف سے لطف اندوز ہوتے ہیں جس سے ہم گزر رہے ہوتے ہیں۔ ہماری خوشی اور مسرت تو خداوند کی طرف سے آتی ہے۔ کیونکہ وہ حالات وواقعات کو اپنے اختیار میں رکھتا ہے۔ یہ حقیقت اور صداقت ہمیں شادمان رکھتی ہے کہ وہ کبھی ہم سے دستبردار ہو گا اور نہ ہی ہمیں چھوڑے گا۔ اس کا یہ وعدہ ہے کہ وہ ہر ایک ناگوار صورتحال کو ہماری بھلائی کے لئے استعمال کرے گا۔ ہر ایک کھلاڑی جانتا ہے کہ درد اور خوشی ساتھ ساتھ چلتی ہیں۔ تصور کریں کہ ایک کھلاڑی مقابلے کی دَوڑ میں شامل ہے۔ وہ اپنی پوری طاقت کے ساتھ دوڑتا ہے۔ جب وہ دوڑتا ہے، تو ظاہری بات ہے کہ درد اور تکلیف اُس کی ٹانگوں اور پھپھڑوں میں محسوس ہو گی۔ کیونکہ وہ اپنے جسم کو اُس کی حد سے زیادہ تناؤ میں لا رہا ہوتا ہے۔ جب وہ دَوڑ کی اختتامی حد تک پہنچنے کے لئے زور لگا رہا ہوتا ہے، تو دُکھ اور تکلیف

سے گزرتا ہے۔ اُس کی تکلیف اور جسمانی تناؤ اور کھچاؤ کا ہر گز یہ مطلب نہیں کہ وہ شادمان نہیں ہوتا۔ یہ تکلیف اور درد بالکل حقیقی ہوتا ہے لیکن یہی اس کی خوشی اور شادمانی کا باعث بھی ہوتا ہے۔ مسیحی زندگی میں بھی کچھ ایسا ہی ہوتا ہے۔ پولس رسول نے تھسلنیکیوں کو چیلنج کیا کہ وہ کبھی بھی خداوند میں اپنی شادمانی اور بھروسے کو ہاتھ سے نہ جانیں دیں۔

ہر وقت دُعا کرو (17 آیت)

مسیحی زندگی میں رکاوٹیں آتی رہتی ہیں۔ جب ہمیں مشکلات، رکاوٹوں اور مسائل کا سامنا ہو تو انہیں خداوند کے سامنے لائیں۔ جب حالات و واقعات آپ کے بس میں نہ رہیں، اور آپ کو محسوس ہو کہ آپ کی شادمانی دھیرے دھیرے ختم ہوتی جا رہی ہے۔ دُعا میں ساری مشکلات اور رکاوٹوں کو خداوند کے سامنے پیش کریں۔ اس کا وعدہ ہے کہ وہی ہمارے مسئلوں کو حل کرے گا اور ہمارا بوجھ اُٹھائے گا۔ جب ہم دُعا کرتے ہیں، خداوند ہمیں اپنی ہدایت و رہنمائی، تسلی اور تشفی عطا کرتا ہے۔ دعا کے وسیلہ سے خدا کی برکات کے دروازے کھل جاتے ہیں اور پھر نہ صرف ہم اس میں شادمان ہوتے ہیں بلکہ پھر سے اُس کام کو کرنے کے لئے مضبوط اور توانا ہو جاتے ہیں جس کے لئے خدا نے ہمیں بلایا ہوتا ہے۔

سب باتوں کے لئے شکر گزاری (18 آیت)

نہ صرف یہ کہ ہم دُعا میں اپنے مسائل اور مشکلات خداوند کو دیں بلکہ ہر طرح کی ناگوار صورتحال اور مشکل حالات میں بھی اس کی شکر گزاری کرتے رہیں۔ اگر آپ کا توکل اور بھروسہ خداوند پر نہیں تو آپ حقیقی مسرت اور شادمانی کا تجربہ نہیں کر پائیں گے۔ آپ اسی وقت شکر گزار ہو سکتے ہیں جب آپ یہ تسلیم کر لیں کہ جو کچھ بھی خداوند کر رہا ہے یا ہونے دے رہا ہے، اس میں وہ آپ کے لئے ایک مقصد رکھتا ہے۔ خداوند پر بھروسہ

اوراُس کی شکر گزاری ایک دوسرے سے منسلک ہیں۔ پولس رسول نے تھسلنیکیوں کو تلقین کی کہ وہ اچھے بُرے وقت میں خداوند کی شکر گزاری کرنا سیکھیں۔ اور اِس بات کو جانیں کہ وہ ہر طرح کی ناگوار صورتحال، نامساعد حالات اور مشکلات کو اُن کی زندگی میں ایک مقصد کی تکمیل کے لئے استعمال کرے گا۔

روح کی آگ کو نہ بجھائیں(19 آیت)

پولس رسول نے تھسلنیکیوں کو روح کی آگ بجھانے کے تعلق سے بھی خبردار کیا۔ خدا کا پاک روح اُن کے درمیان کام کر رہا تھا۔ وہ کلیسیا میں پختگی اور افزائش کو لانے کے لئے اُن کے دُکھوں، مسائل اور مشکلات کو استعمال کر رہا تھا۔ تاہم یہ ممکن ہے کہ ہم اپنے روّیے، طرزِ عمل اور طرزِ فکر سے اُس کام میں خود ہی رکاوٹ بن جائیں جو خدا کا پاک روح ہماری زندگیوں اور کلیسیاؤں میں کر رہا ہوتا ہے۔

ہم کئی طرح سے خدا کے پاک روح کے کام میں مزاحم ہو سکتے ہیں۔ ہم نافرمانی کا طرزِ عمل اختیار کرنے سے بھی ایسا کر سکتے ہیں۔ پولس رسول نے تھسلنیکیوں کو نصیحت کی کہ وہ خداوند کی فرمانبرداری میں زندگی بسر کریں۔ (4باب 1 تا 7 آیت) جو کچھ خداوند ہماری زندگی میں لاتا ہے، اسے قبول نہ کر کے بھی ہم خدا کے پاک روح کے کام میں رکاوٹ کھڑی کر سکتے ہیں۔ بعض اوقات خدا دُکھ درد ہماری اصلاح، اور ہمیں بنانے، سنوارنے اور نکھارنے کے لئے بھی ہماری زندگی میں آنے دیتا ہے۔ یہی کچھ خداوند تھسلنیکے کی کلیسیا میں کر رہا تھا۔ (3 باب 2 تا 4 آیت) اکثر و بیشتر، جو کچھ خداوند کر رہا ہوتا ہے، اس پر ہم بُڑبُڑاتے اور شکایت کرتے ہیں۔ ہم خداوند کی شکر گزاری اور اس پر توکل کرنا چھوڑ کر ہم خدا کے پاک روح کی آگ کو بجھا سکتے ہیں۔ ہم اپنی دلیل پر بھروسہ کرتے ہوئے جب خداوند کی رہنمائی اور ہدایت کو نظر انداز کر دیتے ہیں تو اس وقت بھی

ہم پاک روح کی آگ کو بجھانے کا باعث بنتے ہیں۔

ہمیں اپنے درمیان روح القدس کی منسٹری کی ضرورت ہے۔ پاک روح کی منسٹری کے بغیر، ہم کوئی کام بھی ڈھنگ سے اور کارآمد طریقہ سے نہ کر پائیں گے۔ ہمیں ایسے لوگ بننا ہے جو اس کی حضوری، کو اپنے درمیان خوش آمدید کہیں اور اُس کی رہنمائی کے مطابق زندگی بسر کریں۔ جب ہم پاک روح کو رنجیدہ کرتے اور اُس کی آگ کو اپنے درمیان بجھا دیتے ہیں تو اس کام میں رکاوٹ بنتے ہیں جو خدا ہمارے درمیان کر رہا ہوتا ہے۔

نبوتوں کی حقارت نہ کرو (20 آیت)

جب ہم نبوتوں کی حقارت کرتے ہیں تو اُس وقت بھی روح القدس کی آگ بجھ جاتی ہے۔ نبی خداوند کی طرف سے اس کے لوگوں سے کلام کرتے تھے۔ اس علاقہ میں بہت سے جھوٹے نبی بھی کام کر رہے تھے۔ بعض اوقات نبی کی بات کی تصدیق کرنا مشکل ہوتا تھا۔ یہی وجہ ہے کہ پولس رسول نے اُنہیں تاکید کی کہ وہ ہر ایک بات کو پرکھیں۔ اچھی باتوں کو پلے باندھ لیں اور جو بُری باتیں ہیں اُن سے اجتناب کریں (21 آیت) اُنہیں کسی بھی نبوت کو جانچے پرکھے بغیر قبول نہیں کرنا تھا۔ اس صورتحال میں انہیں نبوتی خدمت کو کمتر بھی نہیں سمجھنا تھا۔ اِس کے برعکس اُنہیں اس منسٹری کو خوش آمدید کہنا اور خداوند کو موقع دینا تھا کہ وہ اپنے خدام کے وسیلہ اُن سے کلام کرے، اُن کی اصلاح کرے اور اُنہیں برکت اور مضبوطی عطا کرے۔

کلامِ برکات

پولس رسول اپنے اس خط کا اختتام کلیسیا کو برکت دیتے ہوئے کرتا ہے۔ 23 آیت پر غور کریں، کہ یہ اُس کے دل کی لالسا ہے کہ خداوند امن و سلامتی کا بانی انہیں پورے طور پر

پاک کرے۔ پاک کرنے سے مراد ایک پاک مقصد کے لئے الگ اور مخصوص کرنا ہے۔
پولس رسول کی تھسلنیکیوں کی کلیسیا کے لئے یہی خواہش اور دُعا تھی۔ وہ چاہتا تھا کہ وہ ایک مقدس مقصد کے لئے پاک رہیں۔ اُس نے اُنہیں اس خط میں ہدایت اور رہنمائی کی اور تعلیم بھی دی تھی لیکن وہ جانتا تھا کہ اُنہیں زیادہ سے زیادہ پاک بنانا پاک روح کا کام ہے۔

پولس رسول کی یہ بھی خواہش تھی کہ وہ بے عیب رہیں۔ بدن، روح اور جان میں کوئی روحانی آلودگی نہ رہے۔ وہ چاہتا تھا کہ وہ پاک سے پاک تر ہوتے چلے جائیں۔ یہ ایک جاری رہنے والا عمل تھا۔ وہ چاہتا تھا کہ ایماندار روحانی ترقی اور افزائش کرتے چلے جائیں۔ اور خداوند کے ساتھ اپنے رشتے میں مضبوط اور گہرے ہوتے چلے جائیں۔ اُس نے اُنہیں 24 آیت میں یاد کرایا کہ خداوند انہیں اپنی آمد تک محفوظ اور مضبوط رکھنے کی قدرت رکھتا ہے۔

پولس رسول 25 تا 28 آیت میں اپنے خط کا اختتام تھسلنیکیوں سے یہ کہتے ہوئے کرتا ہے کہ وہ اُن (رسولوں) کے لئے بھی دُعا کریں۔

وہ اُن سے درخواست کرتا ہے کہ وہ پاک بوسہ لے کر آپس میں ایک دوسرے کو سلام کریں اور یہ خط سب بھائیوں کو پڑھ کر سنائیں۔

چند غور طلب باتیں

☆۔ ہم اُن رہنماؤں کے لئے کس طرح غیر مہذب روّیہ اپنا سکتے ہیں جنہیں خدا نے ہم پر مقرر کیا ہے؟

☆۔ کیا آپ کسی ایسے شخص کے ساتھ صلح کے ساتھ رہ سکتے ہیں جس کے ساتھ آپ سب معاملات میں متفق نہ بھی ہوں؟

☆۔ بیکار رہنا کس طرح گناہ ہے؟ کیا آپ کام کاج نہیں کرتے؟ کس طرح خدا چاہتا ہے کہ آپ دانشمندی سے اپنا وقت استعمال کریں؟

☆۔ کیا آپ مسیح یسوع میں اپنے بھائیوں اور بہنوں کے لئے غیر شائستہ روّیہ اپنائے ہوئے ہیں؟ آپ کو ایسا طرزِ عمل ترک کر کے کس طرح کا روّیہ اپنانا چاہیئے؟

☆۔ کیا مشکل ترین حالات میں بھی خوش و خرم رہنا ممکن ہے؟ خوشی کا منبع کیا ہے؟

☆۔ ہم کس طرح روح کی آگ کو بجھا سکتے ہیں؟ کیا آپ کبھی ایسا کرنے کے جُرم کے مرتکب ہوئے ہیں؟

☆۔ کیا کب آپ نے خدا کے اُس کلام کو رد کیا جو اُس نے کسی بھائی یا بہن کو استعمال کر کے آپ سے کیا؟ اِس معاملہ میں خدا کا کلام آپ کو کیا تاکید و تلقین کرتا ہے؟

چند اہم دُعائیہ نکات

☆۔خداوند سے ایسے وقتوں کے لئے معافی مانگیں جب آپ خدا کے خدام کے لئے مہذبانہ روّیہ اختیار کرنے میں ناکام رہے۔

☆۔خدا سے ایسے لوگوں کے ساتھ مل کر کام کرنے کا فضل اور توفیق چاہیں جو آپ سے مختلف نکتہ نظر اور طرزِ فکر رکھتے ہیں۔

☆۔خداوند سے مدد چاہیں تاکہ آپ اُن لوگوں سے مہذبانہ اور شائستہ روّیہ اپنا سکیں جن سے آپ کی اس ہفتہ ملاقات ہو۔

☆۔خداوند کی شُکر گزاری کریں اُن مسائل اور مشکلات کے لئے جو اُس نے آپ کی زندگی میں آنے دیئے۔ خداوند سے ایسے مشکل حالات کے لئے اُس کی شادمانی اور اطمینان چاہیں۔

☆۔خداوند سے دُعا کریں کہ وہ آپ کے دل کو روح القدس کی منسٹری کے لئے زیادہ سے زیادہ کھولے۔

باب 9

آنے والا آرام

2 تھسلنیکیوں 1 باب 1 تا12آیت کا مطالعہ کریں

تھسلنیکیوں کی کلیسیا کے نام پولس رسول کا یہ دوسرا خط ہے۔ پہلے خط میں پولس رسول نے ایمانداروں کو اس بات کے لئے ابھارا کہ وہ خداوند کے ساتھ اپنے رشتے میں مضبوط ہوتے چلے جائیں۔ اگرچہ وہ اِس وقت دُکھوں اور مشکلات کا شکار تھے، پولس رسول نے اُنہیں یاددہانی کرائی کہ وہ دن قریب ہے جب خداوند اُنہیں اپنے ساتھ لے جانے کے لئے آجائے گا۔ اور وہ ہمیشہ اس کے ساتھ رہیں گے۔ ہم پہلے باب سے دیکھتے ہیں کہ کلیسیا نے پولس رسول کی ہدایت کو بڑی سنجیدگی سے لیا تھا۔

پولس رسول نے خط کا آغاز برکت سے کیا۔ اس کی یہ آرزو تھی کہ خدا اور خداوند یسوع کا فضل و اطمینان تھسلنیکے کے ایمانداروں کے شامل حال رہے۔ فضل خدا کی ایسی مہربانی اور بھلائی کا نام ہے جو خدا غیر مشرُوط طور پر کرتا ہے۔ اگر خدا ہم پر ایسی مہربانی نہ کرتا تو آج ہم کہاں پر ہوتے؟ ہم اکثر و بیشتر خدا کے معیار سے نیچے گر جاتے ہیں۔ اپنے رحم و ترس میں، خدا ہمیں معاف فرماتا اور اپنے ساتھ ہماری رفاقت بحال کر دیتا ہے۔ ہر روز اَز سرِ نو اُس کی طرف سے معافی، فضل اور رحم کی ضرورت پیش آتی ہے۔ ہمیں کس قدر اُس کے حضور اِس بات کے لئے شکر گزار ہونے کی ضرورت ہے کہ اُس کا فضل لامحدود ہے۔

تھسلنیکے کے ایماندار مسیحوں کے لئے اطمینان خاص طور پر ضروری تھا۔ وہ خداوند یسوع پر ایمان کے سبب سے بہت دُکھ اُٹھا رہے تھے۔ جب دشمن چاروں طرف سے اُنہیں گھیرے

ہوئے تھا تو اس صورت میں اُن کے لئے پریشان اور افسردہ ہو جانا بہت آسان تھا۔ اُن کے ذہن میں یہ سوال بھی پیدا ہوتا ہو گا کہ خدا کہاں ہے جب کہ وہ دُکھوں اور مسائل سے دوچار ہیں تو وہ کیوں خاموش ہے۔ پولس رسول کے دل کی یہ لالسا تھی کہ وہ اپنی مشکل اور ناگوار صورتحال کے دوران خدا کے عظیم اطمینان کا تجربہ اپنے دلوں میں کریں۔ کیونکہ اسی اطمینان نے انہیں دُکھوں اور پریشان کن صورتحال اور حالات و واقعات کے دوران محفوظ رکھنا تھا۔

پہلے خط کی طرح یہاں پر بھی پولس رسول اُنہیں یاددہانی کراتا ہے کہ وہ اپنی دُعاؤں میں اُن کے ایمان کے سبب خدا کی شکرگزاری کرتا ہے۔ اُن کا ایمان درجہ بدرجہ بڑھتا چلا جا رہا تھا۔ نہ صرف ان کا ایمان بلکہ آپس میں ایک دوسرے کے لئے اُن کی محبت بھی پروان چڑھ رہی تھی۔ پولس رسول نے 1 تھسلنیکیوں 4 باب کی 10 آیت میں اُن کی حوصلہ افزائی کرتے ہوئے اُنہیں اس بات کی تلقین کی کہ وہ اپنی محبت میں افزائش پاتے چلے جائیں۔ جب پولس رسول نے یہ دوسرا خط لکھا، تو پولس رسول نے اُنہیں ایسا ہی کرتے ہوئے پایا تو اس سے پولس رسول کو بہت تقویت اور خوشی حاصل ہوئی۔

اپنے دُکھوں اور مسائل کے باوجود، یہ ایمان خدا کے ساتھ اپنے رشتہ میں مضبوط اور پختہ ہوتے چلے جا رہے تھے۔ پولس رسول دیگر کلیسیاؤں میں خدمت کرتے ہوئے اُن کی ثابت قدمی اور استقلال کے تعلق سے بڑے فخر سے بیان کیا کرتا تھا۔ بعض اوقات بہت زیادہ ترقی اور افزائش دُکھوں میں سے گزرنے کے وسیلہ ہی سے آتی ہے۔ کیونکہ دُنیا کے دُکھ درد خدا کے ساتھ ہمارے رشتے اور ترجیحات کو مستحکم کرنے میں ہماری مدد کرتے ہیں۔ اگرچہ ہم اپنے دُکھوں اور مسائل سے راہِ فرار حاصل کرنا چاہتے ہیں، ہماری دُعا تو یہی ہوتی ہے کہ خدا روحانی طور پر آگے بڑھنے میں ہماری مدد کرے، تو بھی ہم تھوڑی بہت

مشکل سے بھی دُور بھاگنا چاہتے ہیں۔ یاد رکھیں مسیح میں پختگی، ترقی اور مضبوطی دُکھ اور جدوجہد کے بغیر ممکن نہیں ہوتی۔

5 آیت میں، پولس رسول نے تھسلنیکیوں کو بتایا کہ اُن کی ثابت قدمی سے یہ بات عیاں ہوگئی ہے کہ خدا کی عدالت راست ہے۔ بالفاظ دیگر، خدا ان دُکھوں کے وسیلہ سے اپنے مقاصد کو پایہ تکمیل تک پہنچا رہا تھا جن کا اُنہیں سامنا تھا۔ کیا ہماری زندگی میں بھی ایسے مواقع نہیں آتے جب ہم اس بات پر محوِ حیرت ہوتے ہیں کہ یہ سب کچھ کس قدر برداشت سے باہر ہے جس میں سے خداوند ہمیں گزرنے کے لئے کہہ رہا ہے۔

پولس رسول نے تھسلنیکے کے ایمانداروں کو یہ بتایا کہ جو کچھ خدا کر رہا تھا وہ اسے بخوبی سمجھتا اور جانتا تھا۔ وہ کبھی بھی ہمیں ایسی صورتحال سے دوچار نہیں کرے گا جو ہماری برداشت سے باہر ہو۔ وہ دُکھ، درد اور مسائل اور مشکلات جن سے ہم گزرتے ہیں بالآخر ہمارے بہتری، ترقی اور بھلائی کے لئے ہی ہوں گے۔ ہمیں اس بات کے لئے پُر اعتماد ہونے کی ضرورت ہے کہ خدا کی عدالت راست اور واجب ہے۔

تھسلنیکے میں موجود کلیسیا کی روحانی ترقی اور مسیحی ایمان میں مضبوطی دُکھوں میں گزرنے کے وسیلہ ہی سے ہوئی تھی۔ ان مسائل اور مشکلات کے وسیلہ سے، ان کو جانچا اور پرکھا گیا اور وہ ہر ایک امتحان پورا اُترے تھے۔ بالکل ایسے ہی جس طرح ایک دھات بھٹی میں سے گزرتی ہے تو اس میں نکھار اور خوبصورتی پیدا ہو جاتی ہے۔ تمام دُکھوں اور مشکلات سے گزرنے کے بعد آخرکار تھسلنیکے کے ایمانداروں نے خدا کی بادشاہی کے لائق بن جانا تھا۔

ایسا نہیں تھا کہ خدا اپنے بچوں کے اس دُکھ درد اور مشکلات سے ناآشنا تھا جن سے وہ گزر رہے تھے۔ اگرچہ اُس نے اُنہیں ایسی ناگوار صورتحال سے گزرنے دیا تھا، تاہم وہ اُنہیں

دُکھ اور مسائل سے دوچار کرنے والے اپنے اعمال و افعال کے لئے خدا کے حضور جواب دہ تھے۔ (6 آیت) خدا ہمیں ہر وقت مشکلات اور مسائل سے دُور نہیں رکھتا بلکہ وہ بعض اوقات ہمیں مشکلات سے گزرنے دیتا ہے تاکہ ہم اپنے ایمان میں مزید پختہ اور مضبوط ہو جائیں۔ وہ دن بھی آنا تھا جب خدا نے اُن لوگوں سے جواب طلبی کرنی تھی جو ان کے لئے مسائل پیدا کر رہے اور انہیں دُکھوں اور مشکلات سے دوچار کر رہے تھے۔

خدا نے اپنے وقت پر اُن ایمانداروں کے لئے آرام و راحت پیدا کرنا تھا۔ دُکھوں بھری صورتحال اور مشکلات نے ہمیشہ موجود نہیں رہنا تھا۔ بلکہ خداوند یسوع کی آمد پر یہ ساری مشکلات اور مسائل نے کافور ہو جانا تھا۔ اُس نے دہکتی آگ کے ساتھ آسمان پر ظاہر ہونا تھا۔ اُس کے قوی فرشتگان بھی اُس کے ساتھ ہوں گے۔ (7 آیت) پولس رسول جس آگ کا یہاں پر ذکر کر رہا ہے، وہ عدالت کی آگ ہے۔ اُس روز، خدا نے اپنے لوگوں کو مکمل آرام و راحت عطا کرنا ہے۔ یہی وہ دن ہے جب شیطان اور اُس کی شریر بدروحوں نے حتمی شکست سے دوچار ہونا ہے۔ موت اور گناہ مغلوب ہو جائیں گے اور ایماندار کامل فتح مند زندگی بسر کریں گے۔ خداوند کی آمد پر ایماندار کامل آرام کا تجربہ کریں گے۔ اس لئے ہمارے موجودہ دُکھ درد ہمیں بے دل نہ کر دیں۔ اِس کی بجائے، ہمیں اپنے ہدف پر نگاہ رکھتے ہوئے بڑے اعتماد کے ساتھ ان دُکھوں اور مشکلات کا سامنا کرنا چاہئے۔ ہو سکتا ہے کہ درپیش مشکلات اور مسائل بہت بڑے معلوم ہوں، لیکن اُن کا اَجر اور صلہ اُن سے بھی بہت بڑا ہو گا۔

خداوند یسوع پر ایمان رکھنے والوں کے لئے ایک قوی، زندہ اور روشن اُمید ہے۔ اگرچہ اس جہاں میں اُنہیں بڑی مشکلات کا سامنا ہے، اُنہیں خدا کی حضوری میں ابدیت گزارنے کی امید حاصل ہے۔ جہاں وہ ہر ایک دُکھ درد اور تکلیف سے رہائی پائیں گے۔ پولس رسول

نے 8 آیت میں بیان کیا ہے کہ خدا ان سب کو سزا دے گا جو اسے نہیں جانتے اور خدا کے بیٹے خداوند یسوع مسیح کی خوشخبری کے پیغام کی تابعداری میں زندگی بسر نہیں کرتے۔ اگرچہ ایمانداروں کے لئے بڑی قوی اور روشن اُمید باقی ہے، تاہم بے ایمان لوگوں کے لئے ایک سخت عدالت اور سزا موجود ہے جو خوشخبری کو رد کرتے ہیں۔ پولس رسول اس بات کو واضح کرتا ہے کہ وہ لوگ جو خوشخبری کے پیغام کو رد کرتے ہیں اُن کو ابدی ہلاکت کی سزا ملے گی۔ کوئی بھی اس عدالت سے بچ نہ پائے گا۔ وہ ابدی ہلاکت میں جائیں گے۔ غور طلب بات یہ ہے کہ اُنہیں ہمیشہ کے لئے خدا کی حضوری سے نکال دیا جائے گا۔ وہ اس کے جلال، حشمت اور قدرت اور حضوری سے دُور ابدی ہلاکت میں جائیں گے۔ خدا کی حضوری سے دُور زندگی کیسی ہو گی؟ اگرچہ خدا منصف ہے تو بھی پیار کرنے والا، بھلا اور مہربان خدا ہے۔ اس دُنیا میں اس کی حضوری بدی کی قوتوں کو پیچھے دھکیلے ہوئے ہے۔ اگر خدا اپنی حضوری، حشمت اور قدرت کو ہم سے ہٹا لے تو پھر اس زمین پر ہمیں کیسی صورتحال کا سامنا ہو گا؟ اگر خدا کی حضوری شامل حال نہ ہو تو پھر بدی، غصہ، شہوت پرستی، حسد اور تلخی اور کڑواہٹ کا راج ہو گا۔ یہ کُرہ ارض روحانی تاریکی میں مبتلا ہو جائے گا۔ ہر شخص وہی کرے گا جو اُس کا من چاہے یا اس کی جسمانی فطرت اسے کرنے کے لئے مجبور کرے۔ اگر خدا تاریکی کی قوتوں کو کنٹرول نہ کرے تو تصور کریں کہ کیسی ابتری اور افراتفری پیدا ہو جائے گی۔ اگرچہ اس جہاں میں ہمیں بدی کے شواہد دیکھنے کو ملتے ہیں، یہ تو اس بات کی معمولی جھلک ہے، کہ اگر خدا تاریکی کی قوتوں کو کنٹرول نہ کرے تو تصور کریں کہ پھر کیسا ماحول پیدا ہو جائے گا۔ ایسے لوگوں کے ساتھ زندگی بسر کرنا کس قدر ناخوشگوار تجربہ ہو گا جنہیں خدا اپنی حضوری سے ہمیشہ کے لئے نکال باہر کرے گا۔ ایسی دُنیا کا تخیل اپنے ذہن میں لائیں جہاں ایسے لوگ آباد ہوں جو اپنے دل کے بُرے

منصوبوں پر چلتے ہیں اور اپنی خواہشات کی تسکین کرتے ہیں۔ خدا کی حضوری اور اس کی قوت اور قدرت کے بغیر ایسا ہی تاریک، ناخوشگوار اور بدحال سماں پیدا ہو گا۔

لیکن جب خداوند یسوع مسیح کی آمدِ ثانی ہو گی تو خدا سے محبت کرنے والوں کے لئے صورتحال، ماحول اور حالات کس قدر خوشگوار ہوں گے۔ خداوند اپنے ایمان رکھنے والوں کے درمیان عزت، بزرگی اور جلال پائے گا۔ ہم محض تصور ہی کر سکتے ہیں کہ وہ دن کیسا ہو گا۔ جو ایماندار مسیحی لوگ اسے بادلوں پر آتا ہوا دیکھیں گے، اُس کی تعریف، تمجید، ستائش کے لئے اپنی آوازوں کو بلند کریں گے۔ وہ اُس کی حضوری میں کھڑے ہوں گے۔ انہیں آرام مل جائے گا۔ سارا دُکھ درد اور تکلیف دہ صورتحال جاتی رہے گی۔ اُن کے دشمنوں کی عدالت ہو گی اور حق سچ کی فتح ہو گی۔

مسیح کی خاطر دُکھ اٹھانے والے تھسلنیکے کے ایمانداروں کے لئے پولس رسول کی یہی دُعا تھی کہ خدا انہیں اپنی بلاہٹ کے لائق جانے گا بالفاظ دیگر، خدا انہیں اپنی وہ قوت دے کر آخر تک محفوظ رکھے جو ثابت قدم اور قائم رہنے کے لئے ضروری ہوتی ہے۔ اور جو مسائل اور مشکلات کا سامنا کرنے کے قابل بناتی ہے، ایسا کہ اُنہیں خداوند کی آمدِ ثانی کے دن کسی طرح کی شرمندگی کا سامنا نہ کرنا پڑے۔

پولس رسول 11 آیت میں دُعا گو ہے کہ یہ ایماندار خدا کے مقاصد کی تکمیل کے لئے اس کی قوت اور قدرت سے معمور ہو کر ایمان کے ہر قدم کو پایہ تکمیل تک پہنچائیں۔ یہ وہ اقدام ہوتے ہیں جن کے لئے پاک روح ایمانداروں کے دل میں از خود تحریک پیدا کرتا ہے۔ خدا اپنے لوگوں کی رہنمائی کرنا چاہتا تھا۔ پولس رسول کی یہ دُعا تھی کہ تھسلنیکے کے ایماندار اپنے دلوں کو وہ سب کچھ حاصل کرنے کے لئے کھلا اور کشادہ رکھیں جو خدا اُنہیں دینا چاہتا تھا۔ اُس کے دل کی یہ لالسا تھی اس کلیسیا کے ایماندار لوگ اُن سب کاموں کو سر

انجام دینے کے لئے وفادار اور دیانتدار رہیں جو خداوند اُنہیں کرنے کے لئے کہہ رہا تھا۔

پولس رسول اس دُعا کے ساتھ اس موضوع کو اختتام پذیر کرتا ہے کہ خداوند یسوع مسیح کانام اس کلیسیا میں ان کے دُکھوں کے باوجود ان کے ثابت قدم، وفادار رہنے سے عزت، بزرگی اور جلال پائے۔ جب ناگوار صورتحال میں اُنہوں نے مؤثر، پھل دار اور فعال زندگی بسر کرنی تھی تو خداوند کانام عزت اور جلال پاناتھا۔ جب اُنہوں نے تاریکی کی قوتوں کے مقابلہ میں ثابت قدم اور قائم رہنا تھاتو خداوند کانام سربلند ہوناتھا۔

یہاں پر یہ بات بھی قابل غور ہے کہ پولس رسول اس بات کے لئے بھی دُعاگو تھا کہ تھسلنیکے کے ایماندار مسیح میں جلال پائیں۔ مسیح کو جلال دینااُن کے لئے ایک چیز جب کہ مسیح یسوع کو اُنہیں جلال دینا ایک مختلف بات تھی۔ کیا آپ کے لئے یہ بات تعجب اور حیرت کا باعث ہے کہ مسیح یسوع آپ کو جلال دیناچاہتا ہے؟ جلال دینے کامطلب سرفراز کرنا، سربلند کرناہے۔ اُس روز ہمیں وفاداری اور ثابت قدمی سے خدمت کرنے کااَجر ملے گا۔ اس روز ہمیں جلالی بدن ملیں گے۔ جو نہ تو مریں گے اور نہ ہی بیمار ہوں گے۔ وہ ہمیں عزت بخشے گا۔

اگرچہ اس دُنیا میں ہم بہت سے دُکھوں اور مشکلات کی توقع کرسکتے ہیں، تاہم پھر بھی خداوند پر نظریں لگائے رہیں۔ اُس کے وعدوں کو دل میں بسائے رہیں۔ خداوند ہمیں دُکھوں سے رہائی دینے کے لئے آئے گا۔ وہ اس زمین پر عدل وانصاف قائم کرے گا۔ اسی اَثنا میں، ہمیں اس بات کا بھی احساس ہونا چاہئے کہ اگرچہ وہ ہمیں کچھ وقت کے لئے دُکھوں میں سے گزرنے کی اجازت دے، تاہم وہ ان دُکھوں کو اپنے مقاصد کی تکمیل کے لئے استعمال کرے گا۔ وہ ہمیں کبھی فراموش نہیں کرے گا۔

چند غور طلب باتیں

☆۔ کیا آپ نے کبھی اس بات پر سوال اُٹھایا کہ خدا نے آپ کو زندگی میں ایسے حالات سے کیوں گزرنے دیا؟ وضاحت کریں

☆۔ خدا نے دکھ درد میں آپ کو کون سے اور کیسے کیسے سبق سکھائے ہیں؟

☆۔ پولس رسول کی تعلیم کے مطابق کیا ایک مسیحی کو مشکلات اور مسائل سے آزاد زندگی گزارنے کی توقع کرنی چاہیئے؟

☆۔ مسیح کو رد کرنے والوں کا کیا انجام ہو گا؟ اِس حوالہ میں ہم نے اِس تعلق سے کیا سیکھا ہے؟

☆۔ مسیح کا ہمیں جلال دینے کا کیا مطلب ہے؟ اگرچہ یہ جلال آنے والے جہاں میں مکمل ہو گا، کیا کوئی ایسا مفہوم اور مطلب ہے کہ ہم اس موجودہ زندگی میں خدا کے جلال کا تجربہ کرتے ہیں؟

چند اہم دُعائیہ نکات

☆۔ خداوند کی شکر گزاری کریں کہ وہ اُن حالات و واقعات کو بھی ہمیں کچھ سکھانے اور اپنے قریب لانے کے لئے استعمال کرنے کی قدرت رکھتا ہے جو دُشمن ابلیس ہماری زندگی میں پیدا کرتا ہے۔

☆۔ آپ کے دُکھ درد اور مشکل گھڑی میں خدا جو سبق آپ کو سکھانا چاہتا ہے، دُعا کریں کہ خداوند آپ کو وہ سبق سکھائے۔

☆۔ خداوند سے دُعا کریں کہ وہ آپ کے دل کو کھول دے تا کہ آپ اپنی ساری صلاحیتوں اور لیاقتوں کو خدا کی بادشاہی کی وُسعت اور پھیلاؤ کے لئے استعمال کر سکیں۔

☆۔ کسی ایسے شخص کے لئے دُعا کرنے میں کچھ وقت گزاریں جس نے خداوند یسوع مسیح کو قبول نہیں کیا۔ خداوند سے دُعا کریں کہ وہ اُنہیں اس حوالہ میں بیان کردہ عدالت سے محفوظ کر لے۔

باب10

بے دین

2 تھسلنیکیوں 2 باب 1 تا17 آیت کا مطالعہ کریں

تھسلنیکے کی کلیسیا واقعی خداوند یسوع مسیح کی آمد میں دلچسپی رکھتی تھی۔ وہ بہ دل و جان اس کی آمد کے منتظر تھے۔ یوں لگتا ہے کہ اُن کے درمیان جھوٹے اُستاد موجود تھے جو خداوند یسوع مسیح کی آمد کے تعلق سے اُلجھن اور تذّبذب کی فضا پیدا کر رہے تھے۔ پولس رسول سے رہا نہ گیا اور بالآخر اُس نے اِس موضوع پر قلم اُٹھایا۔

1 تا2 آیت سے ہم دیکھتے ہیں کہ ایک نبوت (امکانِ غالب ہے کہ ایک خط کی صورت میں) تھسلنیکے کے علاقہ میں گردش کر رہی تھی۔ جس کے تعلق سے یہ افواہ گرم تھی کہ وہ نبوتی کلام رسولوں کی طرف سے آیا ہے۔ اس نبوتی پیغام میں یہ بیان کیا گیا کہ خداوند کا دن آچکا ہے۔ ہمیں یہ تو نہیں بتایا گیا کہ اس نبوتی کلام کے پھیلاؤ کا ذمہ دار کون تھا۔ تاہم یہ بات بالکل عیاں ہے کہ یہ پیغام رسُولوں کی طرف سے بالکل بھی نہیں تھا۔ کسی نے اپنے جھوٹے خیالات کو فروغ دینے کے لئے رسولوں کے نام استعمال کئے تھے۔

اس خیال سے تھسلنیکے کے ایماندار مُضطرب اور پریشان ہو گئے تھے کہ خداوند آچکا ہے۔ اس بات نے اُن میں اور بھی اُلجھن اور پریشانی پیدا کر دی تھی کہ خداوند کی آمد کے تعلق سے وہ کلام رسولوں کی طرف سے ہے۔ شیطان لوگوں کو سچائی سے دُور رکھنے کے لئے ہر ممکن کام کر گزرتا ہے۔ وہ جھوٹ اور فریب کا سہارا بھی لے لیتا ہے، بشرطیکہ اسے معلوم ہو کہ ایسا کرنے سے لوگ سچائی سے گمراہ ہو جائیں گے۔ کس قدر ضروری ہے کہ ہم ہر

اس بات کے تعلق سے خبردار، محتاط اور چوکس رہیں جو ہمارے کانوں میں پڑتی ہے۔ ہم صرف تصور کر سکتے ہیں کہ اِس خط سے کلیسیا میں کس قدر اضطراب پیدا ہوا ہو گا۔ کیا وہ مسیح کی آمدِ ثانی کے واقعہ سے بے خبر تھے اور آمدِ ثانی ہو چکی تھی؟ کیا خداوند نے اُنہیں اپنے لوگوں کے طور پر قبول نہیں کیا تھا؟ وہ شش و پنج کا شکار ہو کر رہ گئے تھے۔

پولس رسول نے اِس معاملہ کے حل کے لئے یہ خط لکھا تھا۔ اس نے ایمانداروں کو یقین دہانی کرائی کہ خط میں موجود سوال رسولوں کی طرف سے نہیں لکھا گیا۔ پس وہ اُس کے سبب سے خوف و ہراس میں مبتلا نہ ہوں۔ 3 آیت میں پولس رسول نے تھسلنیکے کے ایمانداروں کو بتایا کہ خداوند کی آمدِ ثانی اُس وقت تک نہیں ہو گی جب تک ایک بہت بڑی بغاوت اور بے دین ظاہر نہ ہو۔ ہمیں اِس بات کا بغور تفصیل کے ساتھ جائزہ لینا ہو گا۔

پولس رسول نے تھسلنیکے کو بتایا کہ بعض چیزیں خداوند یسوع کی آمدِ ثانی سے قبل واقع ہوں گی۔ آمدِ ثانی سے قبل اِس روئے زمین پر ایک بہت بڑی بغاوت سر اُٹھائے گی۔ دوئم۔ بے دین ظاہر ہو گا۔ خداوند یسوع مسیح نے اِس تعلق سے دو ٹوک الفاظ میں بیان کیا تھا۔ آئیں سنتے ہیں کہ خداوند یسوع مسیح نے آخری دنوں کے بارے میں کیا تعلیم دی تھی۔

"اور اُس وقت بہتیرے ٹھوکر کھائیں گے اور ایک دوسرے کو پکڑوائیں گے اور ایک دوسرے سے عداوت رکھیں گے۔ اور بہت سے جھوٹے نبی اُٹھ کھڑے ہوں گے اور بہتیروں کو گمراہ کریں گے۔ اور بے دینی کے بڑھ جانے سے بہتیروں کی محبت ٹھنڈی پڑ جائے گی۔ مگر جو آخر تک برداشت کرے گا وہ نجات پائے گا۔" (متی 24 باب 10 تا 13 آیت)

اخیر زمانہ میں، لوگ خداوند سے منحرف ہو جائیں گے۔ اور اِس روئے زمین پر بہت بڑی

بغاوت سر اُٹھائے گی۔

پولس رسول نے بے دین کے تعلق سے بیان کیا ہے جو کہ ظاہر ہو گا۔ یوحنا رسول نے بھی اس کے تعلق سے 1 یوحنا 2 باب 18 آیت میں لکھا ہے۔

"""اے لڑکو! یہ اخیر وقت ہے اور جیسا تُم نے سُنا ہے کہ مُخالف مسیح آنے والا ہے۔ اُس کے موافق اب بھی بہت سے مخالفِ مسیح پیدا ہو گئے ہیں۔ اِس سے ہم جانتے ہیں کہ یہ اخیر وقت ہے۔"

دُنیا کی تاریخ میں مخالف مسیح ہو گزرے ہیں۔ وہ خداوند سے نفرت کرتے تھے۔ ایسے لوگوں نے کلیسیا کی تباہی اور بربادی کے لئے کوئی کسر نہ اُٹھا رکھی تھی۔ یہاں پر پولس رسول ایسے لوگوں کی بات نہیں کر رہا۔ ابھی ہم مخالف مسیح کے بارے میں دیکھیں گے۔ یوحنا رسول نے مکاشفہ کی کتاب میں اس کے تعلق سے بہت کچھ بیان کیا ہے۔ یہاں پر اس کا بطور حیوان ذکر کیا ہے۔

"اور جو حیوان میں نے دیکھا، اُس کی شکل تیندوے کی سی تھی اور پاؤں ریچھ کے سے اور منہ ببّر کا سا اور اُس اژدھا نے اپنی قدرت اور اپنا تخت اور بڑا اختیار اُسے دے دیا۔ اور میں نے اُس کے سروں میں سے ایک پر گویا زخم کاری لگا ہوا دیکھا مگر اُس کا زخمِ کاری اچھا ہو گیا اور ساری دُنیا تعجب کرتی ہوئی اُس حیوان کے پیچھے پیچھے ہو لی اور چونکہ اُس اژدھا نے اپنا اختیار اُس حیوان کو دے دیا تھا۔ اِس لئے اُنہوں نے اژدھا کی پرستش کی اور اُس حیوان کی بھی یہ کہہ کر پرستش کی کہ اِس حیوان کی مانند کون ہے؟ کون اِس سے لڑ سکتا ہے؟

اور بڑے بول بولنے اور کفر بکنے کے لئے اُسے ایک منہ دیا گیا اور اُسے بیالیس مہینے تک کام کرنے کا اختیار دیا گیا۔ اور اُس نے خدا کی نسبت کفر بکنے کے لئے منہ کھولا کہ اُس کے نام

اور اُس کے خیمہ یعنی آسمان کے رہنے والوں کہ نسبت کفر بکے۔ اور اُسے یہ اختیار دیا گیا کہ مقدسوں سے لڑے اور اُن پر غالب آئے اور اُسے ہر قبیلہ اور اُمت اور اہل زبان اور قوم پر اختیار دیا گیا۔ اور زمین کے وہ سب رہنے والے جن کے نام اُس برّہ کی کتابِ حیات میں لکھے نہیں گئے جو بنای عالم کے وقت سے ذبح ہوا ہے اُس حیوان کی پرستش کریں گے ۔"

(مکاشفہ 13 باب 2 تا 8 آیت)

بالآخر اُس کی عدالت ہو گی۔ وہ کلیسیا کے لئے بڑی مشکل پیدا کرے گا۔ 4 آیت بیان کرتی ہے کہ وہ خدا کی مخالف کرے گا اور اپنے آپ کو خدا سے بھی بڑا بنانے کی کوشش کرے گا۔ وہ اس بات کا مطالبہ کرے گا کہ اُس کی پرستش اور عبادت کی جائے۔ وہ اِس بات کی توقع کرے گا کہ ہر کوئی اُس کے سامنے جھکے۔ خدا کے لوگوں کی تاریخ میں ایسے لوگ ہو گزرے ہیں جنہوں نے اِس طرح سے اپنے آپ کو بڑا بنانے کی کوشش کی۔ پولس رسول نے اُنہیں یاد کرایا کہ وہ دن آنے والا ہے جب مخالفِ مسیح آجائے گا۔ تمام چھوٹے چھوٹے مخالفِ مسیح اس بات کا اشارہ ہیں کہ جیسے جیسے اَخیر زمانہ قریب آرہا ہے ہم کس چیز کی توقع کرسکتے ہیں۔

فی الحال بے دین کو پیچھے روکا گیا تھا، یہ سچ ہے کہ بے دین کی قدرت اس دُنیا میں پہلے ہی کام کررہی تھی۔ (7 آیت) لیکن صورتحال خراب سے خراب تر ہوتی چلی جائے گی۔ (7 آیت) خدا ہی اس بے دین کو روکے ہوئے ہے۔ تا کہ پوری دُنیا میں انجیل کے پیغام کی منادی ہو جائے۔ خداوند یسوع مسیح نے یہ تعلیم دی کہ جب انجیل کی منادی تمام دُنیا میں ہو جائے گی تو پھر خاتمہ ہو گا۔

" اور بادشاہی کی اِس خوشخبری کی منادی تمام دُنیا میں ہو گی تا کہ سب قوموں کے لئے گواہی ہو۔ تب خاتمہ ہو گا۔" (متی 24 باب 14 آیت)

اَنجیل کے لئے یہی موقع ہے۔ یہی موقع ہے کہ ہم انجیل کے پیغام کو سن کر مثبت ردِ عمل کا اظہار کریں۔ خدا کا پاک روح پوری دُنیا میں جنبش کر رہا اور لوگوں کو نجات اور پاکیزگی کے لئے خدا کی بادشاہی میں لا رہا ہے۔ تاہم اس شریر اور بے دین کی قدرت اب بھی دیکھنے کو ملتی ہے۔ تاہم یہ اُس وقت تک روکی رہے گی تاوقتیکہ مسیح پر ایمان لانے والوں کا شمار پورا نہ ہو جائے۔

وہ دن قریب ہے جب خدا شریر کو نہیں روکے گا۔ شیطان کی بیڑیاں کھول دی جائیں گی۔ وہ اِس بے دین کے ذریعہ سے کام کرے گا۔ کلیسیا کے خلاف بڑے قہر سے کام کرے گا۔ مکاشفہ 20 باب 7 تا 9 آیت میں یہی واضح تعلیم دیکھنے کو ملتی ہے۔

"اور جب ہزار برس پورے ہو چکیں گے تو شیطان قید سے چھوڑ دیا جائے گا اور اُن قوموں کو جو زمین کی چاروں طرف ہوں گی یعنی جوج و ماجوج کو گمراہ کر کے لڑائی کے لئے جمع کرنے کو نکلے گا۔ اُن کا شمار سمندر کی ریت کے برابر ہو گا۔ "جب شیطان کو چھوڑ دیا جائے گا تو اِس روئے زمین پر بہت پریشان کن اور ناگوار صورتحال پیدا ہو جائے گی۔ ہم بے دین کی حکمرانی کی توقع کر سکتے ہیں۔ یہ صورتحال ہمیشہ قائم نہ رہے گی۔ خداوند خدا بے دین کو شکست دے گا اور اپنے منہ کی پھونک سے اُسے تہہ و بالا کر دے گا۔

مخالفِ مسیح بڑے بڑے نشانات لئے اِس دُنیا میں برپا ہو گا۔ وہ بڑے بڑے معجزات دکھانے کی قدرت رکھے گا۔ اُسے شیطان کی طرف سے یہ شکتی ملے گی تا کہ جس قدر ممکن ہو لوگوں کو گمراہ کرے اور خوف و ہراس کی فضا پیدا کرے۔ بہت سے لوگ اِس بے دین شخص کے سبب سے گمراہ ہو جائیں گے۔ وہ اس کے پھندے میں پھنس جائیں گے اور مغلوب ہوں گے۔ پولس رسول نے تھسلنیکے کے ایمانداروں کو بتایا کہ ایسے لوگ تباہ و برباد ہوں گے کیونکہ اُنہوں نے سچائی سے محبت نہ کی۔ اِس کی بجائے وہ مخالف مسیح کی

آزمائشوں میں گر گئے۔ وہ اُس کے نشانات اور معجزات و نشانات کے گرویدہ ہو گئے۔

خدا کا کلام کبھی تبدیل نہ ہو گا۔ جو کلام آپ اس وقت پڑھ رہے ہیں وہی آپ کو سچائی کی راہ دکھائے گا۔ اگر کوئی شخص معجزات، نشانات اور کرامات دکھانے کے لئے ہمارے درمیان برپا ہو لیکن کلام کی سچائیوں سے انکار کرے، تو ہر صورت میں ایسے شخص کو رد کر دیں۔ خدا نے ہمیں اپنا کلام دیا ہے تا کہ ہم جھوٹے نبیوں سے دھوکہ اور فریب نہ کھائیں۔ اور نہ ہی ان کے نشانات اور معجزات سے متاثر ہوں۔

11 آیت پر غور کریں، چونکہ اُن لوگوں نے خدا سے منہ موڑ لیا اور اُس کی سچائی کو قبول کرنے سے انکار کر دیا تھا، خدا نے اُنہیں اُن کے حال پر چھوڑ دیا تھا۔ خدا نے اپنے آپ کو اُن سے الگ کرتے ہوئے ایسا کیا تھا۔ کیونکہ وہ خدا کی مرضی کے خلاف مزاحم ہوئے تھے۔ خدا نے بدی کی قوتوں کو اُن کے خلاف روکنا چھوڑ دیا تھا۔ وہ مغلوب ہو چکے تھے۔ یوں وہ بدی کی اتھاہ گہرائیوں میں گرتے چلے گئے۔ اُن کی ہلاکت یقینی ہو چکی تھی۔ اُنہوں نے سچائی کو رد کیا اور یوں از خود سبھی کچھ اپنے اُوپر لائے تھے۔

اگر خدا کا پاک روح تاریکی کی اُن قوتوں کو ہمارے خلاف نہ روکتا جو ہمیں شکست دینے کے لئے پُر عزم ہیں تو آج ہم کہاں ہوتے؟ اگر خدا کا پاک روح ہمیں ہمارے دل کی ہٹ پر چھوڑ دیتا اور ہم آج تک اپنی خواہشوں کے پیچھے بھاگ رہے ہوتے، ایسی صورت میں ہمارا کیا بنتا؟ جس طور سے خدا نے آج تک ہماری محافظت کی ہے اس کے لئے ہمیں کس قدر شکر گزار ہونے کی ضرورت ہے!!!

پولس رسول حوصلہ افزائی کے الفاظ کے ساتھ اس حصہ کا اختتام کرتا ہے۔ تھسلنیکے کے ایماندار اُن لوگوں کی مانند نہیں تھے جنہوں نے خدا کی طرف سے منہ موڑ لیا تھا۔ خدا اُنہیں نہایت عزیز جانتا تھا۔ (13 آیت) وہ اُس کے فرزند تھے اور اُسے اُن کی فکر تھی۔

خدا نے انہیں ازل سے چن رکھا تھا۔ اُس نے اپنا پاک روح اُن میں رکھا تھا تاکہ وہ ان کار ہنما ہو اور اُن کی محافظت کرے۔ وہ خدا کے کلام اور اس کے پاک روح سے پاک ٹھہرادئے گئے تھے۔ (خدا کے جلال کے لئے الگ کر لئے گئے تھے)

ہمیں زیادہ سے زیادہ مسیح کی مانند بنانے کے لئے خدا نے ہمیں یہ دو وسائل فراہم کئے ہیں۔ اُس کا پاک روح ہمیں قوت اور روحانی بصیرت عطا کرے گا۔ اُس کا کلام ہمارے لئے رہنمائی، تسلی اور ہدایت کا وسیلہ ہو گا۔ جیسے جیسے آخیر زمانہ قریب آرہا ہے، ہمیں ایسے لوگ بننے کی ضرورت ہے جو گہرے طور پر خدا کے کلام کی سچائی پر توکل اور بھروسہ اور روح القدس کی منسٹری پر انحصار کریں۔

پولس رسول نے اپنے قارئین کو یاد دہانی کرائی کہ خداوند خدا نے اُنہیں انجیل کے وسیلہ سے مسیح کے جلال میں شامل ہونے کے لئے بلایا ہے۔ خدا کے فرزندوں کی حیثیت سے یہی اُن کا انجام تھا۔ وہ اُس پر توکل اور بھروسہ کرنے کے سبب سے اُس کے جلال میں شریک ہو گئے تھے۔ اس طرح اُن کی زندگیوں میں خدا نے جو کام کیا تھا وہ اُس پر توکل کرنے کے سبب سے بھی مسیح کے ہم میراث بن گئے تھے۔

خداوند کی آمدِ ثانی سے قبل، مشکل دَور آئے گا۔ یہ بے دین شخص اس زمین پر کھول دیا جائے گا۔ اِس روئے زمین پر مصائب اور آزمائشوں کے پہاڑ ٹوٹ پڑیں گے۔ لیکن خدا اپنے لوگوں کے لئے ایک خوبصورت مقصدِ حیات رکھتا ہے۔ پولس رسول نے اُنہیں اِس بات کی تلقین اور تاکید کی کہ وہ اِس تعلیم کو اپنے دلوں میں سنبھالے رہیں اور اُس پر قائم اور ثابت قدم رہیں۔ 16 اور 17 آیت میں وہ دُعا گو ہے کہ خداوند یسوع مسیح اُن کے دلوں کو مضبوط کرے اور وہ اُس کام کو کرتے رہیں جس کے لئے اُس نے اُنہیں اپنی بادشاہی میں بلایا تھا۔ اُنہیں نا اُمید ہو کر حوصلہ نہیں ہارنا تھا۔

ایمانداروں کو غلط تعلیمات سے فریب زدہ نہیں ہونا تھا جو اُن کے دائیں بائیں گردش کر رہی تھیں۔ کیونکہ ابھی تک مسیح کی آمدِ ثانی واقع نہیں ہوئی تھی۔ مسیح کی آمدِ ثانی سے قبل بہت سے واقعات رونما ہونے باقی تھے۔ اُنہیں روح کی تقویت اور پختگی میں ثابت قدم اور قائم رہنا تھا۔ اُنہیں پاک روح کی رہنمائی اور کلام مقدس کی ہدایت کے مطابق آگے بڑھتے رہنا تھا۔ خدا نے مقررہ وقت پر خود کو اُن پر ظاہر کرنا تھا اور پھر اُنہوں نے ہمیشہ اُس کے ساتھ رہنا تھا۔

چند غور طلب باتیں

☆۔ آپ کی کلیسیا میں جھوٹی تعلیم کا کون سا ثبوت موجود ہے؟

☆۔ جب یومِ آخرت قریب ہے تو پولس رسول ہمیں کس بات کی توقع کرنے کے لئے کہہ رہا ہے؟

☆۔ "بے دین شخص "کون ہے جس کا اس حوالہ میں ذکر کیا گیا ہے؟ خدا کا کلام اُس کے انجام کے تعلق سے کیا بیان کرتا ہے؟

☆۔ کیا معجزات، نشانات اور کرشمات شیطان کی طرف سے آتے ہیں؟

☆۔ یہ حوالہ ہمیں خدا کے کلام کی اہمیت کے تعلق سے کیا سکھاتا ہے؟ دشمن کی طرف سے فریب اور دھوکہ دہی کی صورتحال میں یہ کلام کس طرح ہماری ہدایت اور رہنمائی کرے گا؟

☆۔ خدا اِس دُنیا میں کس طرح بدی کو کنٹرول کرتا ہے؟ خدا کے کلام کا یہ حصہ اِس تعلق سے ہمیں کیا تعلیم دیتا ہے؟

چند اہم دُعائیہ نکات

☆۔ جس طور سے خدا نے آپ کو گناہ میں گرنے اور آپ کی زندگی میں اُس کے زور کو توڑا ہے، اِس کے لئے خدا کی شکر گزاری کریں۔ کسی ایسے واقعہ اور مثال پر غور کریں جب خدا نے آپ کو گناہ اور بغاوت میں مبتلا ہونے سے بچا لیا۔

☆۔ اپنا دل خداوند کے لئے کھولتے ہوئے، اُس سے عرض کریں کہ وہ کسی بھی ایسی چیز کو آپ پر منکشف کرے جو وہ آپ کی زندگی میں دیکھنا نہیں چاہتا۔ اپنا آپ اُس کے تابع کرتے ہوئے پاک روح کو موقع دیں کہ وہ آپ کی زندگی میں کام کرے۔

☆۔ خداوند سے دُعا کریں کہ وہ آپ کو فضل عطا کرے تا کہ آپ دشمن کی غلط تعلیمات سے فریب نہ کھائیں۔ اُس کے کلام مقدس کے لئے اُس کی شکر گزاری کریں جو ہماری رہنمائی کرتا ہے تا کہ ہم سچائی کو دریافت کر سکیں۔

☆۔ خداوند سے دُعا کریں کہ وہ روح القدس کی منسٹری اور آپ کی زندگی میں اُس کے کردار کے تعلق سے آپ کو مزید تعلیم دے۔

باب 11

بے کار رہنے والوں سے خبر دار رہیں

2 تھسلنیکیوں 3 باب 1 تا 18 آیت

خط کا اختتام کرتے ہوئے پولس رسول تھسلنیکے کی کلیسیا سے اپنے لئے دُعا کرنے کے لئے کہتا ہے۔ پولس رسول کی چند ایک مخصوص دُعائیہ درخواستیں تھیں۔

پیغام جلد پھیلے

پولس رسول کی پہلی درخواست یہ تھی کہ خوشخبری کا پیغام بڑی تیزی سے پھیلتا چلا جائے۔ اس درخواست میں ایک اصرار اور تاکید پائی جاتی ہے۔ پولس رسول اپنے اندر اس پیغام کے پھیلاؤ اور جلد پھیلاؤ کے لئے ایک بوجھ محسوس کرتا تھا۔ اِس بات کو ممکن بنانے کے لئے ابلیس کی طرف سے حائل رکاوٹوں کو دُور کرنے کی ضرورت تھی۔ شیطان اپنی طرف سے ہر ممکن کوشش کر رہا تھا تاکہ وہ پولس رسول کی منادی کے سلسلہ کو روک دے۔ پولس رسول ایمانداروں سے اِن رکاوٹوں کے خاتمے کے لئے دُعائیہ درخواست پیش کر رہا ہے۔ پولس رسول کے نزدیک یہ بات بڑی اہمیت کی حامل تھی کہ انجیل کا پیغام بلا تاخیر زیادہ سے زیادہ لوگوں تک پہنچ جائے۔

پیغام کی عزت افزائی ہو۔ (1 آیت)

پولس رسول کی دوسری دُعائیہ درخواست یہ تھی کہ تھسلنیکے کے ایمانداروں کی طرح دیگر سامعین سننے اور سنائے گئے پیغام کی عزت اور تکریم کریں۔ جب پولس رسول پہلے پہل انجیل کے پیغام کے ساتھ وہاں آیا تھا، تو اُنھوں نے وہ پیغام قبول کر کے اپنی زندگیاں

خداوند یسوع مسیح کو دے دی تھیں۔ پولس رسول نے تھسلنیکیوں کے سامنے یہ درخواست رکھی کہ تاکہ سنائے گئے پیغام کو قبول کیا جائے اور سامعین اسی طرح سے اس پیغام کو قبول کریں جس طرح تھسلنیکے کے لوگوں نے اس پیغام کو قبول کر لیا تھا۔

تاکہ ہم شریر سے چھڑائے جائیں (2 آیت)

پولس رسول کو اس بات کا علم تھا کہ اس کے سنائے گئے پیغام کو ہر کوئی قبول نہ کرے گا۔ کچھ شریر لوگ تھے جو اُسے نقصان پہنچانے کے درپے تھے۔ کیونکہ اُنہیں پولس رسول کا پیغام بالکل بھی پسند نہیں تھا۔ پولس رسول نے دُعائیہ درخواست پیش کی کہ وہ ایسے لوگوں سے محفوظ رہے جو اُسے اَنجیل کی منادی سے روکنا چاہتے تھے۔

ہمیں بھی ایسے لوگوں کی طرف سے مخالفت کا سامنا کرنے کے لئے تیار رہنا ہوگا جو ہمارے خداوند یسوع مسیح سے نفرت کرتے ہیں۔ پولس رسول کو اس بات کا فہم و ادراک تھا کہ اَنجیل کی منادی کے سبب سے اُس کی مخالفت کی جائے گی۔ وہ یہ بھی جانتا تھا کہ اگرچہ آدمی تو اُس کی مخالفت کریں گے لیکن خدا اُس کے ساتھ وفادار رہے گا۔ وہ اُس کو مضبوطی بخشے گا اور اُس کی محافظت کرے گا کیونکہ لوگ اُس کے لئے دُعا میں کھڑے ہوں گے۔

پولس رسول سمجھتا تھا کہ تھسلنیکے کے ایمانداروں کو بھی مخالفت کا سامنا ہے۔ اس نے انہیں یاد کرایا کہ خدا اُن سے دست بردار نہیں ہوگا۔ وہ اُنہیں قوت اور تحفظ فراہم کرے گا۔ (3 آیت) یاد رہے کہ محافظت کا یہ مطلب نہیں تھا کہ دشمن مخالفت سے باز جائے گا۔ پولس رسول کو معلوم تھا کہ خدمت میں گاہے بگاہے مشکلات اور مسائل سر اُٹھاتے رہیں گے۔ دُشمن اپنی طرف سے سر توڑ کوشش کرے گا تاکہ انجیل کی منادی میں رکاوٹیں کھڑی کر سکے۔ تھسلنیکے کے ایمانداروں کے لئے زندگی آسان نہ ہوگی لیکن خدا ہر مشکل میں ان کے ساتھ رہے گا۔ مخالفت اور آزمائش حقیقی طور پر آنا تھیں، اسی طرح

خدا نے بھی اپنی قدرت سے اُن کی واقعی محافظت کرنی تھی۔

4 آیت میں، پولس رسول نے اپنے اعتماد کا اظہار کیا ہے کہ وہ پیغام جس کی اس نے تھسلنیکیوں کے درمیان منادی کی تھی وہ اس پر ثابت قدم اور قائم رہیں گے۔ اس کا یہ ایمان تھا کہ اگرچہ اُنہیں مشکلات، مخالفت اور آزمائشوں کا سامنا ہے تو بھی خدا اُن کے ساتھ وفادار رہے گا اور اُنہیں محفوظ رکھے گا۔ وہی اُنہیں آخر تک ثابت قدم اور قائم رہنے کی قوت اور طاقت بخشے گا۔ اُن کے لئے پولس رسول کی یہ دُعا تھی کہ خداوند اُن کے دلوں کو خدا کی محبت اور مسیح کے لئے ثابت قدم رہنے کی ہدایت فرمائے۔ (5 آیت)

پولس رسول کے نزدیک یہ بات بڑی اہمیت کی حامل تھی کہ تھسلنیکیوں خدا کی محبت کو سمجھیں۔ خدا کی محبت کو سمجھنے سے ہی اُنہوں نے ابلیس کے حیلوں، حملوں اور تدبیروں سے محفوظ رہنا تھا۔ جب اُن کے دل خدا کی محبت سے محفوظ اور مضبوط ہونے تھے تو پھر ہر قیمت پر اُنہوں نے ثابت قدم اور قائم رہنا تھا۔ جب اُن کے دل خدا کی محبت سے معمور ہونے تھے تو اُنہوں نے کسی طور پر بھی خدا کو رسوا نہیں کرنا تھا بلکہ اُس کی عزت اور تکریم کے لئے اپنی جانوں کو بھی قربان کر دینا تھا۔ خدا کی محبت کی گہرائی کا فہم و ادراک ہی حوصلوں کو بلند کرتا اور کڑی آزمائشوں میں قائم رہنے کا فضل دیتا ہے۔

پولس رسول نے یہ دُعا بھی کی کہ تھسلنیکیوں مسیح یسوع میں ثابت قدم اور قائم رہیں۔ خداوند یسوع مسیح نے عملی طور پر کر کے دکھایا کہ استقلال اور ثابت قدمی کیا ہوتی ہے۔ وہ جان دینے تک بھی وفادار رہا۔ اگرچہ اُس نے کوئی بھی گناہ نہیں کیا تھا تو بھی بخوشی و رضا اُس نے اپنی جان اپنے لوگوں کے لئے قربان کر دی۔ اُس نے باپ کی کامل تابعداری کرتے ہوئے کامل زندگی بسر کی۔ وہ خدا باپ کی مرضی اور مقصد کی تکمیل کے لئے بڑی وفاداری سے صلیب پر قربان ہو گیا۔ پولس رسول کی یہی دُعا تھی کہ تھلسنیکے

کے ایماندار بھی اسی طرح ثابت قدم اور وفادار رہیں۔ اس نے یہ دُعا نہیں کی کہ خدا انہیں آزمائشوں اور دُکھوں سے بچائے رکھے۔ اُس نے یہ دُعا کہ کہ خدا اُنہیں وفادار رہنے کا فضل دے تاکہ وہ آزمائشوں اور مشکلات میں بھی ثابت قدم، قائم اور وفادار رہ سکیں۔ اور راہ کی دشواریوں کو خاطر میں نہ لاتے ہوئے آگے بڑھتے چلے جائیں۔

اس باب کے بقیہ حصہ میں پولس رسول نے تھسلنیکے کے ایسے ایمانداروں کے تعلق سے بات کی جو کام کاج نہیں کرتے تھے بلکہ فارغ ہی رہتے تھے۔ دراصل یہ ایماندار اس بات کے قائل تھے کہ خداوند یسوع اُن کے جیتے جی ہی بادلوں پر آجائے گا، اِس بنا پر وہ کام کاج کرنے اور دیگر ذمہ داریوں سے عہدابراں ہونا ضروری نہیں سمجھتے تھے۔ اپنے خاندانوں کی کفالت کے لئے کام کاج کرنے کی بجائے، وہ کلیسیا پر بوجھ ڈال رہے تھے۔ وہ دیگر لوگوں کے لئے اچھی مثال قائم نہیں کر رہے تھے۔

پولس رسول نے 1 تھسلنیکیوں میں اس موضوع پر بات کی لیکن یہاں پر اُس کے الفاظ میں زیادہ سختی پائی جاتی ہے۔ اُس نے تھسلنیکیوں کو بتایا کہ اُنہیں ایسے ایمانداروں سے بات کرنی چاہئے جو کام کرنے سے انکار کرتے ہیں۔ پولس رسول کی یہ مشورت تھی کہ ایسے بے کار رہنے والے ایمانداروں سے اجتناب کیا جائے جو کام کاج کرنا پسند نہیں کرتے۔ (6 آیت)

ہو سکتا ہے کہ بے کار رہنے والے یہ ایماندار خود کو دیگر بھائیوں اور بہنوں سے زیادہ روحانی گردانتے ہوں۔ ممکن ہے کہ اُنہوں نے اس لئے بھی کام کاج کرنا چھوڑ دیا ہو کیونکہ وہ خداوند کی آمدِ ثانی کے منتظر تھے۔ تاہم اُن کا یہ طرزِ عمل روحانی نہیں تھا بلکہ انجیل کی منادی میں ایک رکاوٹ کا باعث تھا۔

پولس رسول نے انہیں اپنی مثال پیش کی کہ جب وہ ان کے درمیان تھا تو اس نے تھسلنیکے

میں محنت مشقت کی۔ در حقیقت، رسول اپنی ضروریات کی فراہمی کے لئے خود سے محنت کرتے تھے۔ تاکہ وہ کلیسیا پر بوجھ نہ ڈالیں۔ (7، 8 آیت) پولس رسول نے 9 آیت میں تھسلنیکیوں کو بتایا کہ اگرچہ خدا کی طرف سے اُنہیں یہ حق حاصل ہے کہ وہ مدد حاصل کریں۔ پھر بھی وہ اپنے حق سے دستبردار ہو گئے تاکہ اس علاقہ کے ایمانداروں پر بوجھ نہ ڈالیں۔ صرف یہی نہیں بلکہ وہ اُن کے لئے ایک کامل نمونہ اور مثال بننا چاہتے تھے۔

پولس رسول کے نزدیک یہ بہت اہم تھا کہ ہر ایک ایماندار خدا کی بادشاہی کی وُسعت کے لئے اپنا اپنا کردار ادا کرے۔ سُست لوگوں کے لئے خدا کی بادشاہی کے لئے کوئی جگہ نہ تھی۔ یہ اچھا نہیں کہ ایک ایماندار کام کاج کرنے کی صلاحیت بھی رکھتا ہو تو بھی وہ کسی دوسرے ایماندار پر بوجھ ڈالے۔ پولس رسول نے تو یہاں تک کہا۔ "جسے محنت کرنا منظور نہ ہو وہ کھانے بھی نہ پائے۔" (10 آیت)

یہاں پر ہمیں یہ دیکھنے اور سمجھنے کی ضرورت ہے کہ خدا باپ کی یہ مرضی ہے کہ وہ صلاحیتیں اور نعمتیں اور ہر طرح کی قابلیت جو خدا نے ہمیں عطا کی ہے ہم اُسے اپنی اور دوسروں کی برکت کے لئے بروئے کار لائیں۔ یاد رہے، کہ پولس رسول نے تھسلنیکے کے ایمانداروں سے یہ کہا تھا کہ وہ انجیل کے پھیلاؤ اور وُسعت کے لئے دُعا کریں۔ پولس رسول کے لئے خدا کی بادشاہی کے کام میں مصروف اور مشغول نہ ہونے کی کوئی بھی وجہ نہیں تھی۔ خدا کی یہی آرزُو ہے کہ ہم اُس کام کو دریافت کر کے اُس میں مصرُوف و مشغول ہو جائیں جس کے لئے اُس نے ہمیں بلایا ہے۔ خدا نے آپ کو کون سی خدمت کرنے کے لئے بلایا ہے؟ جب خداوند آئے گا تو کیا آپ کو اُس کام میں مصرُوف و مشغول پائے گا؟

تھسلنیکے میں، ایسے لوگ موجود تھے جو بے کار رہتے تھے اور کوئی کام کاج نہیں کرتے تھے۔ وہ کلیسیا کے لئے بوجھ بن کر رہ گئے تھے۔ وہ دوسروں سے اپنی ضروریات کے پورا ہونے کی توقع کرتے تھے۔ پولس رسول نے اُنہیں حکم دیا کہ وہ ایسا طرزِ زندگی ترک کر کے اپنی ضروریات کی فراہمی کے لئے جو کچھ بھی کر سکتے ہیں ضرور کریں۔

پولس رسول نے اس بات کو بہت سنجیدگی سے لیا، ایسا کہ اُس نے کلیسیا سے کہا کہ وہ ایسے لوگوں پر نظر رکھیں اور خود کو اُن سے الگ کر لیں۔ اِس علیحدگی کا مقصد اُنہیں شرمندہ کرنا تھا (14 آیت) لیکن اُنہیں احتیاط سے کام لیتے ہوئے اُنہیں اپنا دُشمن نہیں سمجھنا تھا۔ بلکہ اُنہیں سُستی اور کاہلی کے گناہ کے تعلق سے آگاہ کرنا تھا۔ (15 آیت)

پولس رسول نے اُن لوگوں کی تعریف کی جو محنت مشقت کر رہے تھے اور اُنہیں بتایا کہ وہ بے دل نہ ہوں بلکہ جو دُرست اور واجب ہے کرتے رہیں۔ اُس نے اُنہیں تلقین کی کہ وہ بے کار اور سست لوگوں کو موقع نہ دیں کہ وہ اُن کے کام میں دخل اندازی کر کے اُن کی حوصلہ شکنی کریں۔

زیادہ تر یہی دیکھنے میں آیا ہے کہ کلیسیا کا انتظام و انصرام چند ایک وفادار لوگوں کے وسیلہ ہی سے ہوتا ہے۔ جب بھی ضرورت پیش آتی ہے، یہی لوگ حاضر خدمت رہتے ہیں۔ میں نے ایسے لوگوں کو بدنی طور پر تھکتے اور بے دل ہوتے دیکھا ہے۔ کیونکہ وہ اپنے کام میں خود کو تنہاہ محسوس کرتے ہیں۔ جبکہ کلیسیا کے دیگر اراکین کچھ نہ کرنے اور بے کار بیٹھنے میں کوئی برائی نہیں سمجھتے بلکہ ہر طرح سے اظہارِ اطمینان کرتے ہیں۔ آج پولس رسول ایسے لوگوں سے کیا کہہ رہا ہے؟

پولس رسول کلیسیا کے لئے برکت چاہتے ہوئے اِس خط کا اختتام کرتا ہے۔ اُس کی یہی خواہش تھی کہ خداوند کا اطمینان ہر طرح سے اُنہیں معمور رکھے۔ اُس نے آخر پر سلام دُعا

اپنے ہاتھ سے لکھا جو کہ اُن کے لئے ایک یاد دہانی اور اُس کے خطوط میں امتیازی نشان تھا کہ جھوٹے اور جعلی خطوط بھی رسولوں کے نام سے اس علاقہ میں گردش کر رہے تھے۔ پولس رسول کے لئے یہ بات بڑی اہمیت کی حامل تھی کہ تھسلنیکے کے ایماندار اس بات کو محسوس کریں کہ وہ خط پولس رسول کی اپنی تحریر ہے تاکہ اُنہیں یقین دہانی ہو جائے کہ وہ خط واقعی اُس نے لکھا ہے۔

ہم اس باب میں پولس رسول کی پُرزور تاکید کو دیکھتے ہیں۔ رسول نے تھسلنیکے کی کلیسیا کو تلقین اور تاکید کی کہ وہ خدا کی بادشاہی کے لئے کام کرنے کے سلسلہ میں سنجیدگی اختیار کریں۔ اور بے کار رہنے اور کام کاج نہ کرنے والوں کے ساتھ بھی سنجیدگی سے نپٹیں۔ اُنہیں بے کار رہ کر اپنا وقت ضائع نہیں کرنا تھا۔ بلکہ اُنہیں اپنے معاشرے اور خدا کی بادشاہی کے فعال اور کارآمد کا رُکن بننا تھا۔

چند غور طلب باتیں

☆- انجیل کی منادی کرنے کے تعلق سے خدا کے کلام کا یہ حصہ ہمیں کیا تاکید کرتا ہے؟

☆- خداوند کی خدمت کرتے ہوئے آپ کو کیسی مشکلات اور دشواریوں کا سامنا ہے؟

☆- خدا نے اپنی بادشاہی میں ادا کرنے کے لئے آپ کو کون سا کردار دیا ہے؟ کیا آپ اُس کردار کو نبھانے میں وفادار رہے ہیں؟

☆- کون سی رکاوٹ حائل ہے کہ آپ وفادار اور جانفشانی کرنے والے خادم بننے سے قاصر ہیں؟

چند اہم دُعائیہ نکات

☆۔ خداوند سے رہنمائی چاہیں کہ آپ کس طرح اور بھی زیادہ وفاداری سے اُس کی خدمت کر سکیں۔

☆۔ خداوند کے جلال کے لئے اس دُنیا تک رسائی حاصل کرنے اور بلا تاخیر اَنجیل کی منادی کرنے کے لئے خداوند سے گہرا جوش و جذبہ اور عقل و دانش مانگیں۔

باب 12

تیمتھیس کو نصیحت

1 تیمتھیس 1 باب 1 تا 11 آیت کا مطالعہ کریں

پولس رسول کا تیمتھیس کے نام یہ شخصی نوعیت کا خط ہے۔ پولس رسول کی نوجوان تیمتھیس سے ملاقات لُسترہ میں ہوئی تھی۔ وہ اس نوجوان سے اس قدر متاثر ہوا کہ اُس نے اُسے اپنے ساتھ مشنری سفر پر لے جانے کا فیصلہ کیا۔ تیمتھیس پولس رسول کا روحانی فرزند بنا۔ کئی ایک موقعوں پر، پولس رسول نے تیمتھیس کو اپنی جگہ پر خدمت کی ذمہ داری سونپ کر بھیجا۔ ہم دیکھ سکتے ہیں کہ کس طرح اُسے سیلاس کے ہمراہ تھسلنیکے میں ایک ذمہ داری دے کر بھیجا گیا۔(1 تھسلنیکیوں 3 باب 2 آیت) اس خط سے ہم یہ بھی دیکھ سکتے ہیں کہ اُسے افسّس کے علاقہ میں بھی خدمت کی ذمہ داریوں سے عہدا براں ہونے کے لئے بھیجا گیا تھا۔(3 آیت)

پولس رسول تیمتھیس کو خط لکھتے ہوئے اپنا تعارف ایک ایسے رسول کے طور پر کراتا ہے جو مسیح یسوع کے حکم سے رسول ہے۔ اُس نے 1 آیت میں تیمتھیس کو یاد دہانی کرائی کہ یسوع مسیح اس کی اُمید ہے۔ پولس رسول نے اِس حقیقت کو کبھی نظر انداز نہ ہونے دیا کہ اُس کی اُمید خداوند یسوع مسیح میں ہے۔ وہ جہاں کہیں بھی گیا اُس نے اِسی پیغام کی منادی کی۔ بنی نوع انسان گناہ کے سبب سے خدا سے جدا ہو گئے تھے۔ صرف خداوند یسوع مسیح اور اُس کے صلیبی کام میں ہی اُن کے لئے اُمید باقی تھی جو اس نے صلیب پر اُن کے لئے سر انجام دیا تھا۔

جیسا کہ ہم پہلے ہی ذکر کر چکے ہیں، یہ خط تیمتھیس کو لکھا گیا، تیمتھیس پولس رسول کے ساتھ ایک تعلق اور رشتہ رکھنے کے سبب سے اُس کا فرزند تھا۔ پولس خاص طور پر تیمتھیس کا دلدادہ تھا اور اُس کی بڑی عزت کرتا تھا۔ تیمتھیس اس لئے بھی پولس رسول کا بیٹا تھا کیونکہ اس نے اسے اپنی تربیت میں لے لیا تھا۔ پولس رسول تیمتھیس کا روحانی باپ تھا۔ وہ اپنے روحانی فرزند کی دل سے روحانی ترقی اور بھلائی کا خواہاں تھا۔ پولس رسول نے دورانِ سفر تیمتھیس کے ساتھ کئی گھنٹے سفر کرتے ہوئے اُس کی تربیت کی اور خدا کے ساتھ اُس کے تعلق اور رشتے کے بارے میں اُس کی تربیت اور نصیحت کی۔

پولس رسول نے 3 آیت میں تیمتھیس کو اس کے ذمہ لگایا گیا کام یاد کرایا۔ جب وہ مکدُنیہ گیا، پولس رسول نے تیمتھیس کو اس بات کے لئے اُبھارا کہ وہ اس علاقہ میں رہ کر خدمت گزاری کا کام کرے۔ خاص طور پر، تیمتھیس کو پولس رسول کی طرف سے یہ نصیحت ہوئی تھی کہ وہ افسّس میں رہتے ہوئے ایمانداروں کے درمیان خدمت گزاری کا کام کرے۔ پولس رسول نے محسوس کیا کہ تیمتھیس کو افسّس میں رہتے ہوئے کئی ایک کام سرانجام دینے کی ضرورت ہے۔

غلط تعلیم

افسّس کے علاقہ میں ایسے لوگ بھی موجود تھے جو غلط تعلیم دے رہے تھے۔ (3 آیت) پولس رسول یہ چاہتا تھا کہ تیمتھیس افسّس میں رہے اور اُن آدمیوں کو حکم کرے کہ وہ بدعات نہ پھیلائیں۔ افسّس میں اسے سچائی کی تعلیم دیتے ہوئے خدمت سرانجام دینا تھی۔ ابتدائی کلیسیا ئی با آسانی غلط تعلیم کا شکار ہو سکتی تھی جو کہ اس علاقہ میں گردش کر رہی تھی۔ تیمتھیس کو کلیسیا کے ساتھ وقت گزارتے ہوئے اُنہیں راہِ حق کی تعلیم دینی اور اُن کی ہدایت اور تربیت کرنی تھی۔

فرضی قصے کہانیاں اور نسب نامے

افسس میں کچھ ایسے لوگ بھی تھے جو قصے کہانیوں اور بے جا نسب ناموں میں کھوئے ہوئے تھے۔ غور کریں کہ پولس رسول نسب ناموں کا ذکر کرتے ہوئے لفظ "بے جا" استعمال کرتا ہے۔ اِس سے یہ ظاہر ہو جاتا ہے کہ اِن کہانیوں اور نسب ناموں کی کوئی خاص قدر و قیمت نہ تھی۔ اِن چیزوں کے تعلق سے گفتگو کرتے ہوئے صرف اور صرف بحث مباحثوں کو ہوا ملتی تھی۔ ایسی باتوں سے خدا کی بادشاہی میں وسعت اور پھیلاؤ نہیں آتا۔ ہم یقینی طور پر کہہ سکتے ہیں کہ ایسی باتیں انسانی سوچ کی پیداوار تھیں نہ کہ خدا کے کلام میں سے لی گئی تھیں۔

پولس رسول نے تیمتھیس کو 4 آیت میں بتایا کہ خدا کا کام "ایمان" سے تھا۔ یہ بات اس سلسلہ میں بڑی اہمیت کی حامل ہے۔ یہ جھوٹے اُستاد زندگی کے حقائق کو سمجھنے کی کوشش کر رہے اور خدا کے منصوبے اور مقصد کو اپنی عقل اور فہم سے جاننے کی تگ ودَو میں لگے ہوئے تھے۔ پولس رسول نے تیمتھیس کو بتایا کہ ایسے لوگ اہم نکتہ سمجھنے سے قاصر رہتے ہیں۔ خدا کے تعلق سے باتیں ہمیں ایمان سے سمجھنے اور قبول کرنے کی ضرورت ہوتی ہے۔

ہم اکثر و بیشتر خدا کی سوچ کو سمجھنے اور جاننے کی کوشش کرتے ہیں، پولس رسول ہمیں یاددہانی کراتا ہے کہ کئی ایک باتیں ہیں جو ہم منطقی طور پر وضاحت سے بیان نہیں کرسکتے۔ خدا نے ہمیں ایمان سے اس پر توکل کرنے کے لئے بلایا ہے۔ افسّس میں کچھ ایسے لوگ بھی تھے جو فہم و فراست اور جسمانی اور عقلی بصیرت پر مبنی تھی۔ وہ بحث مباحثہ کرتے اور آپس میں گفت وشنید کرتے تھے۔ لیکن وہ ایمان سے خالی تھے۔ صرف یہ نہیں کہ وہ اہم نکتہ سمجھنے سے قاصر رہے بلکہ وہ دُوسروں کو خدا کی سچائی سے گمراہ کر رہے تھے۔ پولس

رسول نے تیمتھیس کو تنبیہ کرتے ہوئے کہا کہ وہ اِس قسم کی لاحاصل گفتگو اور باتوں میں نہ کھو جائے بلکہ خدا کے کلام کو ایمان سے قبول کرے۔

پولس رسول نے تیمتھیس کو یاد دہانی کرائی کہ افسّس میں اس کی خدمت کا ہدف محبت ہے۔ (5 آیت) یہ جھوٹے اُستاد بڑے ذہین و فطین لوگ تھے۔ اُنہیں بحث مباحثہ کرنا خوب آتا تھا۔ لیکن وہ خدا کی محبت سے بے بہرہ اور خالی تھے۔ نہ وہ خدا کے لوگوں سے محبت کرتے تھے۔ اُن کی دلیل بازی سے کلیسیا میں تفرقے پڑ گئے تھے۔ وہ جہاں کہیں جاتے افراتفری پھیلاتے اور تنازعات کو ہوا دیتے تھے۔

پولس رسول نے تیمتھیس کو واضح طور پر بتایا کہ جس محبت کا وہ ذکر کر رہا ہے وہ صاف، شفاف اور خالص دل سے جنم لیتی ہے۔ یہ محبت خدا کے پُر قدرت کام کا نتیجہ ہوتی ہے۔ یہ محبت خالص، صاف، بے غرض اور بے لوث ہوتی ہے۔ ایسی محبت صاف ضمیر کی پیداوار ہوتی ہے۔ بالفاظ دیگر یہ محبت خدا کے ساتھ دُرست رشتہ رکھنے کے نتیجہ میں ہی سامنے آتی ہے۔ یہ محبت ایسے دل سے پھوٹتی ہے جس کی یہ لالسا ہوتی ہے کہ وہ خدا کے ساتھ گفت و شنید کرے اور ہر طرح اور ہر لحاظ سے اُس کے تابع رہے۔ یہ محبت مخلص ایمان کا ثمر ہوتی ہے۔ بہت سے لوگ مذہب کی ظاہری رسومات پر عمل پیرا ہوتے ہیں۔ لیکن ایسے لوگوں کے دل خدا سے دُور بلکہ بہت دُور ہوتے ہیں۔ پولس رسول یہاں پر ایسے لوگوں کی بات کر رہا ہے جو بالکل خالص طور پر خدا اور اُس کے لوگوں سے محبت کرتے ہیں۔ اُن کے محرکات دیانتداری پر مبنی ہوتے ہیں۔ اُن کے دل خدا کے ساتھ دُرست رشتے میں بندھے ہوتے ہیں۔

افسّس میں کچھ ایسے لوگ تھے جو اصول و ضوابط اور مختلف خیالات کی تعلیم دیتے تھے۔ وہ بڑی غیر اہم باتوں کے تعلق سے بحث مباحثہ کرتے تھے۔ میں سمجھتا ہوں کہ اُن میں سے

بعض ایسے بھی تھے جو اپنی لیاقت ، تعلیمی قابلیت اور دلائل سے لوگوں کو متاثر کر لیتے تھے۔ پولس رسول نے تیمتھیس کو بتایا کہ اُس کی خدمت کا مقصد اور ہدف یہ نہیں ہے کہ وہ ایسے لوگ پیدا کرے جو مسیحی عقیدے اور تعلیم کے بارے میں بحث و مباحثہ کرنے کی اہلیت رکھتے ہوں بلکہ وہ خدا کی محبت سے سرشار لوگ پیدا کرے جن کے دل خالص ہوں ،جن کے ضمیر صاف اور جن کا ایمان مخلص اور بے ریا ہو۔

اِفسس میں سب سے بڑی آزمائش خدا کی راہوں سے گمراہی اور انحراف تھا۔لوگ بے مقصد و بے معنی بحث مباحثوں میں پڑ گئے تھے۔ بہت سے لوگ ایسے بھی تھے جنہیں شریعت کے معاملات اور شریعت کے تقاضوں کے بارے میں بات کرنا اچھا لگتا تھا۔ پولس رسول نے تیمتھیس کو بتایا کہ جن باتوں کے بارے میں وہ بحث و تکرار کرتے ہیں اُن کے بارے میں اُنہیں کچھ علم بھی نہیں ہے۔(7 آیت)

پولس رسول نے تیمتھیس کو 8 آیت میں بتایا کہ شریعت اچھی ہے بشرطیکہ اسے درست طور پر عمل میں لایا جائے۔ یہ ان لوگوں کے لئے تھی جو خدا کی مرضی کے متضاد طرزِ زندگی اپنائے ہوئے تھے۔9 اور 10 آیت میں، پولس رسول نے تیمتھیس کو یاد کرایا کہ کس طرح شریعت بغاوت اور بے دینی کے خلاف بولتی ہے۔ یہ گناہ اور بے دینی کی مذمت کرتی ہے۔ یہ غلام بیچنے اور خریدنے کے کاروبار کی بھی مذمت کرتی ہے۔ یہ قتل و غارت، زناکاری اور ہر طرح کی کجروّی کی بھی پرزور مذمت کرتی ہے۔ یہ جھوٹوں، تعصب سے بھرے ہوئے لوگوں کے خلاف بات کرتی ہے۔ شریعت گناہ کو بے نقاب کرتی اور درست راہ کی تعلیم دیتی ہے۔

پولس رسول شریعت کے مخالفین میں سے نہیں تھا لیکن اِفسّس میں کچھ ایسے لوگ تھے جو شریعت کی غلط تفسیر اور نمائندگی کرتے اور اُس کے مقصد کی بھی غلط ترجمانی کرتے تھے۔

بجائے اس کے کہ شریعت مسیح کی طرف اُن کی رہنمائی کرتی، اُن لوگوں نے شریعت کو صرف اور صرف تعلیمات، قواعد اور اصول و ضوابط تک محدُود کر دیا تھا۔ خداوند یسوع مسیح کے دَور کے فریسیوں کی طرح، وہ شریعت کے سخت تقاضوں کی تعلیم دیتے تھے۔ اور محبت سے خالی تعلیم اور عمل پر مبنی اُن کی خدمت تھی۔ اُن کی فکر یہ نہیں تھی کہ لوگ خالص دل سے، خالص نیت، صاف و شفاف محرکات اور بے ریا ایمان اور بے لوث محبت سے خدا کی تابعداری میں زندگی بسر کریں۔ اُنہیں لفظی تکرار کا مرض لاحق تھا۔ وہ تعلیم، الفاظ اور روز مرّہ کے طرزِ زندگی پر ہی توجہ مرکوز کئے ہوئے تھے۔ اُنھوں نے مسیح کے بدن میں تفرقہ پیدا کرنے کے لئے شریعت کو استعمال کیا تھا۔ وہ لوگوں کو اپنے اختیار میں لانے اور لوگوں کو اپنی طرف مائل کرنے اور اُنہیں اپنا دلدادہ بنانے کے لئے شریعت کو استعمال کرتے تھے۔ وہ طرزِ زندگی کو فروغ دینے کے چکر میں تھے نہ کہ مسیح کے ساتھ زندہ اور حقیقی تعلق اور رشتے کی بات کرتے تھے۔ وہ مذہبی راہ و رسومات کو فروغ دے رہے تھے۔ اُنھوں نے خدا کی پرستش اور عبادت کو مدِ نظر نہیں رکھا تھا۔

اِس خط سے محسوس ہوتا ہے کہ تیمتھیس کی خدمت یہ تھی کہ وہ افسّس کے ایمانداروں کے دلوں میں خدا اور اُس کے لوگوں کے لئے خوابیدہ محبت کو بیدار کرے۔ اُن کے ایمان کا مرکز و محور دُرست طرزِ زندگی، تعلیم اور عقیدے اور روایات کے گرد گھومتا تھا۔ وہ خدا کی محبت کو کھو دینے کے خطرہ سے دوچار تھے۔ یہی بات تو یوحنا رسول کو خداوند نے اس وقت بتائی جب اس نے مکاشفہ کی کتاب میں افسّس کی کلیسیا کو خط لکھا تھا۔

اِفسُس کی کلیسیا کے فرشتہ کو یہ لکھ کہ جو اپنے دہنے ہاتھ میں ساتوں ستارے لئے ہوئے ہے اور سونے کے ساتوں چراغدانوں میں پھرتا ہے وہ یہ فرماتا ہے کہ۔ میں تیرے کام اور تیری مشقت اور تیرا صبر تو جانتا ہوں اور یہ بھی کہ تو بدوں کو دیکھ نہیں سکتا اور جو اپنے

آپ کو رسول کہتے ہیں اور ہیں نہیں تو نے اُن کو آزما کر جھوٹا پایا۔ اور تو صبر کرتا ہے اور میرے نام کی خاطر مُصیبت اُٹھاتے اُٹھاتے تھکا نہیں۔ مگر مُجھ کو تُجھ سے یہ شکایت ہے کہ تو نے اپنی پہلے سی محبت چھوڑ دی۔ پس خیال کر کے تو کہاں سے گرا ہے اور توبہ کر کے پہلے کی طرح کام کر اور اگر تو توبہ نہ کرے گا تو میں تیرے پاس آکر تیرے چراغدان کو اُس کی جگہ سے ہٹا دُوں گا۔" (مکاشفہ 2 باب 1 تا 5 آیت)

اگرچہ افسّس کی کلیسیا خدمت کی پرستش، عبادت اور خدمت میں مصروفِ عمل تھی، وہ سچائی پر قائم اور ثابت قدم تھی لیکن وہ اپنے دل میں خدا کی محبت کھو چکی تھی۔ مسیحیت بنیادی طور پر تعلیم اور عقیدے کے فروغ سے متعلق نہیں ہے۔ بلکہ مسیحیت تو خدا کے ساتھ گہرے اور مضبوط رشتے میں پیوست ہونے کا نام ہے۔ ہم اپنی خدمت میں ایسے لوگ پیدا کر سکتے ہیں جو اپنے عقیدے اور ایمان کے بارے میں لوگوں سے بحث مباحثہ کر سکیں لیکن سوال یہ ہے کہ آیا ایسے لوگ خدا کی محبت سے سرشار ہیں؟ ایسے لوگ سچائی کو جانتے ہیں لیکن کیا وہ اس سچائی کی حقیقت میں زندگی بسر کرتے ہیں؟ وہ ایمان کے بارے میں جانتے ہیں، لیکن کیا وہ اس ایمان میں زندگی بسر کرتے ہیں؟

افسّس کی کلیسیا ایسے لوگوں کے حملوں کی زد میں تھی جو ایک مخصوص طرزِ زندگی اور مذہبی تعلیم اور عقیدے کو فروغ دینے کے لئے کوشاں تھے۔ اُنہیں ایسے استادوں کی طرف سے آزمائشوں کا سامنا تھا جو بحث مباحثے میں بڑے تیز طرار اور ذہین تھے۔ پولس رسول نے تیمتھیس کو افسّس میں بھیجا تاکہ وہ خداوند کی محبت سے سرشار طرزِ زندگی اپنانے کے بارے میں اُنہیں تعلیم دے سکے۔

چند غور طلب باتیں

☆۔ پولس رسول افسس میں کس مسئلہ پر چاہتا تھا کہ تیمتھیس بات کرے؟

☆۔ پولس رسول نے تیمتھیس کو کس چیز کو اپنی منسٹری کا ہدف بنانے کے لئے کہا؟

☆۔ کیا یہ بہت اہم ہے کہ ہم خدا اور اُس کے مقاصد کے تعلق سے ہر ایک چیز کو سمجھیں؟

☆۔ "سچائی کو جاننے" اور سچائی کے مطابق زندگی بسر کرنے میں کیا فرق پایا جاتا ہے؟

☆۔ کیا یہ ممکن ہے کہ درست تعلیم کے پیشِ نظر تعلیم دی جائے اور منادی بھی کی جائے، نہ کہ مسیح کی محبت اور اُسے گہرے طور پر جاننے کی خاطر؟

☆۔ کیا آپ مسیح یسوع سے گہری محبت کرتے ہیں یا پھر آپ کا تعلق اور رشتہ محض تعلیم اور روایات تک ہی محدُود ہے؟

چند اہم دُعائیہ نکات

☆۔ خداوند سے التجا کریں کہ وہ آپ کے دل کو ٹٹولے کہ آیا آپ کا دل پاک اور خالص، آپ کا ضمیر اور ایمان سچا اور کھرا ہے۔

☆۔ خداوند سے ایمان کی قوت مانگیں تا کہ آپ اس وقت بھی اس پر توکل اور بھروسہ کر سکیں جب آپ کو کسی بات کی سمجھ نہ آ رہی ہو۔

☆۔ خداوند سے ایسے وقتوں کے لئے معافی مانگیں جب آپ نے محبت کے بغیر سچائی کی منادی کی۔

☆۔ خداوند سے دُعا کریں تا کہ وہ آپ کو خداوند اور لوگوں کے لئے گہری محبت سے معمور کر دے۔ خداوند سے التجا کریں تا کہ آپ جو کچھ بھی کریں اس کا سرچشمہ وہ محبت ہی ہو جو خداوند اپنے کام اور لوگوں کے لئے آپ کے دل میں ڈالے۔

باب 13

پَولس رسُول کی گواہی

1 تیمتھیس 1 باب 12 تا 19 آیت کا مطالعہ کریں

پولس رسول کے تعلق سے ایک بات بہت ہی زبردست ہے اور وہ یہ کہ وہ کسی بھی صورت میں اپنی خوبصورت نجات کو نظر انداز نہیں کرتا۔ وہ خدا کے پُر تعظیم خوف کی حالت میں تھا کہ خدا نے کس طرح اُسے اپنی خدمت کے لئے استعمال کرنے کا چناؤ کیا۔ وہ خدمت گزاری کا شرف و استحقاق ملنے کے لئے خداوند کی شکر گزاری کرنا بھی ہمیشہ ہی یاد رکھتا ہے۔ وہ اپنی خدمت اور اپنی زندگی میں خدا کی بلاہٹ کے لئے بہت پُرجوش تھا۔

12 آیت غور طلب ہے، وہ خدا کا کس قدر شکر گزار ہے جس نے اُسے اپنی خدمت کے لئے وفادار جانا اور رسُول کے طور پر خدمت گزاری کے کام پر مامور کیا۔ وہ صرف اس بات کے لئے خدا کا شکر گزار نہیں کہ اُس نے اُسے اپنی خدمت کے لئے چن لیا تھا بلکہ وہ اِس لئے بھی خدا کا شکر گزار تھا کیونکہ خداوند نے اُسے تقویت اور قوت سے نوازا تھا۔ خدا نے آپ کو کس کام کے لئے بلایا ہے؟ کیا آپ کا دل یہ سوچ کر شکر گزاری سے بھر جاتا ہے کہ کس طرح خدا نے آپ کو اپنی خدمت کے لئے چن لیا اور وہ آپ کو قوت اور اپنے جلال سے معمور کرنا چاہتا ہے؟

پولس رسول اس حقیقت کی وجہ سے اور بھی زیادہ خداوند کا شکر گزار ہو گیا تھا کہ وہ اس لائق ہی نہیں تھا کہ وہ خدمت جیسے عظیم اور اُتم کام کے لئے بلایا جاتا۔ وہ کفر بکنے والا تھا۔ اس نے کلیسیا کو بھی ستایا تھا۔ وہ مسیحی لوگوں کو مجبور کرتا تھا کہ وہ خداوند یسوع مسیح کے

نام پر لعنت اور ملامت کریں۔ (اعمال 26 باب 11 آیت) خدا نے پولس رسول پر بے حد رحم اور ترس کیا تھا۔ کیونکہ اُس نے لاعلمی اور جہالت اور بے اعتقادی کی حالت میں یہ سب کچھ کیا تھا۔ اُسے علم ہی نہیں تھا کہ وہ کیا کر رہا ہے۔

خداوند یسوع مسیح نے بھی ایسے لوگوں کے لئے معافی کی درخواست کی تھی جنہوں نے اُسے مصلوب کیا تھا کیونکہ اُنہیں معلوم نہیں تھا کہ وہ کیا کرتے ہیں۔ (لوقا 23 باب 34 آیت) ایسے لوگوں کے لئے معافی موجود ہے جو بے اعتقادی اور جہالت کی حالت میں گناہ کرتے ہیں۔ پولس رسول پر رحم و ترس اس لئے کیا گیا کیونکہ اُس نے نادانی اور ناسمجھی کی حالت میں سب کچھ کیا تھا۔ اِس سے ہم اس نتیجہ پر پہنچے ہیں کہ وہ لوگ جو دانستہ طور پر گناہ کرتے ہیں ان کے لئے معافی کی کوئی ضمانت نہیں ہے۔ غور کریں کہ عبرانیوں کا مصنف کیا بیان کرتا ہے۔

"کیونکہ حق کی پہچان حاصل کرنے کے بعد اگر ہم جان بوجھ کر گناہ کریں تو گناہوں کی کوئی اور قربانی باقی نہیں رہی۔ ہاں عدالت کا ایک ہولناک انتظار اور غضبناک آتش باقی ہے جو مخالفوں کو کھالے گی۔ "(عبرانیوں 10 باب 26 اور 27 آیت)

سچائی کو جان کر اس سے انحراف کر جانے کے امکانات موجود ہوتے ہیں۔ جہالت اور نادانی کی حالت میں کوئی گناہ کرنا ایک بات ہے، جبکہ خداوند کی سچائی کو جان کر بغاوت کے روّیہ سے کوئی گناہ کرنا مختلف بات ہوتی ہے۔ بہت سے غیر ایماندار جہالت اور نادانی کی حالت میں گناہ کرتے ہیں۔ وہ سچائی کو سمجھنے سے قاصر ہوتے ہیں۔ ان کے دل میں یہ ایمان اور اعتقاد ہوتا ہے کہ وہ درست ہی کر رہے ہیں۔، کچھ ایسے لوگ بھی ہوتے ہیں جنہوں نے خوشخبری کو سن کر اُسے سمجھ لیا ہوتا ہے لیکن پھر بھی وہ اُس کے تابع نہیں ہونا چاہتے۔ وہ سچائی کے خلاف باغیانہ روّیہ اپناتے ہیں۔ وہ خدا کے روح کی طرف سے توبہ کے لئے خدا

کی بلاہٹ کو رد کر دیتے ہیں۔ ایسے لوگ جو اِس واحد اُمید کو رد کرتے ہیں اُنہیں سزا تو ضرور ملے گی۔

جب پولس رسول کو یہ معلوم ہوا کہ جو کچھ وہ کر رہا ہے، وہ غلط ہے تو پھر اس نے توبہ کر لی۔ اسے گناہوں کی معافی خدا کی طرف سے مل گئی اور خدا نے اُسے بڑے زبردست طریقہ سے استعمال بھی کیا۔ اگرچہ اُس نے کلیسیا کو ستایا تھا تاہم اس نے یہ نادانستہ طور پر نادانی اور بے اعتقادی کی حالت میں کیا تھا۔

پولس رسول اپنی نجات کے لئے اپنی کسی خوبی اور لیاقت کو عزت نہیں دیتا۔ اسے علم تھا کہ وہ ایک کفر بکنے اور کلیسیا کو ستانے والا شخص تھا۔ 14 آیت میں اس نے تیمتھیس کو بتایا کہ خدا نے اُس پر اپنا فضل کثرت سے کیا۔ پولس رسول اس بات کی وضاحت تو نہ کر سکا کہ آیا خدا نے اس پر یہ از حد فضل کیوں کیا۔ وہ اس زبردست معافی اور مخلصی کے لئے خدا کا ممنون و مقروض تھا۔ 14 آیت میں یہ بات بھی قابلِ غور ہے کہ خدا نے ایمان اور محبت کی دولت سے بھی پولس رسول کو نوازا تھا۔ پولس رسول نے اپنے ایمان کو خدا کی ایک بخشش اور نعمت کے طور پر دیکھا۔ جس محبت سے اُس کا دل معمور ہو چکا تھا وہ بھی خدا کی نعمت عظیم تھی۔ پولس رسول کو علم تھا کہ وہ ایمان اور محبت جس کا اُسے تجربہ ہو چکا ہے، اُس کی فطرت کا حصہ نہیں ہے۔ کیونکہ وہ تو ایک گنہگار شخص تھا۔ پولس رسول ہر ایک بات کے لئے خدا کا مقروض اور ممنون تھا۔ اُس کی نجات، ایمان، اور اُس کے دل میں الٰہی محبت سبھی کچھ خدا کی طرف سے بخشش کے طور پر ملا تھا۔

پولس رسول اِس بات پر بھی محوِ حیرت تھا کہ خدا ایک نالائق گنہگار کو لے کر اُسے اپنے روح سے بھر دیتا ہے۔ اِس بات میں کوئی شک نہیں تھا کہ خداوند یسوع مسیح اس دُنیا میں گنہگاروں کو نجات دینے کے لئے آیا تھا۔ پولس رسول نے اس سچائی کو کبھی نظر انداز نہ کیا

بلکہ اِس خوبصورت سچائی کو ہمیشہ مدِ نظر رکھا۔ وہ جانتا تھا کہ وہ ایک بدترین گنہگار ہے۔ اُس نے خداوند کے کام کو تباہ و برباد کرنے کے لئے ہر ممکن کوشش کی تھی۔ وہ معصوم ایمانداروں کو قید میں ڈالنے اور بعض کی موت کا بھی ذمہ دار تھا۔ پولس رسول کو اپنا گناہ کبھی نہ بھولا۔ اپنی ساری زندگی وہ چہرے نہ بھول پائے جنہیں اُس نے دُکھ دیا اور مسیح ایمان کے سبب سے ستایا تھا۔

جب پولس رسول کو شدت سے اس بات کا احساس ہوتا تھا کہ وہ کس قدر گنہگار تھا اور خدا نے اُس پر کس قدر بھاری فضل کیا ہے تو وہ اور بھی حیرت میں ڈوب جاتا تھا۔ اُسے معلوم تھا کہ خدا نے اُسے اور اُس کی مثال اور نمونے کو دُنیا کے لئے استعمال کیا ہے۔ خدا نے ایک بدترین گنہگار کو لے کر اُسے اپنے فضل سے معمور کر دیا تھا۔ اس نے اس کے وسیلہ سے اپنی بے حد مہربانی، صبر اور فضل کو ظاہر کیا تھا۔ خدا پولس رسول کو رد بھی کر کے اُس پر فردِ جرم بھی عائد کر سکتا تھا۔ اس نے بہت صبر کا مظاہرہ کیا۔ اُس نے اُسے معاف کر دیا تاکہ دوسروں کو بھی نااُمیدی میں ایک اُمید نظر آسکے۔ اگر خدا ایک کفر بکنے والے اور کلیسیا کو ستانے والے کو معاف کر سکتا ہے تو وہ کسی اور کو بھی نجات دے سکتا ہے۔

کتنے ہی لوگوں کو پولس رسول کی گواہی سے تقویت ملی ہو گی؟ اُس کی گواہی ایک اُمید سے معمور گواہی تھی۔ پولس رسول کی گواہی یاد کراتی ہے کہ خدا کسی بھی ہٹ دھرم، سخت دل روح تک رسائی حاصل کر کے اسے اپنی طرف مائل اور قائل کرنے کی قدرت رکھتا ہے۔

خداوند یسوع مسیح کا صلیب پر کیا گیا کام ہی پولس رسول کے لئے برکت، تسلی اور تقویت کا باعث تھا۔ محسوس ہوتا ہے کہ وہ خداوند کی شکر گزاری اور تمجید سے بھرا ہوا تھا۔ 17 آیت میں اُس نے اس ستائش کا اظہار بھی کیا ہے۔ وہ ابدی بادشاہ کے طور پر خدا کی

تعریف اور تمجید کرتا ہے۔ بطور ابدی بادشاہ اُس کی سلطنت ہمیشہ قائم اور دائم رہے گی۔ وہ غیر فانی ہے۔ وہ کبھی مر نہیں سکتا۔ اِس کا مطلب یہ ہوا کہ وہ ہمیشہ ہمارے ساتھ اور پاس رہے گا۔ وہ نادیدنی خدا ہے۔ اگرچہ ہم اسے دیکھ نہیں سکتے تو بھی اُس پر توکل اور بھروسہ کر سکتے ہیں۔ اگرچہ ہم اُس کی راہوں کو سمجھ نہیں پاتے تو بھی ہم اُس پر اعتماد اور بھروسہ کر سکتے ہیں۔ یہ ابدی بادشاہ ہی ساری عزت اور جلال کے لائق ہے۔ اگرچہ وہ ابدی بادشاہ ہے تو بھی بدترین گنہگاروں تک رسائی حاصل کر کے اُنہیں گناہوں سے مخلصی اور نجات دیتا ہے۔

پولس رسول اس باب میں تیمتھیس سے ایسے لوگوں سے برتاؤ اور سلوک کے بارے میں بات کر رہا ہے جو نسب ناموں اور قصے کہانیوں کے بارے تعلیم دینے میں پھنسے ہوئے ہیں۔ اُس نے تیمتھیس کو یاد کرایا کہ وہ اُنہیں تعلیم دے کہ وہ سچے اور خالص دل سے خداوند کے ساتھ محبت رکھیں۔ انہیں تعلیم دی جائے کہ وہ بے ریا ایمان اور صاف شفاف ضمیر کے ساتھ خداوند سے محبت بھرا تعلق اور رشتہ قائم کریں۔ پولس رسول نے اپنی گواہی سے اِس بات کو ثابت کیا کہ اُس کی بات کا کیا مطلب ہے۔ پولس رسول کا ایمان مسیح کے بارے میں تھا۔ پولس رسول کے نزدیک مسیح ہی مرکزی حیثیت رکھتا ہے۔ تعلیم اور عقیدہ بہت ضروری ہے لیکن وہ اس قدر اہم نہیں جس قدر خداوند یسوع مسیح اہم ہے۔ افسّس کے استاد تعلیم، عقیدے اور مختلف مذہبی رسوم اور سرگرمیوں کے بارے میں بہت فکرمند تھے۔ اُن کے دلوں میں خداوند کے لئے محبت اور جذبہ بالکل موجود نہیں تھا۔ پولس رسول یہی چاہتا تھا کہ تیمتھیس اِفسّس کی کلیسیا میں مسیح کے لئے محبت کی شمع روشن کر دے۔ پولس رسول نے تیمتھیس کو یاد کراتے ہوئے اس حصہ کا اختتام کیا کہ وہ اُسے نبوتوں کے تعلق سے بھی حکم دے رہا ہے جو اُس کے تعلق سے کی گئی تھیں۔ ہمیں یہ تو

نہیں بتایا گیا کہ وہ نبوتیں کیا تھیں۔ ہم اِس تعلق سے اس خط میں کچھ بھی نہیں پڑھتے۔ 1 تیمتھیس 4 باب 13،14 آیت میں، ہم پڑھتے ہیں کہ کس طرح تیمتھیس کو نبوتی کلام کے ذریعہ سے ایک خاص نعمت ملی تھی۔

"جب تک میں نہ آؤں پڑھنے اور نصیحت کرنے اور تعلیم دینے کی طرف متوجہ رہ۔ اُس نعمت سے غافل نہ رہ جو تجھے حاصل ہے اور نبوت کے ذریعہ سے بزرگوں کے ہاتھ رکھتے وقت تجھے ملی تھی۔"

پولس رسول کے مطابق، تیمتھیس اس لمحہ اپنی خدمت میں نبوت کی تکمیل دیکھ رہا تھا۔ اس نے تیمتھیس کو اس بات کے لئے اُبھارا کہ وہ اُس نعمت میں ثابت قدم اور قائم رہے۔ پولس رسول نے تیمتھیس کو حکم دیا کہ وہ افسّس کے جھوٹے اُستادوں کی لاحاصل بحث و تکرار کو بند کردے۔ تیمتھیس کی ذمہ داری یہ تھی کہ وہ خدا کے کلام کی تعلیم دے اور لوگوں کی رہنمائی کرے تاکہ وہ خالص دل اور صاف ضمیر اور بے ریا ایمان کے ساتھ وفادار رہتے ہوئے اس کے ساتھ بدل و جان محبت رکھیں۔ پولس رسول نے تیمتھیس کو یاد دہانی کرائی کہ وہ اُس کی ہدایات پر عمل پیرا ہوتے ہوئے ایمان کی اچھی کشتی لڑنے کے قابل ہو جائے گا۔ (19 آیت) افسّس کی کلیسیا میں یہ مسئلہ تھا کہ بعض لوگ ان باتوں سے اپنی توجہ ہٹا چکے تھے۔ اُن کے استاد خالص دل، بے ریا ایمان اور صاف وشفاف ضمیر کے ساتھ خدا سے محبت نہیں رکھتے تھے۔ اُن کے ایمان کا جہاز غرق ہو چکا تھا۔ ہمینیس اور اسکندر ایمان کی تباہی اور بربادی کی مثال تھے۔ اب وہ کفر بکنے والے بن چکے تھے۔ ہمیں یہ تو نہیں بتایا گیا کہ وہ کس طرح گناہ میں گر گئے تھے۔

پولس رسول نے تیمتھیس کو بتایا کہ اُس نے ایسے لوگوں کو شیطان کے حوالہ کیا ہے۔ تاکہ کفر سے باز رہنا سیکھیں۔ ایسے لوگ سیکھنے کے عمل سے باہر جا چکے تھے۔ اُنھوں نے

اپنے دلوں کو سخت کر لیا تھا۔ اس وقت ہر طرح سے تعلیم کا عمل بے کار اور بے سود ثابت ہو رہا تھا۔ اب یہی ضرورت تھی کہ اُنہیں دُشمن کے حوالہ کر دیا جائے۔ شیطان کے لئے بڑی خوشی کا موقع تھا کہ وہ اُن پر ضربِ کاری لگائے۔ وہ کلیسیائی رفاقت سے نکل چکے تھے۔ اُن پر سے خدا کی برکت اُٹھ چکی تھی۔ وہ کلیسیا سے باہر جا چکے تھے۔ ان لوگوں کو مشکل عمل سے گزرتے ہوئے کچھ سبق سیکھنے تھے۔ اُنہیں براہِ راست دیکھنے کی ضرورت تھی کہ اُن کا باغیانہ روّیہ اُنہیں کہاں سے کہاں لے جائے گا۔ اُنہیں شیطان سے ضرب کاری لگنی تھی۔ خدا نے کچھ دیر کے لئے شیطان کو موقع دے دیا تھا کہ وہ اُن کو اپنے اختیار میں لے لے۔ اُنہیں ایک وقت کے لئے تاریکی میں رہنا تھا۔ ایوب کی طرح اُن کا سب کچھ جاتا رہا۔ خدا نے اپنی برکات اُن سے روک لینی تھی اور اُس کی حضوری بھی اُن کی زندگی سے جاتی رہنی تھی تاکہ وہ اس تنبیہ اور تربیت سے وہ خداوند اور اُس کی محبت کی طرف لوٹ آنا سیکھیں۔

کچھ ایسے وقت بھی ہوتے ہیں جب لوگ سچائی پر کان لگانے سے انکار کرتے ہیں تو اس وجہ سے ہمیں اُن کو موقع دینا چاہئے کہ وہ سخت اور ناگوار حالات سے سبق سیکھیں۔ بعض اوقات ہمیں ایسے لوگوں سے خود کو الگ کر لینا چاہئے تاکہ وہ مسیح کے بدن کے دوسرے اراکین پر اَثر انداز نہ ہوں۔ بعض اوقات باغیانہ روّیہ رکھنے والے یہ ایماندار گناہ اور بغاوت میں پڑ جاتے ہیں۔ پولس رسول کو بہت اعتماد ہے کہ خدا اپنے باغی فرزندوں سے بھی دستبردار نہ ہو گا۔ اگرچہ وہ ایک وقت کے لئے شیطان کے ہاتھوں میں تھے، تاہم خدا اُنہیں دوبارہ سے پاک کر کے اپنی محبت میں بحال کرنے کی قدرت رکھتا تھا۔

چند غور طلب باتیں

☆۔ کیا آپ آج بھی اپنی نجات کے تعلق سے پُر جوش اور شادمان ہیں؟ کون سی چیز اس خوشی اور شادمانی کو ختم کرتی ہے؟

☆۔ پولس رسول کی نجات کی گواہی میں کون سی چیز آپ کی حوصلہ افزائی کا باعث ہوئی ہے۔

☆۔ کیا ممکن ہے کہ کوئی شخص سچائی کو جان کر بھی اُس سے منحرف ہو جائے؟ دانستہ گناہ کیا ہوتا ہے؟

☆۔ شیطان کے حوالے کئے جانے کا کیا معنی ہے؟ شیطان کے حوالے کئے جانے کا کیا مقصد ہوتا ہے؟

چند اہم دُعائیہ نکات

☆۔ خداوند کی شکر گزاری کریں کہ اُس نے آپ کے دل کو نرم کیا اور آپ کو توفیق عطا کی کہ آپ سچائی کو جان سکیں۔

☆۔ تابعداری میں زندگی بسر کرتے رہنے کے لئے خداوند سے فضل اور توفیق چاہیں۔ ایسے وقتوں اور دنوں کے لئے خدا سے معافی مانگیں جب آپ سچائی کو جانتے بھی تھے لیکن غیر تائب زندگی بسر کرتے رہے۔

☆۔ خداوند کی شکر گزاری کریں کہ وہ اُن سب کو محفوظ رکھنے کی قدرت رکھتا ہے جو اُس پر بھروسہ رکھتے ہیں۔ ☆۔ کیا آپ کسی ایسے مسیحی ایماندار سے واقف ہیں جو بغاوت میں زندگی بسر کر رہا ہے؟ خداوند سے دُعا کریں کہ وہ اس شخص کو پاک اور اپنی محبت میں بحال کرے۔

☆۔ خداوند کی شکر گزاری کریں کہ وہ سخت دل گنہگاروں کو توڑنے اور اُن پر مسیح یسوع کو ظاہر کرنے کی قدرت رکھتا ہے۔

باب 14

ضرورت ہے۔۔۔ دُعا گو لوگوں کی

1 تیمتھیس 2 باب 1 تا 8 آیت

تیمتھیس کو یہ تلقین کرنے کے بعد کہ وہ افسّس میں موجود کلیسیا کو تنبیہ کرے کہ وہ بے کار اور لاحاصل گفتگو اور بحث مباحثوں میں نہ پڑے، پولس رسول چند ایک عملی قسم کے معاملات کی طرف بڑھتا ہے۔2 باب کے پہلے حصہ میں، پولس رسول تیمتھیس کو دُعا کرنے والے لوگوں کو مدعو کرنے کی اہمیت کے بارے میں یاددہانی کراتا ہے۔

1 آیت میں، پولس رسول بیان کرتا ہے کہ دُعائیں، درخواستیں، مناجاتیں اور شفاعتی دعائیں اور شکر گزاریاں سب کے لئے کی جائیں۔ ہم اِس بیان کو زیادہ تفصیل کے ساتھ بھی دیکھیں گے۔ لیکن ضرورت اس بات کی ہے کہ ہم اُن میں بہت زیادہ فرق پیدا نہ کریں۔ پولس رسول کا مرکزی نکتہ یہ نہیں کہ وہ مختلف دُعاؤں کے بارے میں تعلیم دے۔ بلکہ وہ یہ چاہتا ہے کہ لوگ دُعا کریں۔

درخواستیں

پولس رسول ہمیں تلقین کرتا ہے کہ ہم اپنی درخواستیں خدا کے حضور پیش کریں۔ لفظ "درخواست" ضرورت کی طرف اشارہ کرتا ہے۔ پولس رسول ہمیں یہ بتارہا ہے کہ ہم اپنی دُعائیں اور درخواستیں خدا کے حضور لے کر آئیں۔ یہ کس قدر آسان ہے کہ ہم یہ محسوس کرنے لگیں کہ سب کچھ ہمارے اختیار میں ہو۔ کسی شخص کو مدد کے لئے کہنا ایک کمزوری کے طور پر دیکھا جاتا ہے۔ پولس رسول ہمیں یہ بتارہا ہے کہ ہم اِس قدر فروتن، عاجز اور

حلیم بن جائیں کہ اپنی درخواستیں خداوند کے سامنے رکھیں جس کا مطلب اور مفہوم یہ ہے کہ ہمیں خدا کی ضرورت ہے۔ وہ یہ چاہتا ہے کہ ہم اپنی ضروریات کو اس کے سامنے رکھیں۔ ہم اپنی درخواستیں اُس کے سامنے رکھتے ہوئے اُسے موقع دے سکتے ہیں کہ وہ ہماری رہنمائی اور ضروریات کو فراہم کرے۔

دُعا

پولس رسول نے یہاں پر دوسرا لفظ " دُعا" استعمال کیا ہے۔ یہاں اس لفظ کے لئے استعمال ہونے والا یونانی لفظ دو الفاظ سے ماخوذ ہے۔ اوّل۔ "کی طرف" یا" آگے کی طرف" اِس کا معنی و مفہوم قریب ہونا ہے۔ دوسرا لفظ "خواہش" یا "مرضی " ہے۔ بالفاظ دیگر دُعا سے مراد اُس کے قریب آکر اپنی خواہشات یا ضروریات کا اظہار کرنا ہے۔ ایسی گفتگو ایسے دو لوگوں کے درمیان ہوتی ہے جو ایک دوسرے کے بہت قریب ہوتے ہیں۔ دُعا کے وقت ہم خدا کے ساتھ بات چیت کرتے ہوئے اپنی ضروریات، خواہشات اور دل کے بوجھ رکھتے ہیں۔ ایسا تعلق اور رشتہ بڑی شخصی، ذاتی اور گہری قربت کا ہوتا ہے۔ کسی بھی عام شخص کے سامنے آپ اپنے دل کی بات نہیں کرتے اور نہ ہی کسی کو اپنی ضروریات بتاتے ہیں۔ دُعا کا مطلب اپنے دل کے بوجھ اور دل میں چھپی باتیں، خواہشات اور تمنائیں خدا کے سامنے بیان کی جاتی ہیں۔ کیونکہ وہ ہم سے گہری محبت رکھتا اور ہماری فکر کرتا ہے۔

شفاعت

پولس رسول نے یہاں پر لفظ" شفاعت " بھی استعمال کیا ہے۔ اس لفظ کا مفہوم خدا کے حضور اپنی مناجاتیں لانا ہے۔ یہ لفظ کسی میٹنگ کا مفہوم دیتا ہے جہاں پر دو پارٹیاں کسی

مسئلہ کے حل کے لئے بیٹھ کر کام کرتی ہیں۔ شفاعت کرنے کا معنی کسی مسئلہ کو خدا کے سامنے لا کر اس کا حل نکالنا ہے۔ یہ محض خدا کے سامنے اپنے دل کے بوجھ پیش کرنا نہیں ہے۔ بلکہ اس کی آواز سننا بھی اس میں شامل ہے۔ اس دُعا میں اس کی حکمت کے طالب ہوا جاتا ہے۔

شکر گزاری

آخری لفظ جو پولس رسول نے یہاں پر استعمال کیا ہے وہ ہے " شکر گزاری " یہ بالکل واضح ہے۔ اِس کا سادہ اور صاف سا معنی اور مفہوم شکر گزار ہونا ہے۔ ہمیں ہر طرح کے اچھے بُرے حالات میں خدا کی شکر گزاری کرنی ہے۔ اِس میں خدا کی پرستش اور ستائش بھی شامل ہے کیونکہ وہ سب سے اعلیٰ اور بالا ہے اور اُس کے کام عظیم اور عجیب ہیں۔

1 آیت پر غور کریں، کہ یہ دُعائیں سب کے لئے کی جانی تھیں۔ اس میں ہمارے عزیز و اقارب، دوست احباب اور وہ سبھی لوگ شامل ہیں جو ہمارے لئے مسائل اور مشکلات پیدا کرتے ہیں۔

پولس رسول تیمتھیس کو یہ تلقین کر رہا ہے کہ صاحب اختیار والوں کے لئے بھی دُعا کی جائے۔ اُن میں روحانی اربابِ اختیار اور حکومتِ وقت بھی شامل ہے۔ پولس رسول نے تیمتھیس کو بتایا کہ بادشاہوں اور سیاسی رہنماؤں کے لئے بھی دُعائیں کی جائیں۔ ایسے رہنماؤں کو حکمت اور خدا کی ہدایت اور رہنمائی کی ضرورت ہوتی ہے کیونکہ وہ ملک کا نظم و نسق چلاتے ہیں۔

غور کریں کہ پولس رسول نے اس لئے حکومتِ وقت اور صاحبِ اختیار لوگوں کے لئے دُعا کرنے کے لئے کہا تا کہ ایماندار پاکیزگی، دینداری اور اَمن کی زندگی بسر کر سکیں، ہمیں ہر وقت اور ہر جگہ پر قبول نہ کیا جائے گا۔ کچھ ایسے ممالک بھی ہیں جہاں پر بطور ایک ایماندار

مسیحی زندگی بسر کرنا بہت کٹھن معاملہ ہے۔ ایمانداروں کو اُن کے ایمان کے سبب ایذاہ رسانی کا سامنا کرنا پڑتا ہے۔ پولس رسول یہ کہہ رہاہے کہ قائدین کے لئے دُعا کریں تاکہ وہ ہمارے ہم ایمان بھائیوں اور بہنوں کو اَمن، دینداری اور پاکیزگی کی زندگی بسر کرنے کا موقع دیں۔ خدا اپنے لوگوں کے لئے ایسی تمنائیں رکھتا تھا۔ (3 آیت) ایسے لوگ خدا کی خوشنودی کا باعث نہیں ہوتے جو اُس کے لوگوں کے لئے مسائل اور مشکلات کھڑی کر دیتے ہیں۔ بلکہ خدا یہ چاہتا ہے کہ اُس کے لوگ دُنیا کے سامنے پاکیزگی، امن اور دینداری کی زندگی بسر کریں تاکہ اُن کی زندگیاں سب کے سامنے جیتی جاگتی مثال اور گواہی بن جائیں۔

پولس رسول 5 آیت میں تیمتھیس کو یاددہانی کرتا ہے کہ ایک ہی زندہ اور سچا خدا ہے۔ اور خدا اور انسان کے درمیان درمیانی بھی ایک ہی ہے، یعنی خداوند یسوع مسیح۔ درمیانی وہ شخص ہوتا ہے جو دو پارٹیوں کو ایک میز پر بٹھانے کے لئے کام کرتا ہے۔ خداوند یسوع مسیح ہی وہ واحد ہستی ہے جو ایک گنہگار انسان اور خدا باپ کو ایک جگہ پر لا سکتی ہے۔ یسوع نے خود کو ہمارے گناہوں کے لئے قربان کر دیا۔ غور کریں کہ پولس رسول یہ کہہ رہا ہے کہ اُس نے اپنے آپ کو سب کے فدیہ میں دے دیا۔ اِس میں سبھی لوگ شامل ہیں۔ کوئی شخص یہ نہیں کہہ سکتا ہے کہ خداوند یسوع مسیح نے اس کی نجات کا بندوبست نہیں کیا ہے۔ 7 آیت کے مطابق، پولس رسول کو خدا کی طرف سے یہ بلاہٹ ملی تھی کہ وہ نجات کا پیغام غیر قوموں تک پہنچائے۔ یہ غیر قومیں تاریکی میں زندگی بسر کر رہی تھیں۔ ہمارے لئے اس بات پر توجہ دینا بہت اہم ہے کہ اگرچہ یہ قومیں گناہ کی تاریکی میں کھوئی ہوئی تھیں، پھر بھی لوگ نسب ناموں اور لاحاصل بحث و مباحثوں میں کھوئے ہوئے تھے۔ یہاں پر دو قطعی مختلف باتیں دیکھنے کو ملتی ہیں۔ پولس رسول نے افسّس کے

ایمانداروں کو یہ تلقین کی کہ وہ اپنی آنکھیں کھول کر اپنے اردگرد کے لوگوں کی ضروریات کو دیکھیں۔ پہلے باب میں اُس نے اُنہیں تلقین کی تھی کہ وہ لاحاصل بحث اور غیر اہم موضوعات پر بے فائدہ مباحثوں سے اجتناب کریں۔ اب یہاں وہ اُنہیں اس بات پر توجہ دینے کے لئے کہہ رہا ہے کہ وہ اپنے اردگرد مردوزن اور روحانی اور جسمانی قائدین کے لئے دُعا کریں۔

8 آیت پر غور کریں کہ وہ انہیں ہر طرح کے غصے اور جھگڑوں کو دُور کر کے پاک ہاتھوں کو اُٹھا کر دُعا کرنے کے لئے کہتا ہے۔ وہ لاحاصل گفتگو اور بے معنی اور غیر اہم موضوعات پر بحث و تکرار میں اُلجھ کر اہم باتوں پر توجہ دینا بھول گئے تھے۔ پولس رسول اُنہیں یہ تلقین کر رہا ہے کہ وہ اُن فضول تکراروں اور مباحثوں کو ترک کر دیں اور روحوں کی نجات اور ایمان کی خاطر دُکھ اور تکالیف سے گزرنے والے ایمانداروں کے لئے دُعا کریں تاکہ اُنہیں مشکل اور ناگوار حالات اور صورتحال میں ثابت قدم اور ایمان میں قائم رہنے کی قوت ملے۔

ہمارے لئے غیر اہم اور فضول باتوں اور معاملات میں اُلجھ کر اہم باتوں کو نظرانداز کر دینا کس قدر آسان آزمائش ہوتی ہے۔ بہت سے مسیحی لوگ بڑے معمولی قسم کے معالات پر تفرقوں میں بٹ کر رہ گئے ہیں۔ بہت معمولی اور غیر اہم تعلیمی فرق اور تضاد کے باعث ایمانداروں نے اکٹھے مل کر کام کرنا چھوڑ دیا ہے۔ اگرچہ لوگ گناہ کو پانی کی طرح پیئے اور ہلاک ہوئے جا رہے ہیں۔ پولس رسول کو ایسے مردوزن کی تلاش تھی جو خدا کے سامنے اپنی ترجیحات درست کر لیں۔ اور معمولی اختلافات کو بالائے طاق رکھتے ہوئے اکٹھے مل کر دُعا کرنا شروع کر دیں۔ پولس چاہتا ہے کہ لوگ غیر اہم باتوں میں اُلجھنا چھوڑ کر خدا کی بادشاہی کی وُسعت اور پھیلاؤ کے لئے کام کرنے میں مصروف و مشغول ہو جائیں۔

چند غور طلب باتیں

☆۔ کیا آپ کبھی ایسی آزمائش میں پڑے ہیں جب آپ نے اپنی مشکلات اور مسائل اپنے طور پر ہی حل کرنے کو ترجیح دی اور اُنہیں خداوند کے پاس نہ لائے؟ وضاحت کریں۔

☆۔ پولس رسول ہمیں دُعا کرنے کے لئے کہتا ہے۔ کیا آپ کے پاس دُعا کے لئے وقت ہوتا ہے؟ یہ کیوں کر اہم ہے؟

☆۔ کس طرح اب تک خدا نے دُعا میں آپ کی رہنمائی فرمائی ہے؟ دُعا میں خدا کی آواز سننے کی کیا اہمیت ہے؟

☆۔ کس طرح چھوٹی چھوٹی باتیں اور معاملات انجیل کے پھیلاؤ میں رکاوٹ بن جاتے ہیں؟ کس طرح ایسی صورتحال کلیسیا کو آگے بڑھنے اور ترقی کرنے میں رکاوٹ بن جاتی ہے؟

چند اہم دُعائیہ نکات

☆۔خداوند سے دُعا کریں کہ وہ آپ کے دل کے ذہن کو روشن کر دے تا کہ آپ کو معلوم ہو کہ کون سی چیزیں آپ کو اس مقصدِ حیات سے دُور لے جا رہی ہیں جو وہ آپ کی زندگی کے لئے رکھتا ہے۔

☆۔خداوند کی ذاتِ اقدس اور اُن سب کاموں کے لئے بھی جو وہ آپ کی زندگی میں کر رہا ہے خداوند کی شکر گزاری کریں

☆۔خداوند سے دُعا کریں کہ آپ معاشرے میں موجود سیاسی اور روحانی رہنماؤں تک رسائی حاصل کر سکیں۔ خداوند سے التجا کریں کہ وہ اس طور سے کچھ ایسا ماحول پیدا کرے جہاں پر مسیحی ایماندار اپنے ایمان میں قائم رہتے ہوئے پُر اَمن زندگی بسر کر سکیں۔

باب 15

عورتوں کے لئے کلام

1 تیمتھیس 2 باب 9 تا 15 آیت کا مطالعہ کریں

اس باب کے پہلے حصہ میں پولس رسول نے آدمیوں سے بات کی۔ اُس نے اُنہیں تلقین کی کہ وہ دُعا گو لوگ بن جائیں۔ دوسرے باب کے اس حصہ میں وہ اپنی توجہ عورتوں کی طرف مبذُول کرتا ہے۔ اس کے پاس اُن کے لئے بھی ایک خاص پیغام ہے۔ آئیں پولس رسول کے عورتوں کے نام پیغام کا تجزیہ کریں

حیادار لباس پہنیں (9 تا 11 آیت)

پولس رسول عورتوں کو حیادار لباس پہننے کی تلقین کرتے ہوئے اپنی بات کا آغاز کرتا ہے۔ (ایسا لباس جو مناسب اور عزت دار عورت کو ظاہر کرے) اُس دَور کی عورتوں کے لئے یہ آزمائش تھی کہ ان کا لباس دوسروں کی توجہ اپنی طرف مبذُول کر لیتا تھا۔ غور کریں 9 آیت میں وہ اپنے بال گوندھ اور زیورات بھی پہن رہی تھیں۔ اُن کے لباس زرق بھڑک اور بہت قیمتی بھی تھے۔ وہ چاہتی تھیں کہ لوگ جانیں کہ اُن کے پاس مال و دولت بھی ہے اور معاشرے میں اُن کا ایک نام اور مقام بھی ہے۔

پولس رسول نے عورتوں کو تلقین کی کہ وہ ایسے روّیہ میں مبتلا نہ ہوں، اس کی بجائے وہ حیادار لباس پہنیں۔ ہمارے معاشرے اور تہذیب میں، اکثر و بیشتر ہم لوگوں کو اُن کے لباس سے جانچتے اور پرکھتے ہیں۔ ہم اُن کے لباس ہی سے اُن کی شخصیت کا اندازہ لگانے کا رجحان رکھتے ہیں۔ پولس رسول افسّس کی عورتوں کو بتا رہا ہے کہ لباس اور ظاہری دکھاوا

عورت کی قدر و منزلت کو جانچے اور پرکھنے کا معیار اور پیمانہ نہیں ہے۔ یاد رہے کہ پولس رسول افسّس کی عورتوں کو یہ تعلیم نہیں دے رہا تھا کہ وہ چیتھڑے زیب تن کر کے انتہائی بُری دکھائی دیں۔ بلکہ وہ تو انہیں یہ بتا رہا ہے کہ خوبصورتی اور معیار اور وقار کے دُنیاوی تصور اور پھندے میں نہ پھنسیں۔ خدا کسی بھی شخص کی ظاہری صورت اور شخصیت سے اس کی قدر نہیں کرتا۔

قدر و منزلت کے اس سوال سے آگے بڑھتے ہوئے، دوسری طرف یہ آزمائش بھی تھی کہ وہ ان کے لباس کے سبب سے ٹھوکر کھا سکتے یا دوسرے لفظوں میں اُن کے دلوں میں اُن کے لئے بُری خواہش جنم لے سکتی تھی۔ پولس رسول نے عورتوں کو تلقین کی کہ حیادار لباس پہنیں اور معزز عورتوں جیسا روّیہ اپنائیں اور دوسروں کے لئے ٹھوکر کا باعث نہ ہوں۔

ظاہری لباس پر بہت زیادہ توجہ دینے کی بجائے پولس رسول اُنہیں یہ تلقین کر رہا ہے کہ وہ اچھے کاموں سے خود کو ملبّس کریں۔ (10 آیت) بالفاظ دیگر، اپنے لباس کی فکر کرنے اور اِس بات پر بہت زیادہ سوچنے کی بجائے کہ وہ کس طرح ظاہری طور پر خوبصورت دکھائی دے سکتی ہیں، اُنہیں دوسروں کے لئے باعث برکت ہونے کے لئے اپنی روحانی نعمتوں کو استعمال میں لانا تھا۔ پولس رسول یہاں پر اُس خوبصورتی اور حُسن کی بات کر رہا ہے جو دل سے پیدا ہوتا ہے۔ شائد آپ کی ملاقات دل کی خوبصورت عورتوں سے ہوئی ہو گی۔ ایسی عورتیں رحم اور ترس سے بھری ہوتی ہیں۔ اُن کے دل میں دُکھی، مجبور اور محتاج لوگوں کے لئے محبت بھری ہوتی ہے۔ وہ درد میں مبتلا لوگوں کا درد محسوس کر سکتی ہیں۔ اور آگے بڑھ کر اُن کے دُکھ درد میں اُن کا ہاتھ بٹاتی ہیں۔ بعض اوقات، ایسی عورتوں پر کوئی بھی توجہ نہیں دیتا۔ ایسی عورتیں بہت خوبصورت ہوتی ہیں، اس لئے نہیں کہ اُن کا لباس

بہت خوبصورت، زرق برق یا قیمتی ہوتا ہے۔ بلکہ وہ اِس لئے خوبصورت ہوتی ہیں کیونکہ اُن کے دل میں دوسروں کے لئے محبت اور ترس موجود ہوتا ہے۔ اُن کی خوبصورتی سطعی نہیں بلکہ گہری ہوتی ہے۔ خدا آج بھی ایسی ہی خوبصورتی کا متلاشی ہے۔

خاموش اور تابعدار (11 تا 14 آیت)

پولس رسول کی افسس کی عورتوں کو دوسری تلقین یہ تھی کہ وہ خاموشی اور تابعداری سے سیکھیں۔ ہمیں یہ سمجھنے کی ضرورت ہے کہ یہ خاموشی صرف عورتوں کے لئے ہی ضروری نہیں تھی۔ پولس رسول نے تھسلنیکیوں (عورتوں اور مردوں) کو بتایا کہ وہ خاموش زندگی بسر کرنے کو ہی اپنا نصب العین بنالیں۔ (1 تھسلنیکیوں 4 باب 11 آیت)

"اور جس طرح ہم نے تُم کو حکم دیا چُپ چاپ رہنے اور اپنا کاروبار کرنے اور اپنے ہاتھوں سے محنت کرنے کی ہمت کرو۔"

اگرچہ پولس رسول اس بات کی توقع کرتا ہے کہ ہم سب خاموش زندگی بسر کرنا سیکھیں۔ لیکن یہاں پر پولس رسول بالخصوص افسّس کی عورتوں سے مخاطب ہے۔ پولس رسول جس خاموشی اور تابعداری کا ذکر کر رہا ہے اس کا تعلق عوامی سطح پر تعلیم و تربیت سے ہے۔ پولس رسول نے افسّس کی عورتوں کو بتایا کہ وہ اُنہیں اجازت نہیں دیتا کہ وہ مَردوں پر اختیار رکھیں۔ (12 آیت) بلکہ اُس نے اُنہیں تلقین کی کہ وہ خاموشی سے سیکھیں۔

کلام مقدس کے اس حصہ پر بہت بحث ہو چکی ہے۔ بعض لوگ کہتے ہیں کہ اس حصے کا تعلق صرف اور صرف افسس کی کلیسیا میں موجود مسئلہ سے ہے جو اُنہیں اس وقت درپیش تھا۔ اُن کا یہ کہنا ہے کہ کلام کے اس حصے کا موجودہ دَور کی کلیسیا سے کوئی تعلق نہیں ہے۔ اس طرح کے فہم و ادراک میں ایک کچھ مخصوص مسائل دیکھنے کو ملتے ہیں۔

عورتوں کو سکھانا نہیں چاہئے اور نہ ہی مرد پر اختیار رکھنا چاہئے، اس بات کے لئے پولس رسول اپنی دلیل یہ پیش کرتا ہے کہ آدم پہلے خلق کیا گیا تھا اور پھر حوا کو پیدا کیا گیا۔ اس دور کی تہذیب میں، پہلوٹھے کا خصوصی کردار اور اہمیت ہوتی تھی۔ توقع کی جاتی تھی کہ وہی گھرانے کا سربراہ ہو۔ اُسے ہی باپ کی میراث دی جاتی تھی، وہی اُس جائیداد کی دیکھ بھال بھی کرتا تھا۔ پولس رسول ہمیں بتاتا ہے کہ آدم کو بطور پہلوٹھا خلق کیا گیا تھا۔ چونکہ وہ پہلوٹھا ہے، اس لئے اس کی کچھ خاص ذمہ داریاں تھیں۔ خدا یہ توقع کرتا تھا کہ وہ اس کے گھرانے کا سربراہ ہو۔ پہلوٹھا ہونے کا یہ مطلب نہیں کہ آدم زیادہ اہمیت کا حامل تھا۔ اس کا کردار بھی خادمانہ تھا۔ خدا نے اُسے یہ ذمہ داری دی تھی کہ وہ اپنے گھرانے کی دیکھ بھال، کفالت اور نگہبانی کرے اور اُن کی ضروریات کا بھی خیال رکھے۔

پولس رسول کی خاموشی اور تابعداری کے موضوع پر اِس تعلیم کا تعلق صرف افسّس میں موجود مسئلہ سے نہیں بلکہ اُس کی بنیاد وہ اصول ہے جو باغِ عدن میں آدم اور حوا کی تخلیق سے منسلک ہے۔

14 آیت میں پولس رسول نے تیمتھیس کے سامنے یہ دلیل رکھی کہ کیونکر عورتوں کو مَردوں پر اختیار نہیں رکھنا اور نہ ہی انہیں تعلیم دینی ہے۔ اس نے تیمتھیس کو یاد کرایا کہ حوا نے فریب کھایا تھا اور اُس نے شیطان کے جھانسے میں آکر نیک و بد کی پہچان کے درخت کے پھل میں سے کھالیا تھا۔ پھل کھانے کے بعد اُس نے آدم کو بھی دیا اور پھر اُس نے بھی کھالیا۔ حوا کا یہ فعل دُنیا میں گناہ لے کر آگیا۔ یوں محسوس ہوتا ہے کہ پولس رسول یہ کہہ رہا ہے کہ حوا کے گناہ کے نتائج سامنے آئے۔

یہ بہت اہم بات ہے کہ ہم اس بات کو سمجھیں کہ حوا کی تابعداری گناہ کا نتیجہ نہیں تھی۔ آدم کی سربراہی کے تابع ہونا شیطان کے آزمائش کے سامنے ہتھیار ڈالنے کا نتیجہ نہیں

تھی۔ ہم پہلے ہی دیکھ چکے ہیں کہ آدم پہلوٹھا تھا۔ اِس وجہ سے اُسے ایک خصوصی کردار ادا کرنا تھا۔ پیدائش کی کتاب ہمیں بتاتی ہے کہ حوا کو بطور " مددگار " پیدا کیا گیا تھا۔
(پیدائش 2 باب 20،22 آیت) بطور ایک مددگار، اُسے ایک مختلف کردار ادا کرنا تھا۔
حوا گناہ میں گر گئی اور اُس نے خدا کے اُس منصوبے کو بدل کر رکھ دیا جس میں اسے اپنے شوہر کے تابع زندگی بسر کرنی تھی۔

گویا پولس رسول یہ کہہ رہا ہے کہ حوا نے شیطان سے فریب کھایا اور پھر آدم کو بھی گناہ میں مبتلا کر دیا، جس کا خمیازہ صرف اُسے ہی نہیں بلکہ آنے والی نسلوں کو بھی بھگتنا پڑا۔ حوا کے بطن سے جنم لینے والا ہر شخص خدا کے سامنے مجرم ہے۔ اُسے اس علم و معرفت کے ساتھ زندگی بسر کرنی ہے کہ حوا نے گناہ کے وسیلہ سے اس دُنیا کی تباہی اور بربادی کا دروازہ کھول دیا۔ جنگ و جدل، قحط، استحصال، شکست و ریخت کا شکار ازدواج اور ٹوٹ پھوٹ کا شکار گھرانے، قتل و غارت، بد دیانتی، زنا بالجبر اور اس طرح کے دیگر گھنونے فعل جو اس دُنیا کی تاریخ میں ہو چکے ہیں، وہ گناہ کے دُنیا میں داخل ہونے کی یاد تازہ کرتے ہیں۔ اِن ساری چیزوں کا کھوج باغِ عدن میں ہونے والے واقعہ سے ملتا ہے۔ حوا نے شیطان کی آزمائش کے سامنے گھٹنے ٹیک دیئے اور گناہ کے لئے دروازہ کھول دیا۔ اگرچہ آدم نے بھی باغِ عدن کا ممنوعہ پھل کھایا تھا لیکن یہ حوا ہی تھی جس نے گناہ کے دُنیا میں داخل ہونے کا دروازہ کھولا تھا۔

اگرچہ کلیسیا میں عورت کے کردار پر مختلف آرا پائی جاتی ہیں، ہمیں یہاں پر یہ سمجھنے کی ضرورت ہے کہ پولس رسول یہی پر کسی تہذیب و تمدن کی بنیاد پر نہیں بلکہ علم الٰہیات کی بنیاد پر اپنا نکتہ نظر پیش کر رہا ہے۔ وہ ہمیں پہلوٹھے کے تعلق سے شریعت کی تعلیم کی طرف لے کر جاتا ہے۔ وہ ہمیں یاد کراتا ہے کہ کس طرح حوا کے ذریعہ گناہ دُنیا میں داخل

ہوا تھا۔ وہ تخلیق کائنات کی تعلیم اور عقیدے کو مد نظر رکھتے ہوئے تعلیم دیتا ہے۔ خدا نے آدم اور حوا، دونوں کو ادا کرنے کے لئے مختلف کردار سونپے تھے۔

میرا یہ ایمان ہے کہ پولس رسول نے جو تعلیم دی ہے ہمیں اسے عزت کی نگاہ سے دیکھنا چاہئے۔ یہ سچ ہے کہ بعض اوقات ہم حد سے آگے چلے جاتے ہیں اور عورت کو خدمت میں آگے نہیں بڑھنے دیتے۔ بالعموم مرد حضرات ہی منسٹریز پر قبضہ جمائے رہتے ہیں اور ہر ایک چیز کا اختیار بھی اپنے پاس رکھتے ہیں۔ پولس رسول نے خدمت میں عورت کی حوصلہ افزائی کی ہے۔ اُس نے اُنہیں بتایا کہ اُن کا حُسن خدمت کرنے والے دل سے ظاہر اور عیاں ہونا چاہئے۔ اُنہیں اپنے آپ کو قیمتی اور زرق برق لباس سے نہیں بلکہ اچھے اعمال سے خود کو ملبس کرنا چاہئے۔ یہ سب کچھ یہ ظاہر کرتا ہے ہمیں عورت کے لئے کلیسیاؤں میں دروازے کھولنے چاہئے تاکہ وہ بھی خدمت میں آگے آئے۔ اگر ہم پولس رسول کی تعلیم کو عزت دیتے ہیں تو پھر مَرد وزن دونوں کو کلیسیا میں اپنے اپنے حصے کا کام سرانجام دینے کے لئے دروازے کھولنے ہوں گے۔ لازم ہے کہ ہم بطور خادم اُنہیں مسیح کے بدن میں ذمہ داریاں نبھانے کی اجازت دیں۔

خط کے اس حصہ میں پولس رسول عوامی سطح پر ایک معلم / بزرگ کے کردار پر توجہ مرکوز کرتا ہے۔ وہ ہمیں یاد کراتا ہے کہ خدا کے دل کی یہ لالسا ہے مسیحی مرد حضرات بطور استاد اور بُزرگ اپنے کردار کو سنجیدگی سے لیں۔ لیکن اُن کے اِس رتبے اور مقام سے اُن کا معیار اور وقار عورتوں سے زیادہ نہیں ہو جاتا۔ خواہ کچھ بھی ہو، سبھی مسیح کے بدن میں بطور خادم اپنی اپنی ذمہ داریوں سے عہدابراں ہوتے ہیں۔ خدا کا کلام واضح طور پر تعلیم دیتا ہے کہ سبھی قائدین مسیح کے چنے گئے خدام ہیں۔ عورتوں پر بھی واجب ہے کہ وہ اس خادمانہ مقام اور رُتبے کو عزت دیں جو خدا نے مرد حضرات کو سونپا ہے۔ لازم ہے کہ

وہ اُن کی ضروریات کا خیال رکھیں اور اُن کی خدمت گزاری میں ہاتھ بٹائیں۔ بالکل ایسے ہی جس طرح مسیح نے اپنے بدن یعنی کلیسیا کی خدمت گزاری کی تھی۔

اولاد ہونے کے سبب سے بچ جائے گی۔ (15 آیت)

پولس رسول ایک بہت عجیب آیت کے ساتھ اِس باب کو اختتام پذیر کرتا ہے۔ اُس نے تیمتھیس کو بتایا کہ عورتیں اولاد ہونے کے سبب سے نجات پائیں گی بشرطیکہ وہ ایمان پر قائم رہیں اور محبت اور پاکیزگی کو محفوظ رکھیں۔ ہمیں اِس بات کو تھوڑا تفصیل سے دیکھنے کی ضرورت ہے۔

پولس رسول نے تیمتھیس کو پہلے یہ بتایا کہ عورت اولاد ہونے کے سبب سے نجات پائے گی۔ ہمیں کلام کے اِس حصہ کو سیاق وسباق کی روشنی میں دیکھنا ہو گا۔ پولس رسول اس بات کو واضح کرتا ہے کہ نجات صرف اور صرف مسیح یسوع کی صلیبی موت کے وسیلہ ہی سے ممکن ہے۔ یہ کہنے کے بعد ہم کسی طور پر بھی اِس آیت کی تفسیر اِس طرح سے نہیں کر سکتے کہ عورت اولاد ہونے کے سبب سے نجات پائے گی۔ اگر یہی بات ہے تو پھر وہ عورتیں کس طرح نجات پا سکتی ہیں جن کے اولاد نہیں ہے۔ ہمیں کسی اور طرح سے تفسیر کرنے کی ضرورت ہے۔

بعض لوگ اسے خداوند یسوع مسیح کی پیدائش کے حوالہ کے طور پر دیکھتے ہیں۔ اس باب کے متن میں، پولس رسول ہمیں یاد کراتے ہیں کہ حوا نے اس دُنیا میں بدی اور گناہ کے داخلے کا دروازہ کھولا تھا۔ لیکن بات یہاں پر ہی ختم نہ ہو گئی تھی۔ اگرچہ عورت کے وسیلہ ہی سے گناہ دُنیا میں آیا تھا، لیکن ایک اور عورت کے وسیلہ سے خدا کی نجات بھی اس دُنیا میں آئی۔ حوا دُنیا میں گناہ جبکہ مریم اس دُنیا میں خداوند یسوع مسیح کو لے کر آئی۔ یہاں پر لفظ " نجات " کا معنی اور مفہوم " بحال " یا دوبارہ سے اچھا بنانا" ہو سکتا ہے۔ کیا ممکن ہے

کہ پولس رسول ہمیں یہ بتارہاہے کہ ایک عورت کے سبب سے گناہ کے دُنیامیں داخلے کی شرمندگی ایک دوسری عورت کے سبب سے دُور ہو گئی جسے خدانے اس دُنیامیں نجات دہندہ کولانے کے لئے استعمال کیا؟ مریم نے حواکی پیداکردہ شرمندگی کو مسیح یسوع کواس دُنیامیں لانے کے وسیلہ سے دُور کردیاجس نے گناہ کے سبب سے پیداشدہ تباہ حالی کو بحالی میں بدل دیا۔

15 آیت پر بھی غور کریں کہ پولس رسول نے تیمتھیس کو بتایاکہ عورت نجات دہندہ کے پیداہونے کے وسیلہ سے نجات پائے گی یابحال ہو گی۔ اگر وہ ایمان میں ثابت قدم اور قائم رہیں، پاکیزگی اور محبت کو بھی محفوظ رکھیں۔ ہمارے ایمان کی اصل پرکھ یہ ہے کہ وہ کس طرح آزمائشوں، مشکل حالات اور صورتحال میں ثابت قدم رہتاہے۔ کلام مقدس میں خدامرد وزن کو ایمان، محبت اور پاکیزگی میں ثابت قدم اور قائم رہنے کے لئے کہتا ہے۔ (عبرانیوں 10 باب 23 آیت، یعقوب، 1 باب 12 آیت، مکاشفہ 2 باب 26 آیت) عورت کے حقیقی اور سچے ایمان کی پرکھ اس بات سے ہوتی ہے کہ وہ محبت، پاکیزگی اور ایمان میں کس طرح ثابت قدم اور قائم رہتی ہے۔

خداکلیسیاکے لئے ایک مقصد رکھتاہے۔ اُس نے مَردوں کو قیادت کی ذمہ داریوں سے عہدابراں ہونے کے لئے چناہے۔ اس نے عورتوں کو بھی اپنے نیک اعمال اور خدمت گزاری کے وسیلہ سے کلیسیامیں اپناکردار اداکرنے کے لئے بلایاہے۔ وہ ہمیں یاد کراتاہے کہ حواکی پیداکردہ شرمندگی مریم کے یسوع کو جنم دینے سے ختم ہو گئی۔ مسیح یسوع کھوئے ہوؤں کو بحال کرنے اور اُن لوگوں کو نجات دینے کے لئے آیاجو دُنیامیں گناہ کے سبب سے کھو گئے تھے۔

چند غور طلب باتیں

☆۔ کیا آپ نے کبھی ظاہری صورت دیکھ کر کسی کی خوبصورتی کو جانچا اور پرکھا ہے؟ ہم اس حوالہ میں حقیقی خوبصورتی کے تعلق سے کیا سیکھتے ہیں؟

☆۔ پولس رسول ہمیں کسی شخص کے پہلوٹھے ہونے کے تعلق سے کیا تعلیم دیتا ہے؟ پہلوٹھے کی کیا ذمہ داری ہوتی ہے؟

☆۔ دَورِ جدید کی کلیسیا میں عورت کا کیا کردار ہے؟ کیا کلیسیا میں مَرد اور عورتوں کے مختلف کردار ہوتے ہیں؟

☆۔ کس طرح حوا کی شرمندگی دُور کر دی گئی ہے؟

☆۔ کس طرح کلیسیا نے عورتوں کو خدمت میں آگے بڑھنے سے روکے رکھا؟ عورتوں کو خدمت میں وسیع پیمانے پر بحال کرنے اور مردوں کے بطور سربراہ یا رہنما کردار میں کس طرح توازن برقرار رکھا جاسکتا ہے؟

چند اہم دُعائیہ نکات

☆۔ خداوند سے فضل اور عقل چاہیں تاکہ آپ بھی خداوند کی طرح لوگوں کو ظاہری صورتحال کے پیش نظر نہ دیکھیں بلکہ اُن کے باطن میں اُن کی اصل شخصیت اور ذات کو دیکھ سکیں۔

☆۔ خداوند سے ایسے لوگوں کی عزت اور تعظیم کرنے کا فضل مانگیں جو کلیسیا میں بااختیار حیثیت رکھتے ہیں۔

☆۔ خداوند سے پوچھیں کہ آپ کا کیا کردار ہے؟ آپ کس طرح کلیسیا میں صاحبِ اختیار قائدین کے تابع رہتے ہوئے اس کردار کو نبھا سکتے ہیں۔

باب 16

نگہبان

1 تیمتھیس 3 باب 1 تا 7 آیت کا مطالعہ کریں

اپنے خط کے اس حصہ میں پولس رسول اپنی توجہ کلیسیائی قیادت کی طرف مبذول کرتا ہے۔ اس حصہ میں وہ نگہبانوں اور اُن کے اَوصاف اور خصوصیات کے بارے میں تیمتھیس سے ہمکلام ہے۔

پولس رسول تیمتھیس کو یہ بتانے سے آغاز کرتا ہے کہ اگر مرد حضرات نگہبان ہونے کے آرزُومند ہوں تو یہ ایک نہایت ہی اچھا کام ہے۔ خدا کی بادشاہی میں نگہبان ہونے کا کام ایک نہایت اعلیٰ کام ہے۔ ایسے لوگ جو خدمت کے اس کام میں مصرُوف و مشغول ہوتے ہیں وہ نہایت ہی عزت کے مستحق ہوتے ہیں، اُن کے کام کے سبب سے اُن کی عزت افزائی ہونی چاہیئے۔

ایک نگہبان کی خدمت کو معمولی خیال نہیں کیا جانا چاہیئے۔ ایسا بالکل بھی نہیں کہ ہر خاص و عام اِس ذمہ داری کو لے لے۔ نگہبان خدا کے نمائندگان ہوتے ہیں جنہیں خداوند کے لئے زندہ رہنے اور گلہ کے لئے ایک مثال اور نمونہ بننے کی ضرورت ہوتی ہے۔ پولس رسول کلیسیا میں نگہبان کی لازمی صفات اور خوبیوں کو بیان کرتا ہے۔ ہم اس حصہ میں انہی اوصاف اور خصوصیات کا جائزہ لیں گے۔

بے الزام ہو ۔ (2 آیت)

لفظ "بے الزام" ہونے کا مطلب ہے کہ کوئی اُس کی سرزنش نہ کرسکے۔ ایسا شخص جو بے

الزام ہوتا ہے اُس کی زندگی خدا سے ہم آہنگ ہوتی ہے۔ کوئی شخص بھی اُس پر اُنگلی نہیں اُٹھا سکتا۔ کہنے کا یہ مقصد نہیں کہ ایسے شخص سے کبھی کوئی غلطی یا گناہ سرزد نہیں ہوتا۔ جب وہ گناہ میں گرتا ہے، تو جلد ہی اپنے گناہ کا اقرار کر کے اُس سے علیحدگی اختیار کر لیتا ہے۔ وہ گناہ اور باغیانہ روّیہ کو ترک کر کے اپنے گناہ کا اقرار واعتراف کرتے ہوئے خدا کی معافی کو قبول کر لیتا ہے۔

ایک بیوی کا شوہر ہو(2 آیت)

پولس رسول نے تیمتھیس کو بتایا کہ نگہبان کو ایک بیوی کا شوہر ہونا چاہئے۔ یہاں پر ہمیں چند ایک باتیں کہنے کی ضرورت ہے۔ اوّل، ہمیں یہ سمجھنا ہو گا کہ خدا کا یہ مقصد ہے کہ مرد کی صرف ایک ہی بیوی ہو۔ یہ سچ ہے کہ عہدِ عتیق میں مَردوں کی ایک سے زیادہ بیویاں ہوا کرتی تھیں۔ خدا نے اَس کی اجازت تو دی لیکن یہ اس کا منصوبہ نہیں تھا۔ خدا نے آدم کو ایک ہی بیوی دی تھی۔ خدا نے ایک سے زیادہ بیویاں رکھنے والے مَردوں کو کچھ اصول وضوابط دیئے تھے۔ یہ سب عورتوں کے حقوق کے تحفظ کے لئے تھا۔ پولس رسول اِس بات کو واضح کرتا ہے کہ نگہبان کو ایک بیوی کا شوہر ہونا چاہئے۔

ایک بیوی کا شوہر ہونے والا معاملہ سمجھنے میں بہت مشکل ہو سکتا ہے۔ کیا وہ شخص جس نے اپنی پہلی اہلیہ کی وفات کے بعد دوبارہ شادی کی ہو نگہبان ہونے کی ذمہ داری لے سکتا ہے؟ اگرچہ اُس کی ایک ہی عورت سے شادی ہوئی تھی، لیکن جیتے جی اب اُس کی یہ دوسری بیوی ہے۔ ایسے شخص کے تعلق سے ہم کیا کہیں جس نے طلاق کے بعد دوسری شادی کر لی ہو؟ طلاق کی صرف اسی صورت میں اجازت ہے جب عورت کے دوسرے مرد سے تعلقات ہوں یا پھر غیر ایماندار ساتھی چھوڑ کر چلا جائے۔ تصور کریں۔ کہ ایک نگہبان جس کی ایک ہی بیوی ہو بے وفائی کا روّیہ نہ چھوڑے، اگرچہ شوہر اُس سے محبت کا روّیہ اپنائے ہو، اگر

ایسی عورت اپنے شوہر کو طلاق دے دے یا چھوڑ کر چلی جائے اور وہ شخص دوبارہ شادی کر لے تو کیا ایسا شخص نگہبان ہونے کی ذمہ داری لے سکتا ہے؟ ایسے شخص کے تعلق سے کیا فیصلہ کیا جائے جو اپنی بیوی سے بے وفائی اختیار کرے لیکن بعد ازاں اپنے اس گناہ کا اقرار کر کے اپنی بیوی سے پھر سے صلح اور تعلقات بحال کر لے؟ ایسا شخص جو خداوند یسوع کو قبول کرنے سے پہلے بدکاری میں زندگی بسر کرتا ہو، کیا ایسا شخص نگہبان کی ذمہ داری لے سکتا ہے؟ اس شخص کے تعلق سے کیا فیصلہ کیا جائے جو کسی ایسی تہذیب اور ملک میں رہتا ہو جہاں پر ایک سے زیادہ بیویاں رکھنا معمول کی بات ہو؟ کیا ایسا شخص کلیسیا میں قیادت کی ذمہ داری لینے کے لئے نااہل قرار پاتا ہے؟ خداوند یسوع مسیح نے ہمیں بتایا کہ اگر کوئی شخص کسی عورت پر بُری خواہش سے نظر ہی کر لیتا ہے تو وہ اس کے ساتھ اپنے دل میں زنا کر چکا۔ کیا ایسا شخص اپنے دل میں دوسری بیوی رکھنے کے گناہ کا مرتکب ہوتا ہے؟ ایسے تمام سوالات کے جواب کے لئے ایک الگ کتاب کی ضرورت ہے؟ یہاں پر میں چند ایک اصول بیان کرنا چاہوں گا۔

اوّل۔ اگر ہم کسی کا ماضی کریدنا شروع کر دیں، تو کوئی ایسا شخص نہیں ملے گا جو کلیسیا میں قیادت کی ذمہ داریاں نبھانے کا اہل نہیں ہو گا۔ پولس رسول کو اپنے ماضی پر کوئی فخر نہیں تھا۔ پطرس رسول جس نے مسیح کو جان لینے کے بعد بھی تین بار اُس کا انکار کیا تھا۔ بائبل مقدس میں ہمیں بار بار ایسے قائدین دیکھنے کو ملتے ہیں جو بار بار خدا کے معیار اور مقام پر پورا اُترنے سے قاصر رہے۔ خدا نے پولس اور پطرس کو اُن کی ناکامیوں کے باوجود نگہبان ہونے کے لئے چنا اور استعمال کیا۔ جب خدا معاف کرتا ہے تو پھر وہ اپنے لوگوں کی غلطیوں اور خطاؤں کو یاد نہیں رکھتا۔ اُس کی معافی کامل ہوتی ہے۔ حتیٰ کہ پولس رسول جو کہ کلیسیا کو ستانے والا بدترین شخص تھا، اسے بھی خدا نے معاف کیا اور اُسے ایک نگہبان

کے مقام پر فائز کیا۔ نگہبان کا چناؤ کرتے ہوئے ہمیں یاد رکھنا ہو گا کہ مسیح ہمارے ماضی کی ناکامیوں اور گناہوں کو معاف کر کے ہمیں پورے طور پر اپنی رفاقت میں بحال کر دیتا ہے۔ ہمیں یہ سوال پوچھنے کی ضرورت ہے کہ آیا وہ شخص موجودہ وقت میں خدا کے ساتھ اور اس کے کلام کے ساتھ متفق زندگی بسر کر رہا ہے۔ کیا خدا نے اُسے معاف کر دیا ہے اور کیا وہ شخص خدا کی معافی میں زندگی بسر کر رہا ہے؟

دوئم۔ جب اُن لوگوں کے تعلق سے فیصلہ کریں جنہیں خدا قیادت کی ذمہ داریوں پر فائز کرنا چاہتا ہے تو یہ بہت اہم ہے کہ کلیسیا کی بہتری اور بھلائی کو مدِ نظر رکھیں۔ پولس رسول نے دوسرے ایمانداروں کے لئے ٹھوکر کا باعث نہ ہونے کے موضوع پر تعلیم دی ہے۔ (رومیوں 14 باب 15 تا 21 آیت) اگر اِس بات کا تعین کیا جائے کہ آیا وہ بھائی کلیسیا میں موجود دوسرے لوگوں کے لئے ٹھوکر کا باعث تو نہیں ہو گا۔ یہی بہتر ہے کہ ایسے شخص کو اِس طرح کی ذمہ داری نہ سونپی جائے۔ تصور کریں کہ ایک شخص گناہ آلودہ طرزِ زندگی اپنانے اور اُس میں زندگی بسر کرنے کے بعد خداوند کو جان جاتا ہے، ممکن ہے کہ کلیسیا اور معاشرے میں بہت سے ایسے لوگ ہوں گے جو اُس کے گزشتہ طرزِ زندگی سے واقف ہوں گے۔ اگر کلیسیا اور معاشرے میں یہ نکتہ ہی ایک بہت بڑا مسئلہ بن جائے تو یہی بہتر ہے کہ کلیسیا کچھ وقت گزرنے دے اور اُس شخص کو موقع دے کہ وہ لوگوں کے ساتھ اپنے تعلقات معمول پر لائے، اُن کا اعتماد حاصل کرے، کلیسیا اور معاشرے میں اُس کی گواہی موثر اور متاثر کن ہو اور پھر اُسے خدمت کے کسی عہدے یا رُتبے پر مامور کیا جائے۔

اس تعلق سے ہمیں مزید تفصیل کا جائزہ لینے کی بھی ضرورت ہے۔ کیا ایک نگہبان کے لئے یہ ضروری ہے کہ وہ شادی شدہ بھی ہو؟ پولس رسول تو یہ بتا رہا ہے کہ نگہبان ایک بیوی کا

شوہر ہو۔ لیکن اگر اُس کی بیوی ہی نہ ہو تو پھر کیا کریں؟ کیا ایسا شخص نگہبان ہو سکتا ہے؟ یاد رہے کہ پولس رسول خود بھی شادی شدہ نہیں تھا۔ اس نے ایمانداروں کو یہ تلقین کی کہ اگر وہ سمجھتے کہ بغیر شادی کے رہ سکتے ہیں تو یہی بہتر ہے کہ وہ شادی نہ کریں۔ تاکہ وہ پورے طور پر اپنے آپ کو خداوند کے کام کے لئے وقف اور صرف کر سکیں۔

(1 کرنتھیوں 7 باب) اگر یہی بات ہے تو پھر ہمیں کسی بھی شخص سے نگہبان ہونے کے لئے شادی شدہ ہونے کا تقاضا نہیں کرنا چاہئے بشرطیکہ وہ شخص خدا اور اُس کے مقصد کے ساتھ ہم آہنگ زندگی بسر کر رہا ہو۔

مُتقی ہونا۔ (2 آیت)

لفظ "مُتقی" کا تعلق شراب کے استعمال سے ہے۔ مُتقی کا معنی شراب سے اجتناب یا پھر اِس کے استعمال میں اعتدال پسندی ہے۔ نگہبان شراب نوشی کرنے والا نہ ہو۔ وہ اپنے بدن، خواہشات اور من کی تمناؤں کو قابو میں رکھنے والا شخص ہو۔ جو بات شراب کے تعلق سے دُرست ہے اُن کا دیگر معاملات پر بھی اس کا اطلاق ہوتا ہے۔ لازم ہے کہ نگہبان تمام معاملات میں اعتدال پسند ہو۔ بہت سی بد عادات اور نشے کی لت ہماری زندگی پر اپنا اختیار جما لیتی ہے۔ لازم ہے کہ ایک نگہبان ایسی خواہشات، من کی رغبت اور آرزوؤں پر غالب آنے والا شخص ہو۔

پرہیز گاری (2 آیت)

مُتقی سے بہت ہی منسلک چیز پرہیز گاری ہے۔ پرہیز گاری روح القدس کی ایک نعمت اور بخشش ہے۔ یہ نعمت ایک نگہبان کی زندگی میں بالکل عیاں ہونی چاہئے۔ پرہیز گاری اپنے خیالات، رویوں، اور اعمال و افعال کو قابو میں رکھنے کی اہلیت کا نام ہے۔ تاکہ وہ خدا کی

مرضی اور مقصد سے ہم آہنگ ہوں۔ ایسا قائد جو ایک منظم زندگی بسر کرتا ہے اپنی زبان کو اس وقت قابو میں رکھنا جانتا ہے جب اُسے قابو میں رکھنے کی ضرورت ہوتی ہے، ایک منظم زندگی بسر کرنے والا خادم ہی خدا کے کلام کو پڑھنے اور دُعا میں ٹھہرنے کے لئے بھی وقت نکال لیتا ہے۔ وہ ایسی جگہوں پر جانے سے گریز اور پرہیز اور ایسی چیزوں کو بھی دیکھنے سے اجتناب کرتا ہے جو خدا کی مرضی، مقصد اور منصوبے سے اس کی توجہ ہٹا سکتی ہیں۔ وہ دینداری کی ایسی زندگی بسر کرنے کے لئے خود کو منظم رکھتا ہے تا کہ وہی کرے جو خدا نے اُسے کرنے کے لئے اپنی بادشاہی میں بلایا ہے۔

نیک نام ہو۔ (2 آیت)

ایک نگہبان کے لئے ایک معزز شخص ہونا بھی ضروری ہے۔ نیک نام ہونے کا معنی یہ ہے کہ وہ ایسی زندگی بسر کرے جس سے وہ اپنے اردگرد کے لوگوں میں معزز اور قابلِ احترام ہو۔ اُس کا طرزِ زندگی ایسا ہوتا ہے کہ لوگ اُس کی تعریف کرتے ہیں اور وہ دوسروں کے لئے مشعلِ راہ اور ایک اچھا نمونہ ہوتا ہے۔

مہمان نواز (2 آیت)

مہمان نواز کے لئے استعمال ہونے والا لفظ اجنبی لوگوں سے اظہار محبت کا مفہوم دیتا ہے۔ نگہبان صرف اپنے جان پہچان والوں کے لئے ہی مہمان نوازی نہیں کرتا بلکہ اجنبی لوگوں تک بھی رسائی حاصل کرتا ہے۔ مہمان نوازی کا تعلق فیاضی سے بھی ہے۔ نگہبان کے لئے ضروری ہے کہ وہ فیاض دل بھی ہو۔ اُس کی توجہ اور دھیان اپنے مفادات پر مرکوز نہ ہو، وہ رشتے داروں اور عزیز و اقارب کو ہی پالنے والا نہ ہو۔ وہ بلا امتیاز، رنگ و نسل، ظاہری صورت و شکل سب سے اچھا برتاؤ کرے۔ وہ سب سے مہربانی اور فیاض دلی کا روّیہ اختیار

کرتا ہے۔

تعلیم دینے کے لائق ہو(2 آیت)

نگہبان تعلیم دینے کے لائق بھی ہونا چاہئے۔ نگہبان کی بنیادی ذمہ داریوں میں سے یہ ایک ہے۔ ضرورت ہے کہ وہ اپنے ماتحتوں کو خدا کی راہوں اور مقاصد اور منصوبوں کے بارے میں تعلیم دے۔ اُس میں یہ مہارت اور اہلیت پائے جائے کہ وہ دوسروں کی تربیت کر سکے۔ جب کوئی شخص نگہبان کی ذمہ داری لیتا ہے تو وہ اسی مقصد کے تحت اُس عہدے اور رُتبے کو اپناتا ہے تاکہ خدا کے لوگوں کی ہدایت اور رہنمائی کر سکے۔ پولس رسول اس بات کو واضح کرتا ہے کہ نگہبان کہ یہ ذمہ داری ہوتی تھی کہ وہ خدا کے لوگوں کی اس کے کلام میں ہدایت اور رہنمائی کر سکے۔

یاد رہے کہ تعلیم و تربیت کے کئی ایک طریقہ کار موجود ہیں۔ لازمی نہیں کہ بائبل مقدس کے لئے مخصوص کلاس میں ہی تعلیم و تربیت دی جائے۔ زیادہ مؤثر اور زبردست وہی اُستاد ہوتے ہیں جو اپنے مسیحی ایمان کے مطابق زندگی بسر کرتے ہیں۔ جب کہ کچھ ایسے بھی ہوتے ہیں جو خدا کے کلام کی سچائی میں لوگوں کی ہدایت، مشورت اور رہنمائی کرنے کے لئے عقل و دانش سے معمور ہوتے ہیں۔ ہر ایک بزرگ اور نگہبان پُلپٹ پر کھڑا ہو کر منادی کرنے کی صلاحیت نہیں رکھتا۔ لیکن سب میں یہ اہلیت ہونی چاہیے کہ وہ کلام مقدس میں سے تعلیم دے سکیں اور اُن کی زندگی بھی دوسروں کے لئے نمونہ ہو۔

شرابی نہ ہو۔(3 آیت)

ہم اس موضوع پر پہلے ہی بات کر چکے ہیں۔ ایک نگہبان کو ایسا شخص ہونا چاہئے جو اپنی خواہشات، جذبات اور طبعی رجحانات کو کنٹرول میں رکھ سکے۔ اُسے خود کو منظم رکھتے

ہوئے اس قابل ہونا چاہیئے کہ اپنے آپ پر قابو رکھ سکے۔ یہاں پر خاص طور پر شراب نوشی پر کنٹرول رکھنے کی بات ہو رہی ہے۔ ایک نگہبان کے لئے شراب نوشی کی قطعاً اجازت نہیں ہے۔ نگہبان کو پاک روح کے کنٹرول میں ہونا چاہیئے۔ اُسے شراب کے کنٹرول میں نہیں ہونا چاہیئے کہ وہ اُس کا غلام بن کر رہ جائے۔

مار پیٹ کرنے والا نہ ہو۔ (3 آیت)

نہ صرف یہ کہ نگہبان شراب نوشی اور دیگر منشیات کا عادی ہو بلکہ یہ بھی لازم ہے کہ وہ اپنے جذبات پر بھی قابو رکھنے والا شخص ہو۔ پولس رسول نے تیمتھیس کو بتایا کہ نگہبان کو مار پیٹ کرنے والا نہیں ہونا چاہیئے۔ یعنی وہ لڑائی جھگڑے کو پسند کرنے والا شخص نہ ہو۔ اس کی بجائے اسے شائستہ مزاج، صبر و تحمل سے کام لینے والا فروتن اور حلیم شخص ہونا چاہیئے۔ نگہبان کے لئے یہ آزمائش اور موقع ہو گا کہ وہ دوسروں کو پیچھے دھکیل کر خود کو دوسروں پر ممتاز کرے اور جب دوسرے اس کی بات نہ سنیں تو وہ اُن پر اپنا جوش و جذبہ اور قہر و غصہ دکھائے۔ بعض قائدین دوسروں سے مطالبات کرنے والے اور سخت مزاج بھی ہوتے ہیں۔ پولس رسول نے تیمتھیس کو بتایا کہ ایک نگہبان کو چاہیئے کہ بڑی شائستگی سے دوسروں کی ہدایت اور رہنمائی کرے۔ اُس کے دل میں دوسروں کے لئے رحم و ترس بھی موجود ہو۔ میری ملاقات بہت سے ایسے مسیحیوں سے ہو چکی ہے جو ایسی کلیسیائی قیادت سے زخم کھائے ہوتے ہیں جنہوں نے مہربانی اور عزت کا برتاؤ ان سے نہ کیا۔ ہو سکتا ہے کہ ان رہنماؤں کے دلی محرکات اور نیت درست ہو لیکن اُن کا طریقہ کار غلط ہو۔ پولس رسول نے تیمتھیس کو بتایا کہ ایک رہنما کو شائستہ مزاج اور اپنے ماتحتوں سے محبت کرنے والا ہونا چاہیئے۔ ایک حقیقی رہنما خدا کے لوگوں کے ساتھ عزت سے پیش آتا ہے۔

جھگڑالو نہ ہو (آیت 3)

ہم پہلے ہی یہ دیکھ چکے ہیں کہ ایک نگہبان کو مار پیٹ کرنے والا نہیں ہونا چاہئے۔ پولس رسول نے اپنی بات جاری رکھتے ہوئے یہ بھی کہا کہ ایک قائد کو جھگڑالو نہیں ہونا چاہئے۔ جھگڑالو لوگ اپنی توجہ اختلافات پر مرکوز کرتے ہیں۔ اُنہیں دوسروں میں کیڑے نکالنا بہت پسند ہوتا ہے اور انہیں یہ ثابت کر کے بہت خوشی ہوتی ہے کہ دوسرے غلط اور وہ صحیح ہیں۔ نگہبان کو امن وشانتی سے رہنے اور صلح جوئی کا طالب ہونا چاہئے۔ انگلش سٹینڈرڈ ورژن " جھگڑالو نہ ہو" کی جگہ " صلح پسند " کا لفظ استعمال کرتا ہے۔ یہاں سے ہمیں یہ خیال ملتا ہے کہ ایک نگہبان کو ایسا شخص ہونا چاہئے جو مسیح کے بدن میں ہم آہنگی کا طالب ہو۔ اِس کا ہرگز یہ مطلب نہیں کہ ایک نگہبان مسیح کی کلیسیا میں ہر ایک یا کسی بھی چیز کی اجازت دے۔ نگہبان کو غلط تعلیمات ورسومات کے خلاف نبرد آزما ہونا چاہئے۔ اِس کے بر عکس، نگہبان کو اس قدر حلیم اور فروتن ہونا چاہئے کہ وہ مسیح کے بدن میں معمولی اختلافات کو قبول کر لے۔ ہم سب کی ایسے نگہبانوں سے ملاقات ہوئی ہو گی جو یہی توقع کرتے ہیں کہ کلیسیا میں ہر کوئی اُن کے عقیدے اور ایمان اور اعتقاد کے مطابق لفظ بہ لفظ ایمان رکھتا ہو۔ ایسے لوگ معمولی تعلیمی اختلافات پر بھی بحث اور جھگڑا کھڑا کر کے خدا کی کلیسیا میں خدمت گزاری کے کام میں رکاوٹ کھڑی کر دیتے ہیں۔ پولس رسول یہاں پر یہ تعلیم دے رہا ہے کہ ایک نگہبان کو مباحثہ کرنے اور جھگڑا رگڑا کھڑا کرنے کی بجائے معمولی تعلیمی اختلافات کو بالائے طاق رکھتے ہوئے مل جل کر کام کرنے والا روّیہ اپنانا چاہئے۔ اُسے صلح اور مسیح کے بدن میں ہم آہنگی کا طالب ہونا چاہئے۔ اس کے ساتھ اسے یہ بھی تسلیم کرنا چاہئے کہ ہم آہنگی کا ہرگز یہ مطلب نہیں کہ سبھی ہر ایک بات میں اُس کے ساتھ متفق ہوں گے۔

زر دوست نہ ہو(3 آیت)

ایک نگہبان کو مال و دولت جمع کرنے کی محبت سے بھی آزاد ہونا چاہئے۔ وہ روپے پیسے کے حصول کے لئے خدمت گزاری کا کام سرانجام نہ دے۔ بہت سے پاسبان اس بنا پر کسی کلیسیا میں خدمت گزاری کا فیصلہ کرتے ہیں کہ اُنہیں وہاں سے کتنے پیسہ ملیں گے۔ ہماری نیت اور دلی محرک خدا کی محبت سے سرشار ہو کر خدمت کرنا ہو اور ہم اپنی زندگی میں خدا کی بلاہٹ اور رہنمائی کو لیتے ہوئے کسی کلیسیا میں خدمت گزاری کی ذمہ داری لینے کے لئے تیار اور مستعد ہوں۔ مال و دولت کی ہوس میں بہت سے لوگ خدا کی بلاہٹ سے دُور جا چکے ہیں۔ ایک نگہبان کو زر کی دوستی سے خالی ہونا چاہئے۔ اُس کے دل میں مال و دولت جمع کرنے کی ہوس بھی موجود نہ ہو۔ تاکہ وہ خدا کی آواز اور بلاہٹ کو سُن سکے۔ شیطان نے باغ عدن میں حوا کو بہت سی چیزوں کی پیش کش کے ساتھ آزمایا تھا۔ اُس نے خداوند یسوع مسیح کو بھی دُنیا کی بادشاہت کے لالچ کے ساتھ آزمایا تھا کہ اگر وہ جھک کر اُسے سجدہ کرے تو وہ دُنیا کی سلطنتیں اُس کے نام کر دے گا۔ اگر ایک نگہبان مال و دولت کی محبت کا اَسیر ہو تو پھر وہ شیطان کو ازخود موقع دیتا ہے کہ وہ اُسے اپنا ہدف بنا لے۔

اپنے گھرانے کا بخوبی بندوبست کرنے والا ہو۔(4 آیت)

ایک نگہبان اپنے گھرانے کا بخوبی انتظام کرنے سے اس بات کا مظاہرہ کرے کہ وہ کلیسیا کا نظم و نسق بھی اچھے طریقہ سے چلا سکتا ہے۔ بالخصوص، پولس رسول ہمیں بتاتا ہے کہ وہ اس بات کا خیال رکھے کہ اُس کے بچے اس کے تابع اور دوسروں کی عزت کرنے والے ہوں۔ کہنے کا یہ مطلب نہیں ہے کہ اس کے بچے بالکل کامل ہوں۔ ایک نگہبان بطور باپ اپنے کردار کو سنجیدگی سے لے۔ اُس کی قائدانہ صلاحیتیں گھر میں بھی دیکھنے کو ملیں۔ اُس

کا گھرانہ بھی بطور ایک قائد اُس کو عزت کی نگاہ سے دیکھتا ہو۔ ایسا نہیں کہ وہ ایسی عزت کا مطالبہ کرے اور اپنے بال بچوں اور اہلیہ محترمہ کو مجبور کرے کہ وہ اُس کی عزت اور تابعداری کریں۔ بلکہ وہ اُس کی زندگی کے نمونے اور قائدانہ صلاحتیوں کو دیکھ کر اُس کی عزت اور تابعداری کریں۔

اگر آپ یہ معلوم کرنا چاہتے ہیں کہ ایک شخص کیسا قائدہ ثابت ہو گا تو پھر اس کے گھر میں دیکھ لیں کہ کیا کچھ ہو رہا ہے۔ کیا وہ اپنے گھر میں اپنی اہلیہ محترمہ سے مختلف چیزوں کا مطالبہ ہی کرتا رہتا اور اُس کی اور بچوں کی ضروریات، احساسات کو جاننے سے قاصر ہے؟ جب اُس کے بچے سچائی سے گمراہ ہو کر گناہ میں گر جاتے ہیں تو پھر وہ کیا کرتا ہے؟ کیا وہ غیر مشروط محبت کا مظاہرہ کرتے ہوئے اُن کی بحالی کا طالب ہوتا ہے یا پھر اُنہیں رد کر دیتا ہے؟ ایک مسیحی قائد کو ہر طرح کی صورتحال میں مسیح یسوع جیسی محبت کا مظاہرہ کرنا چاہئے۔

اپنے گھرانے میں جس طرح وہ ایک مرد کی حیثیت رکھتا ہے اسی طرح سے اُسے کلیسیائی قیادت میں بھی جُرات اور اختیار سے کام لینا چاہئے۔ دیکھیں کہ وہ کس طرح اپنے بچوں پر اپنے اختیار کو استعمال کرتا ہے۔ کیا وہ اُن پر دھونس جماتا اور اُنہیں زبردستی اپنے اختیار میں رکھتا ہے؟ کیا وہ چھوٹے موٹے اختلافات کو قبول کرلیتا ہے یا پھر اپنے گھرانے کو مجبور کرتا ہے کہ وہ ہر ایک چیز اُس کی مرضی اور سوچ کے مطابق ہی کریں؟ کیا وہ اپنے گھرانے کی روحانی نشوونما اور افزائش کا طالب ہوتا ہے؟ جب اُس کے بچے درست راہ سے بھٹک جاتے ہیں تو کیا اسے دُکھ محسوس ہوتا ہے؟ اگر ہم یہ معلوم کرنا چاہتے ہیں کہ بطور ایک نگہبان وہ شخص کیسا قائد ثابت ہو گا تو پھر ہمیں یہ سوالات مدِ نظر رکھنے ہوں گے۔ جیسا ماحول اور انتظام اُس کے گھر میں ہے، اُمید کی جاسکتی ہے کہ کلیسیا میں بھی ویسا ہی سب کچھ واقع ہو گا۔

اِس تعلق سے ہمیں ایک اور پہلو بھی دیکھنے کی ضرورت ہے۔ یہ بھی ممکن ہو سکتا ہے کہ ایک قائد اپنی منسٹری میں اس قدر مصروف و مشغول ہو جائے کہ اپنے گھرانے سے ہی لا تعلق ہو جائے۔ ہمیں اس بات کو بھی مدِ نظر رکھنا ہو گا۔ پولس رسول اِس بات کو واضح کرتا ہے کہ ایک نگہبان اپنے گھرانے کا انتظام و انصرام کرنے کے بھی قابل ہو۔ اس کا مطلب یہ ہوا کہ وہ سارا وقت کلیسیا میں ہی صرف نہ کر دے اور گھرانے کو نظر انداز کر دے۔ اسے اپنے گھرانے اور خدمت میں ایک توازن قائم رکھنا ہو گا۔

نو مرید نہ ہو (6 آیت)

ایک نگہبان نو مرید نہ ہو۔ پولس رسول نے تیمتھیس کو بتایا کہ ایک نگہبان کا مسیحی زندگی میں تجربہ ہونا چاہئے اور وہ خداوند کے ساتھ چلنے میں بھی گہرا تجربہ رکھتا ہو۔ وہ سچائی سے واقف ہو اور یہ ثابت ہو چکا ہو کہ وہ خداوند کے ساتھ وفاداری اور سچائی سے چلنے کی اہلیت رکھتا ہے۔

اُسے یہ ثابت کرنا چاہئے کہ خداوند کے ساتھ چلتے ہوئے درپیش مسائل اور مشکلات سے نپٹنے کی اس میں صلاحیت پائی جاتی ہے۔

یہاں پر پولس رسول تکبر کی آزمائش کے تعلق سے فکر مند دکھائی دیتا ہے۔ حلم مزاجی از خود پیدا نہیں ہو جاتی۔ جب کوئی شخص حلم مزاج نہ ہو اور اُسے کوئی بڑی ذمہ داری یا اختیار سونپ دیا جائے تو وہ اس کے لئے بہت خطرناک ثابت ہو سکتا ہے۔ تصور کریں کہ اگر ایک ناتجربہ کار شخص کو کار چلانے کی ذمہ داری سونپ دی جائے، ایسی ہی صورتحال روحانی اختیار کے تعلق سے بھی دیکھی جا سکتی ہے۔ ایک نگہبان کے لئے لازم ہے کہ وہ یہ جانتا ہو کہ کس طرح اُس نے روحانی اختیار کو بروُئے کار لانا ہے۔ اُس میں یہ قابلیت ہو کہ وہ حلم مزاجی کے ساتھ اپنا کردار ادا کر سکے۔ تکبر کے سبب ہم دوسروں کی ضروریات دیکھنے سے

قاصر رہتے ہیں۔ ہم خدا کی آواز سننے کے بھی قابل نہیں رہتے۔ تکبر ہمیں ہی نہیں بلکہ خدا کے کام کو بھی برباد کر کے رکھ دیتا ہے۔ جن لوگوں کو ہم نگہبان کے عہدے پر فائز کریں، لازم ہے کہ ہم اُن میں اس ذمہ داری کو نبھانے کی صلاحیت بھی دیکھیں۔ یاد رہے کہ شیطان بھی تکبر اور غرُور کے سبب سے ہی آسمان پر سے نیچے پھینک دیا گیا تھا۔ پولس رسول نے تیمتھیس کو 6 آیت میں یاددہانی کرائی کہ وہ نگہبان جو متکبر ہو جاتا ہے، وہ شیطان کی سی عدالت اپنے اوپر لاتا ہے۔ تکبر اور غرُور ایک سنجیدہ معاملہ ہے۔

اچھی شہرت کا حامل ہو۔ (7 آیت)

ایک نگہبان کی شہرت اور نیک نامی بھی لوگوں کے درمیان ہونی چاہئے۔ غور کریں کہ اس کی نیک نامی اور اچھی شہرت صرف کلیسیا میں ہی نہیں بلکہ کلیسیا کے باہر کے لوگوں کے درمیان بھی ہونی چاہئے۔ نگہبان خدا کے لوگوں کی نمائندگی کرتا اور اِس دُنیا میں خدا کی بادشاہی کے لئے کام کرتا ہے۔ ایک نگہبان کی زندگی اور شخصیت ایسی ہو کہ اس میں مسیح کا کردار نظر آئے۔ پولس رسول اس بات کو واضح کرتا ہے کہ شیطان نگہبانوں کے لئے بھی پھندا تیار رکھتا ہے۔ (7 آیت) وہ خدا کی بادشاہت کے کام کو رسوا کرنا چاہتا ہے۔ وہ قیادت کو اپنا ہدف بناتے ہوئے یہ کام سرانجام دیتا ہے۔ وہ اُنہیں گرانے کی بھرپور کوشش کرتا ہے۔ کتنی ہی بار دشمن اپنے اس ہدف اور مقصد میں کامیاب ہو جاتا ہے۔ اُس نے مسیحی قیادت کو روپے پیسے، شراب نوشی اور جنسی بے راہ روّی کے ذریعہ آزمایا ہے۔ اُس نے تکبر کے ذریعہ بھی انہیں گرانے کی کوشش کی اور کامیاب بھی ہوا۔ اُس نے مارپیٹ اور جھگڑا رگڑا کرنے کے رُجحانات سے بھی اُنہیں پستی کے اندھیروں میں دھکیلا۔ بہت سے لوگ اُس کے پھندے میں پھنس گئے۔ جب ایسا ہوتا ہے تو پھر خدا کا کام بھی زوال کا شکار ہو جاتا ہے۔ اور کلیسیا کے باہر کے لوگ خدا کی کلیسیا اور اُس کے کام کو عزت کی نگاہ

سے نہیں دیکھتے۔

ایسا شخص جو نگہبان کا عہدہ چاہتا ہے وہ عزت کا مقام چاہتا ہے۔ اُسے اِس بات سے آگاہ اور باخبر ہونا چاہئے کہ اُس پر خدا کی طرف سے ایک ذمہ داری ہے۔ وہ دشمن کے جلتے تیروں کا ہدف ہو گا۔ خدا ہمیں ایسے نگہبان عطا کرے جو اِس ذمہ داری کو حلم مزاجی سے نبھانے کی اہلیت رکھتے ہوں۔

چند غور طلب باتیں

☆۔ کیا ایک نگہبان کو کامل ہونے کی ضرورت ہوتی ہے؟ ہم کس طرح ماضی کے گناہوں اور موجودہ زمانے میں خدا کے ساتھ چلنے میں توازن حاصل کرتے ہیں؟

☆۔ یہ کیوں کر اہم ہے کہ ایک نگہبان کو اپنے جذبات، خواہشات اور جسمانی رغبتوں پر کنٹرول ہو؟

☆۔ نگہبان ہوتے ہوئے کس طرح کے غلط محرکات ہماری زندگی میں پیدا ہو سکتے ہیں؟ کیا غلط وجہ یا محرکات کی بنا پر آپ نگہبان بننے کی خواہش دل میں لے سکتے ہیں؟

☆۔ مخلص مسیحیوں کے درمیان اختلافات کے لئے شائستگی اور احترام کس قدر اہم ہے؟ اگر ایک نگہبان دوسروں کی رائے، تجویز یا نکتہ نظر کے لئے عزت اور شائستہ روّیہ نہ رکھتا ہو تو پھر کیا واقع ہوتا ہے؟

☆۔ دشمن روحانی قائدین کو تباہ کرنے اور گرانے کے لئے سر توڑ کوشش کرتا ہے، ہم اِس تعلق سے اس کی کاوّشوں کے بارے میں کیا سیکھتے ہیں؟

چند اہم دُعائیہ نکات

☆۔ اپنی کلیسیا کے قائدین کے لئے کچھ وقت دُعا میں گزاریں۔ اُن کے تحفظ اور اَمن و امان کے لئے خداوند سے التجا کریں۔

☆۔ خداوند سے ایسی زندگی بسر کرنے کی توفیق چاہیں جو غیر ایمانداروں کے لئے گواہی اور حوصلہ افزائی کا باعث ہو۔

☆۔ خداوند سے اپنی خواہشات، جسمانی رغبتوں اور جذبوں پر اختیار اور کنٹرول رکھنے کی صلاحیت مانگیں۔

☆۔ اپنے روحانی قائدین کے گھرانوں کے لئے دُعا کریں۔ خداوند سے دُعا کریں کہ وہ نگہبانوں کو عقل اور توفیق دے تاکہ وہ اپنے گھرانے اور منسٹری کی ذمہ داریوں میں ایک توازن کے ساتھ آگے بڑھ سکیں۔

باب 17

ڈیکن

1 تیمتھیس 3 باب 8 تا 13 آیت کا مطالعہ کریں

اس باب کے پہلے حصہ میں پولس رسول نے تیمتھیس کو ایک نگہبان کے اَوصاف کے بارے میں بتایا۔ اس حصہ میں وہ ایک ڈیکن کے کردار پر اپنی توجہ مرکوز کرتا ہے۔ نئے عہد نامہ میں ایک ڈیکن اور نگہبان کے کردار کے درمیان فرق واضح کیا گیا ہے۔ اگرچہ نوعیت کے لحاظ سے دونوں کردار ہی روحانی ہیں، ڈیکن کلیسیا کے روز مرہ کے معاملات میں زیادہ کام کرتا ہے۔ نگہبان کو ایک اُستاد اور روحانی طور پر خدا کے ساتھ چلنے میں لوگوں کی رہنمائی کرنی چاہئے۔ دَورِ جدید میں نگہبان پاسبان یا ایلڈر کی حیثیت سے جانے اور پہچانے جاتے ہیں۔ ڈیکن کا کام عملی کاموں میں نگہبان کی مدد و معاونت کرنا ہوتا ہے۔ تاکہ وہ کلیسیا کی روحانی فلاح و بہبود میں زیادہ سے زیادہ متحرک ہو سکیں۔

ڈیکن کو بھی اپنا کردار بڑی سنجیدگی سے نبھانا ہوتا ہے۔ پولس رسول اس حوالہ میں ان لوگوں کے لئے معیار مقرر کرتا ہے جو ڈیکن بننا چاہتے ہیں۔ ایک بار پھر ہم ایک ڈیکن کی خصوصیات کا تفصیلی جائزہ لیں گے۔

عزت کے لائق ہو۔ (8 آیت)

پولس رسول نے تیمتھیس کو بتایا کہ ڈیکن کو ایسا شخص ہونا چاہئے جو قابلِ عزت ہو۔ "عزت" یہ اصطلاح اس بات کی طرف اشارہ ہے کہ اس کا کردار قابلِ تعریف ہو۔ وہ دوسروں کے ساتھ اپنے برتاؤ میں عزت سے پیش آئیں اور لوگ بھی اُن کو عزت کی نگاہ

سے دیکھیں۔ ایک ڈیکن کو دیانتدار اور مخلص ہونا چاہیئے۔ لوگ اُن کو دیکھیں تو اُنہیں ایک ایسا نمونہ ملے جس کو وہ خود بھی اپنانے کی کوشش کریں۔ ڈیکن بننے سے قبل، ایک ڈیکن کے پاس معاشرے اور کلیسیا کی طرف سے نیک نامی اور اچھی شہرت ہونی چاہیئے۔

مُخلص (8 آیت)

دوسری اہم بات یہ کہ ایک ڈیکن کو مُخلص ہونا چاہیئے۔ نیو امیر کن سٹینڈرڈ لفظ مُخلص کے معنی اِس طرح سے بیان کرتا ہے کہ وہ " دوزبان نہ ہو۔ "اصل زبان میں لفظ مخلص کا یہ لفظی معنی ہے۔ دوزبان والا شخص وہ ہوتا ہے جو کسی ایک شخص کے منہ پر ایک بات اور کسی دوسرے شخص سے کوئی اور بات کرے اور اُس کا محرک اور مقصد لوگوں کو فریب اور دھوکہ دینا ہو۔ مخلص ہونے کا مطلب یہ ہے کہ جیسا وہ باہر سے ہے ویسا ہی وہ باطن سے بھی ہو۔ ایک ڈیکن کے لئے خدا کی پرستش اور عبادت اور اس سے محبت پورے دل اور پوری جان سے ہونی چاہیئے۔

شرابی نہ ہو۔ (8 آیت)

ڈیکن کی ایک خوبی یہ بھی ہونی چاہیئے کہ وہ شرابی نہ ہو۔ پولس رسول یہ بیان کر رہا ہے کہ ڈیکن کے لئے لازم ہے کہ وہ اپنی جسمانی خواہشات، رغبتوں اور طبعی رُجحانات کو قابو میں رکھنے والا شخص ہو۔ وہ شراب نوشی میں مبتلا ہوکر اُس خدمت کے معیار اور وقار کو داغدار نہ کرے جس کے لئے خدا نے اُسے بلایا ہے۔

ناجائز نفع کا لالچی نہ ہو۔ (8 آیت)

ایک نگہبان کی طرح ڈیکن زر دوست اور مال و جائیداد جمع کرنے کا لالچی نہ ہو۔ ہم پہلے ہی یہ دیکھ چکے ہیں کہ ایک ڈیکن کو شراب نوشی کی لت میں مبتلا نہیں ہونا چاہیئے۔ اسی طرح

سے وہ مال و دولت کی حرص وہوّس بھی نہ رکھتا ہو۔ اُسے معاشرے میں لوگوں کے ساتھ دیانتداری سے پیش آنا چاہیئے۔ اگر وہ ایک کاروباری شخص ہو، تو وہ کاروبار میں اپنی دیانتداری ثابت کرے۔ لوگوں کو اس بات کا علم ہو کہ وہ ایک قابلِ اعتبار اور قابلِ اعتماد شخص ہے۔

سچائی پر قائم رہنے والا شخص ہو(9 آیت)

ڈیکن کے لئے لازم ہے کہ وہ روحانی طور پر بھی اپنے آپ کو ثابت کرے۔ پولس رسول 9 آیت میں بیان کرتا ہے کہ وہ صاف ضمیر کے ساتھ ایمان کی سچائی پر قائم رہنے والا شخص ہو۔ اِس بیان کے دو پہلو ہیں۔ اوّل۔ ڈیکن سچائی پر قائم رہنے والا ہو۔ لفظ " قائم رہنا" ازدواج کے عہد کے لئے استعمال ہوتا ہے۔ اس کا مطلب ہے کسی چیز سے بندھے رہنا، کسی بندھن میں گٹھے رہنا۔ ایسا کہ کبھی جدا نہ ہو۔ ڈیکن کے لئے لازم ہے کہ خدا کے کلام کی سچائیوں کو تھامے رہے اور کبھی اُن سے جدا نہ ہو۔ وہ اِن سچائیوں کی خاطر جئے اور مرے۔ وہ اپنی ضروریات اور اغراض و مقاصد کے لئے کبھی بھی اِن سچائیوں کو کم قدر کرنے کے لئے کسی چیز سے سمجھوتہ نہ کرے۔

اِس آیت کا دوسرا پہلو یہ ہے کہ ڈیکن صاف ضمیر کے ساتھ سچائی سے لپٹا رہے۔ اِس کا مطلب ہے کہ وہ نہ صرف ذہنی طور پر اس سچائی پر ایمان رکھے بلکہ عملی طور پر اُس کے مطابق زندگی بھی بسر کرنے والا ہو۔ آپ کسی سچائی پر ایمان رکھ سکتے ہیں لیکن ہو سکتا ہے کہ آپ روزمرہ کے معمول میں اس کے مطابق زندگی بسر نہ کرتے ہوں۔ ڈیکن کو اس سلسلہ میں سچائی کے مطابق اپنا طرزِ زندگی ڈھالنے میں کوئی شرمندگی محسوس نہیں کرنی چاہیئے۔ اسے سچائی کو جاننا، اس پر قائم رہنا اور اِس کے مطابق ہر روز زندگی بسر کرنی چاہیئے۔

پہلے آزمائے جائیں۔ (10 آیت)

اِس سے پہلے کسی شخص کو یہ رُتبہ اور مقام دیا جائے، لازم ہے کہ اُسے جانچا اور پرکھا بھی جائے۔ بالفاظ دیگر، یعنی ایسا شخص حقیقی زندگی میں بڑے اچھے طریقہ سے جانچا پرکھا گیا ہو۔ ہمیں کسی بھی شخص کو بطور ڈیکن مقرر کرنے میں جلد بازی سے کام نہیں لینا چاہئے۔ وہ نو مرید بھی نہ ہو۔ لازم ہے کہ وہ خدا کے کلام کی سچائیوں کو سمجھے۔ اسے معاشرے میں خود کو ثابت کرنے اور کلیسیا میں اپنے آپ کو اس رُتبے اور مقام کا اہل ثابت کرنے کے لئے وقت دیا جائے۔ لازم ہے کہ اُس کا ایمان جانچا اور پرکھا جائے کہ واقعی وہ مخلص اور سچا ہے۔

بیویاں (11 آیت)

پولس رسول 11 آیت میں تیمتھیس کو بتاتا ہے کہ ڈیکنز حضرات کی بیویاں بھی قابلِ عزت ہوں۔ یہ بات غور طلب ہے کہ یہاں پر جو لفظ بیویوں کے لئے استعمال ہوا ہے وہ عورتوں کے لئے بھی استعمال ہوا ہے۔ اِس سے بعض لوگ یہ بھی کہتے ہیں کہ اس سے یہ مراد لی جاسکتی ہے کہ ایک ڈیکن کی بیوی بھی خدمت میں اس کے ساتھ کھڑی ہونے والی ہو۔ بالفاظ دیگر ایک ڈیکن کی بیوی بھی اُس کے ساتھ پورے طور پر ہم خدمت ساتھی ہو۔

ایک ڈیکن کی طرح عورت، (بیوی) بھی قابلِ عزت ہو۔ اُسے دوسری عورتوں کے لئے اعمال اور ایمان میں ایک نمونہ ہونا چاہئے۔

دوئم۔ یعنی ڈیکن کی بیوی کینہ بھری گفتگو سے دُور رہے۔ ایسی عورتیں دوسروں کو ضربِ کاری لگانے کے لئے اپنے لفظ استعمال کرتی ہیں۔ پولس رسول نے اس بات کو واضح

کیا کہ عورتوں کو اپنی زبان قابو میں رکھنی چاہیئے۔ اُنہیں تہمت لگانے والی نہیں ہونا چاہیئے۔ عورتوں کو اپنے اعمال اور کلام میں اعتدال پسند اور قابلِ اعتبار ہونا چاہیئے۔ وہ انتہا پسند نہ ہوں۔ اِس سے مراد یہ ہے کہ وہ شراب نوشی اور دیگر بُری عادات میں بھی مبتلا نہ ہوں۔ ایک اعتدال پسند عورت کھانے پینے، لباس، بناؤ سنگھار میں بے قابو یا بے خود نہیں ہوتی بلکہ اپنے ہوش و حواس میں رہتے ہوئے اعتدال پسندی کا مظاہرہ کرتی ہے۔ جو کچھ بھی وہ کرتی ہے وہ اعتدال پسندی کے ساتھ پُر وقار اور با اعتماد طریقہ سے سر انجام دیتی ہے۔

ایسی عورت قابل اعتماد بھی ہوتی ہے۔ اس کا معنی یہ ہے کہ اس کا شوہر اس پر بھروسہ کر سکتا ہے۔ اسی طرح وہ سب لوگ بھی اس پر اپنے اعتماد کا اظہار کرتے ہیں جو روز مرّہ زندگی میں اُس سے ملتے ہیں۔ وہ اپنے شوہر سے وفادار ہوتی ہے اور اپنے خاندان اور معاشرے میں بھی اُسے عزت کی نگاہ سے دیکھا جاتا ہے۔

ایک بیوی کا شوہر (12 آیت)

نگہبان کی طرح، ڈیکن کو بھی ایک بیوی کا شوہر ہونا چاہیئے۔ پچھلے باب میں اس تعلق سے تفصیل کے ساتھ بات کر چکے ہیں۔ پس میں اِن باتوں کو پھر سے نہیں دھراؤں گا۔ اس کا ہر گز یہ مطلب نہیں کہ ڈیکن شادی شدہ ہو، لیکن اگر شادی شدہ ہو تو ایک ہی بیوی کا شوہر ہو۔ اس بات کی مزید وضاحت کے لئے باب 16 دیکھیں۔

اپنے بچوں کو تابع رکھتا ہو (12 آیت)

ایک بار پھر، نگہبان کی طرح، ڈیکن بھی اپنے خاندان میں پہلے یہ ثابت کرے کہ وہ اس اہلیت کا مالک ہے کہ کلیسیا میں اس رُتبہ اور مقام کو لے سکتا ہے۔ اس کا مطلب یہ ہے کہ

وہ خدمت کے لئے اپنے گھرانے کو نظر انداز نہ کرے۔ اسے اپنے گھرانے میں خدمت گزاری کا کام کرنے کا مناسب موقع بھی ملنا چاہیئے۔ اسے اپنے ایمان اور عقیدے کے مطابق زندگی بسر کرنی چاہیئے اور اپنے بچوں کو بھی اس بات کی تربیت کرنی چاہیئے کہ وہ بھی خدا کی راہوں پر چلے۔ اس کا ہرگز یہ مطلب نہیں کہ ڈیکن کے بچے بالکل کامل ہونے چاہیئے۔ ہر ایک بچے کو خدا کے حضور اپنے اعمال و افعال کے لئے جوابدہ ہونا ہے۔ یہاں پر یہ بات اہم ہے کہ ڈیکن اپنے بچوں کی روحانی تربیت اور پرورش خدا کی راہوں پر کرے۔
پولس رسول تیمتھیس کو ڈیکن کے اوصاف و صفات پر تبصرہ کرتے ہوئے اِس حصہ کو اختتام پذیر کرتا ہے کہ وہ ڈیکن جو اچھے طریقہ سے خدمت گزاری کا کام کرتے ہیں، خدا کی طرف سے عزت پائیں گے۔ اُنہیں اُن کی وفاداری سے کی گئی خدمت کا اجر و صلہ ملے گا۔ وہ کامل یقین دہانی اور کامل اعتماد کے ساتھ خدا کے حضور کھڑے ہوں گے۔ اُنہیں کسی طرح کی کوئی شرمندگی اُٹھانی نہیں پڑے گی کیونکہ اُنہوں نے اپنی زندگی خدا کی عزت اور بُزرگی کے لئے صرف کی ہوگی۔

چند غور طلب باتیں

☆۔ کیا آپ اپنے معاشرے میں عزت کی نگاہ سے دیکھے جاتے ہیں؟ لوگوں کی آپ کے تعلق سے کیسی سوچ ہے؟

☆۔ سچائی کو تھامے رکھنے اور حقیقی زندگی میں اس سچائی کو اپنی زندگی میں لینے میں کیا فرق پایا جاتا ہے؟

☆۔ ایک نگہبان یا ڈیکن کی خدمت میں بیوی کیا کردار ادا کرتی ہے؟ کس طرح وہ اس کے لئے باعث برکت ہو سکتی ہے یا پھر اس کی خدمت کو تباہ بھی کر سکتی ہے؟

☆۔ اس باب میں جن اوصاف کا ہم نے ذکر کیا ہے، اُن کے مطابق اپنی زندگی کا جائزہ لیں۔ آپ کس حصہ میں کمزور ہیں؟

چند اہم دُعائیہ نکات

☆۔ خداوند سے ایسی روحانی زندگی مانگیں جو جانچی پرکھی اور آزمودہ ہو۔

☆۔ خداوند سے کہیں کہ وہ آپ کے دل کو ٹٹولے اور اگر آپ کے دل میں کہیں بھی کوئی کھوٹ ہے تو اُس کو آپ کی زندگی پر ظاہر کرے۔

☆۔ اپنے گھرانے کے لئے کچھ وقت دُعا میں جھکیں۔ خداوند سے دُعا کریں کہ ہر ایک فرد کو اپنے پاس لے آئے۔

☆۔ خداوند سے اپنی کلیسیا کے ڈیکنز کے لئے حوصلہ افزائی چاہیں۔ دُعا کریں کہ وہ مسیح کے بدن میں وفاداری سے خدمت سرانجام دیتے رہیں۔

باب 18

دینداری کا بھید

1 تیمتھیس 3 باب 14 تا 16 آیت کا مطالعہ کریں

پولس رسول نے تیمتھیس کی ان لوگوں کی تعلیم وتربیت کرنے کے لئے حوصلہ افزائی کی جو اُس کی زیرِ نگرانی تھے۔ پولس رسول کی یہ تمنا تھی کہ وہ بہت جلد تیمتھیس سے ملے۔ (14 آیت) اُس نے اُسے اِس لئے ہدایات دیں تا کہ تاخیر کی صورت میں اسے اس بات کا واضح فہم وادراک ہو کہ کس طرح ایمانداروں نے اپنے چال چلن کو درُست رکھنا ہے۔

یہ بات قابلِ غور ہے کہ اگرچہ تیمتھیس ایک معلم / پاسبان کا کردار ادا کر رہا تھا، تو بھی وہ تعلیم وتربیت پانے کی حد سے تجاوز نہیں کر چکا تھا۔ اُس نے بخوشی ورضا پولس رسول کی تعلیم، ہدایات اور نصیحت کو قبول کیا۔ یہی وہ خوبی اور لیاقت ہے جو ہر ایک پاسبان یا اُستاد میں موجود ہونی چاہئے۔ ہو سکتا ہے کہ ہم میں سے کوئی خدا کے کلام کا معلم ہو تو بھی اسے اِس بات کے لئے تیار اور رضامند رہنا چاہئے کہ کسی سینئر کی طرف سے ملنے والی ہدایت اور نصیحت قبول کر لے۔ تیمتھیس میں اِس قدر حلیمی اور عاجزی تھی کہ وہ پولس رسول کی طرف سے ملنے والی ہدایت اور نصیحت قبول کر لے۔ ہمیں اِس بات سے آگاہ رہنا چاہئے کہ نصیحت ہمیشہ اُس شخص کی طرف سے نہیں ملتی جو بہت زیادہ پختہ العقل ہو۔

خدا آپ کی کلیسیا میں سے کسی بھی شخص کو آپ کی تربیت اور نصیحت کے لئے استعمال کر سکتا ہے۔ وہ کسی بچے یا کسی بے ایمان شخص کو بھی دینداری کی راہوں میں تربیت کرنے کے لئے استعمال کر سکتا ہے۔ اہم بات یہی ہے کہ ہم سننے اور قبول کرنے کے لئے تیار اور

مستعد رہیں۔

جب ہم اس نئے حصہ کا آغاز کرنے والے ہیں تو پولس رسول ہمیں کلیسیا بطور مسیح کا بدن کے تعلق سے اہم سچائیوں کی تعلیم دینا چاہتے ہیں۔(15 آیت) آئیں اس آیت کا تجزیہ کریں اور پولس رسول کی تعلیم کا جائزہ لیں۔

خدا کا گھرانہ

پولس رسول یہاں کلیسیا کے تعلق سے یوں بات کرتا ہے کہ گویا وہ "خدا کا گھرانہ "ہے۔اس گھرانے کے تمام لوگ ایک ہی خاندان کا حصہ ہوتے ہیں۔ اُن کی ایک ہی بات ہوتی ہے اور وہ ایک ہی بندھن میں بندھے ہوتے ہیں۔ وہ اس گھرانے میں ایک دوسرے کے ساتھ مل کر اپنی اپنی ذمہ داریاں نبھاتے ہیں۔ وہ ایک دوسرے کے تحفظ، برکت اور ضروریات کی فراہمی کے لئے باہم مل کر کام کرتے ہیں۔ کلیسیا کو اسی طور سے متحد اور متفق رہ کر آگے بڑھنا چاہئے۔ کیونکہ یہ ایک گھرانہ ہے۔ وہ لوگ جو کلیسیا سے تعلق رکھتے ہیں خداوند ان کے لئے ایک باپ کی حیثیت رکھتا ہے۔ وہ اس کے زیر اختیار ہوتے ہیں۔ وہ اُس کی عزت اور تکریم بطور ایک سربراہ کرتے ہیں۔ ایک ہی باپ کے فرزند ہوتے ہوئے، ہمیں ایک دوسرے کا خیال اور فکر رکھنی ہے۔ گویا کہ ہم ایک ہی گھرانے کے رُکن ہیں۔

زندہ خدا کی کلیسیا

پولس رسول کلیسیا کو" خدا کی کلیسیا" کے طور پر بھی بیان کرتا ہے۔ یہ بہت اہم ہے کہ ہم اس بات کو جانیں کہ ہمارا خدا ایک زندہ خدا ہے۔ بہت سے لوگ خدا کی پرستش اور ستائش اس فہم وادراک کے ساتھ کرتے ہیں کہ وہ ابرہام اور پولس کے دَورِ حیات میں بہت

مستعد اور زندہ خدا تھا لیکن وہ یہ دیکھنے سمجھنے اور محسوس کرنے سے قاصر رہتے ہیں کہ وہ آج بھی زندہ ہے۔ خدا کوئی تعلیم، عقیدہ یا نظریہ نہیں ہے۔ وہ کوئی روایت یا محض تصور نہیں ہے۔ وہ ایک زندہ ہستی ہے۔ وقت گزرنے کے ساتھ اُس کی قوت اور قدرت کم نہیں ہو گئی۔ وہ پولس رسول کے دَور کی طرح آج بھی زندہ خدا ہے۔ کیونکہ بات یوں ہی ہے۔ ہمیں آج بھی خدا کی طرف سے عظیم اور عجیب باتوں کی توقع کرنی چاہئے۔ ہمیں شادمان ہونا چاہئے کیونکہ وہ زندہ اور ہمارے درمیان موجود ہے۔ کلیسیا بطور مسیح کا بدن قوت اور قدرت سے معمور ہے کیونکہ زندہ خدا اس کے درمیان موجود ہے۔

سچائی کی بنیاد اور ستون

پولس رسول 15 آیت میں تیمتھیس کو یاد دہانی کراتا ہے کہ کلیسیا سچائی کی بنیاد اور ستون ہے۔ ایک بنیاد وہ مقام اور جگہ ہوتی ہے جس پر گھر کی تعمیر ہوتی ہے۔ ستون گھر کو تھامے رکھتا ہے۔ پولس رسول ہمیں یہ بتا رہا ہے کہ کلیسیا پر دو ذمہ داریاں عائد ہوتی ہیں۔ اوّل۔ یہ سچائی کی بنیاد ہو۔ بالفاظ دیگر کلیسیا خدا کے کلام کی سچائی پر تعمیر ہو۔ دوئم۔ بطور ایک ستون، یہ اُس سچائی کو تھامے رہے۔ کلیسیا خدا کے کلام کی مضبوط بنیاد پر قائم اور تعمیر ہوتی ہے۔ اور یہ دُنیا کے سامنے کلام کی سچائیوں کی منادی کرتی اور اُنہیں تھامے رکھتی ہے۔

دینداری کا بھید

پولس رسول 16 آیت میں مزید آگے بڑھتے ہوئے دینداری کے بھید کی بات کرتا ہے۔ انسان کے گناہ میں گرنے اور خدا سے الگ ہونے کے وقت سے لے کر زندگی کا یہی سب سے بڑا بھید رہا ہے کہ کس طرح زوال پذیر انسان خدا کے ساتھ اپنے رشتے اور تعلق کو بحال کر سکتا ہے؟ کس طرح گناہ آلودہ بنی نوع انسان خدا کے ساتھ صلح کر سکتے ہیں؟

پرانے عہد نامہ میں، بے شمار قربانیاں گزرانی جاتی تھیں تو بھی بنی نوع انسان کا خدا کے ساتھ تعلق اور رشتہ بحال نہیں ہو پاتا تھا اور وہ گنہگار کے گنہگار اور خدا سے دور اور جدا ہی رہتے تھے۔ جب خداوند یسوع مسیح اس دُنیا میں انسان بن کر آیا تو یہ بھید عیاں ہو گیا۔ خداوند یسوع مسیح ہی وہ ہستی ہے جس کے وسیلہ سے بنی نوع انسان کی خدا کے ساتھ صلح ہو گئی ہے۔ غور کریں جو کچھ پولس رسول ہمیں دینداری کے بھید کے تعلق سے بتا رہا ہے اس کا مرکزی نکتہ خداوند یسوع مسیح ہی ہے۔

وہ بدن میں ظاہر ہوا

ہمارے گناہ کی سزا موت تھی۔ معافی کو ممکن بنانے کے لئے قربانی پیش کرنا ضروری تھا۔ انصاف کا تقاضا یہ تھا کہ گناہ کی سزا جسم میں دی جائے۔ خداوند یسوع مسیح اس دنیا میں انسان بن کر آیا۔ وہ ہمارے درمیان رہا اور ہم انسانوں کے مشابہہ ہو گیا۔ لفظ "دفاع کرنا" کا یونانی میں مطلب ہے راستباز، بے گناہ اور درست قرار دینا۔ خداوند یسوع مسیح اگرچہ پاک اور راستباز تھا تو بھی اس پر فردِ جرم عائد ہوئی۔ اُنہوں نے اُسے صلیب پر کیلوں سے جڑ دیا گویا کہ وہ ایک مجرم ہے۔ اُسے سب کے سامنے اونچے پر چڑھایا گیا۔ وہ مر گیا اور اسے قبر میں بھی اتارا گیا۔ وہ روح کی قوت اور قدرت کے ساتھ مُردوں میں سے جی اُٹھا۔،،،،اس کا مُردوں میں سے زندہ ہو جانا یہ ثابت کرتا ہے کہ اُس کی قربانی خدا کے حضور قبول ہو گئی تھی۔

فرشتوں کو دکھائی دیا

نہ صرف خدا کے روح نے ہمارے خداوند یسوع مسیح کو راست ثابت کیا بلکہ وہ فرشتوں کو بھی دکھائی دیا۔ در حقیقت فرشتے ہمیشہ ہی اسے اس طرح سے دیکھ سکتے تھے جس طرح وہ

ہمیں دیکھ سکتے ہیں۔ فرشتوں نے خداوند یسوع مسیح کی خدمت گزاری کرنے کے مقصد کے پیش نظر اسے دیکھا۔ وہ اُس کے دُکھ اور تکلیف کی حالت میں اُس کی خدمت کرنے کے لئے اُس کے پاس آئے۔ جب خداوند یسوع مسیح آسمان پر چڑھ گیا وہ اُس کے سامنے سرنگوں ہو گئے اور اُس کی تعریف کی کہ وہ خدا کا وفادار برّہ ہے۔ جس نے بنی نوع انسان کے لئے نجات کا بندوبست کیا ہے۔

قوموں میں اُس کی منادی ہوئی

خداوند یسوع مسیح دُنیا کو نجات دینے کے لئے آیا۔ اُس نے عام زندگی بسر کی اور اپنی جان صلیب پر قربان کر کے بنی نوع انسان کی نجات کا بندوبست کیا۔ جب وہ اپنے آسمانی باپ کے پاس واپس گیا، تو اُس نے اپنے شاگردوں کو حکم دیا کہ وہ اُس کی نجات کا پیغام پوری دُنیا تک پہنچائیں۔ ان شاگردوں نے مسیح کی نجات کا پیغام سب تک پہنچایا۔ ہر قوم اور قبیلہ سے لوگوں نے اس نجات بخش پیغام کو سنا۔ صرف یہی نہیں آج بھی لوگ ہر جگہ اس پیغام کو سن رہے ہیں کہ خداوند یسوع مسیح کے وسیلہ سے نجات کی روشن اُمید باقی ہے۔

دُنیا میں اس پر ایمان لائے

نہ صرف خداوند یسوع مسیح کی اِس دُنیا میں منادی ہوئی بلکہ روح القدس کی قوت اور قدرت کے وسیلہ سے آج بھی بہت سے لوگ اس کے نام پر ایمان لا رہے ہیں۔ دُنیا بھر میں مرد وزن اور بچے اسے اپنا نجات دہندہ اور خداوند قبول کر رہے ہیں۔ وہ اپنی زندگیاں اُس کے تابع کر کے اُس کے گھرانے میں شامل ہو رہے ہیں۔

جلال میں اُٹھا لیا گیا

مسیح، دینداری کا بھید جلال میں آسمان پر اُٹھایا گیا۔ اس نے ہمارے گناہوں کی خاطر اِس

زمین پر سکونت اختیار کی اور صلیب پر قربان ہو گیا۔ وہ زندہ ہو کر دوبارہ آسمانی باپ کے پاس واپس چلا گیا۔ خدا باپ کی حضوری میں، اُس کی عزت افزائی ہوئی۔ اب وہ اپنے باپ کے ساتھ آسمان پر خداوندوں کے خدا اور بادشاہوں کے بادشاہ کے طور پر رہتا ہے۔ وہی کائنات کا حاکم مطلق ہے۔ کیونکہ وہ گناہ اور قبر پر غالب آیا، ہم بھی مُردوں میں سے دوبارہ زندہ ہونے کی اُمید حاصل کر سکتے ہیں۔

خداوند یسوع مسیح کے اِس بھید کا کام جو اُس نے گناہگاروں کے لئے سرانجام دیا اِس سے ایک اُمید اور اعتماد پیدا ہوا۔ کیونکہ اس کے صلیب پر سرانجام دئے گئے کام کے وسیلہ سے ہم گناہوں کی معافی کا تجربہ اور یہ زندہ اُمید حاصل کر سکتے ہیں کہ ہم بھی خدا باپ کے ساتھ ابدی مکانوں میں سکونت کریں گے۔

چند غور طلب باتیں

☆۔ کیا آپ ایک تربیت پذیر روح رکھتے ہیں؟

☆۔ پولس رسول کلیسیا کو خدا کے گھرانے کے طور پر بیان کرتا ہے۔ ایک گھرانے میں کس طرح کے تعلقات ہونے چاہئے؟ کیا آپ کی کلیسیا محبت کا پیکر اور نمونہ ہے؟

☆۔ پولس رسول کلیسیا کا "زندہ خدا کی کلیسیا" کے طور پر ذکر کرتا ہے۔ کیا آپ کی کلیسیا میں خدا زندہ ہے؟ کیا شخصی طور پر خدا آپ کی زندگی میں زندہ ہے؟ یہ حقیقت کس طرح آپ کی زندگی اور خدمت سے عیاں ہوتی ہے؟

☆۔ کلیسیا سچائی کی بنیاد اور ستون ہے؟ اس کا کیا مطلب ہے؟ ہم کس طرح سچائی کے ستون اور بنیاد ہیں؟

☆۔ دینداری کا بھید کیا ہے؟ مسیح نے کس طرح ہمارے لئے دروازہ کھول دیا ہے تاکہ ہم خدا باپ کی حضوری میں رہ سکیں؟ مسیح کس طرح ہماری اُمید ہے؟

چند اہم دُعائیہ نکات

☆۔ خداوند کی شکر گزاری کریں کہ اُس نے ہمیں چن لیا تاکہ ہم اس کی محبت کو لے کر اِس دُنیا کے کھوئے ہوئے لوگوں تک رسائی حاصل کر سکیں۔

☆۔ اِس حقیقت کے لئے خداوند کی شکر گزاری کرنے کے لئے کچھ وقت دُعا میں گزاریں کہ اُس نے آپ کو ایک خوبصورت گھرانے میں رکھا ہے؟ اپنے ہم ایمان بھائیوں اور بہنوں کی خدمت گزاری کرنے کے لئے خدا سے فضل اور توفیق چاہیں۔

☆۔ خداوند کی شکر گزاری کریں کہ اس نے ہماری گناہ آلودہ حالت کا مسئلہ حل کر دیا اور ہم پر یہ بھی عیاں کر دیا ہے کہ کس طرح ہم خداوند یسوع مسیح کی ذاتِ اقدس اور اس کے صلیبی کام کی بنا پر خدا باپ کی حضوری میں دینداری کی زندگی بسر کر سکتے ہیں

☆۔ خداوند سے دُعا کریں کہ وہ آپ کی کلیسیا کو سچائی کی بنیاد اور ستون بننے کے قابل بنائے۔

باب 19

پُر فریب رُوحیں

1 تیمتھیس 4 باب 1 تا 6 آیت کا مطالعہ کریں

اِس خط کے اس حصہ میں، پولس رسول تیمتھیس سے غلط تعلیمات کے بارے میں بات چیت کرتا ہے۔ وہ اس کو اِس بات کے لئے اُبھارتا ہے کہ وہ غلط تعلیمات کی نشاندہی کرے جو کہ افسّس میں پھیلتی چلی جارہی تھی تاکہ اُس کے ہم خدمت لوگ ابلیس کی تدبیروں سے واقف اور آگاہ ہو جائیں۔ اس سے ہم یہ سمجھتے ہیں کہ ابلیس کا ایک کام سچائی کو بگاڑ کر اُس کی قدر اہمیت کو ختم کرنا ہے۔

پولس رسول نے تیمتھیس کو 1 آیت میں یہ بتانے سے آغاز کیا کہ روح نے واضح طور پر عیاں کر دیا ہے کہ اَخیر زمانہ میں لوگ ایمان سے منحرف ہو جائیں گے۔ خداوند یسوع مسیح نے بھی اس تعلق سے واضح طور پر بات کی۔ متی 24 باب 5 آیت میں ہم پڑھتے ہیں۔

" "کیونکہ بہتیرے میرے نام سے آئیں گے اور کہیں گے میں مسیح ہوں اور بہت سے لوگوں کو گُمراہ کریں گے۔ "

خداوند یسوع مسیح نے یہ بھی کہا

"اُس وقت اگر کوئی تُم سے کہے کہ دیکھو مسیح یہاں ہے یا وہاں ہے تو یقین نہ کرنا۔ کیونکہ جھوٹے مسیح اور جھوٹے نبی اُٹھ کھڑے ہوں گے اور ایسے بڑے نشان اور عجیب کام دِکھائیں گے کہ اگر ممکن ہو تو برگزیدوں کو بھی گُمراہ کر لیں۔ دیکھو میں نے پہلے ہی تُم سے کہہ دیا ہے۔" (متی 24 باب 23 تا 25 آیت)

جب دُنیا کا خاتمہ ہونے والا ہے تو ہم پر یقین ہو سکتے ہیں کہ غلط تعلیمات کی بھرمار ہو جائے گی۔ پولس رسول نے تیمتھیس کو بتایا کہ بہت سے لوگ ایمان سے منحرف ہو جائیں گے۔ یوں خدا اپنے ان حقیقی لوگوں کو ایسے لوگوں سے الگ کرلے گا جو برائے نام اُس کے لوگ کہلاتے ہیں۔ یہ غلط تعلیمات بڑے بڑے معجزات اور نشانات کے ساتھ عمل میں آئیں گی ۔لوگ اِن سب چیزوں کو دیکھ کر فریب کھا جائیں گے۔ یہ بات سچ ہے کہ خدا کے کلام میں نشانات اور معجزات اکثر سچائی کی تصدیق کرتے تھے لیکن ہر طرح کے معجزات اور نشانات خدا کی طرف سے نہیں ہوتے۔

غور کریں کہ قوت اور قدرت اور غلط تعلیمات کا ذکر 1 آیت میں کیا گیا ہے۔ پولس رسول اِس بات کو واضح کرتا ہے کہ غلط تعلیمات اور نشانات فریب دینے والی بدروحوں کے وسیلہ سے عمل میں آتے ہیں۔ بدروحیں مرد و زّن کو اپنی غلط تعلیمات معجزات اور نشانات کے ذریعہ سے پھیلانے کے لئے استعمال کرتی ہیں۔ 2 آیت میں پولس رسول تیمتھیس کو بتاتا ہے کہ جھوٹے اُستاد کس طرح کے دکھائی دیتے ہیں۔ یہ بہت اہم ہے کہ ہم اس حصہ میں پولس رسول کی بات کا جائزہ لیں تاکہ ہم ایسے لوگوں کو پہچان سکیں جو سچائی کی منادی نہیں کرتے۔

پُر فریب طریقہ سے

جھوٹے استاد ریاکار تھے۔ بطور ریاکار وہ لوگوں کو دھوکہ دینے کے لئے بہت مستعد تھے۔ وہ اپنے تعلق سے سچائی اور حقیقت کو چھپانے میں بڑے ماہر تھے۔ شیطان جھوٹے اور ریاکار لوگوں کو استعمال کرنے میں بڑی خوشی محسوس کرتا ہے۔ وہ جھوٹوں کا باپ اور فریب کا بانی ہے۔ اُسے ہمیشہ ایسے لوگوں کی ضرورت ہوتی ہے جو دوسروں کے ساتھ کھیل کھیلنے میں لطف محسوس کرتے ہیں۔ وہ دیکھنے میں بڑے اچھے مسیحی دکھائی دیتے ہیں۔ پولس

رسول تیمتھیس کو بتاتا ہے کہ اُن کے ظاہری دکھاوے اور اعمال و افعال سے فریب نہ کھاؤ۔ کیونکہ ان کے اس ظاہری دکھاوے کے اندر شیطان کی کارستانیاں چھپی ہوئی تھیں۔

جھوٹ بولنے والے

غور طلب دوسری بات یہ ہے کہ لوگ جھوٹے تھے۔(2 آیت) شیطان کسی ایسے شخص کو استعمال نہیں کر سکتا جو سچ بولتا ہو۔ وہ جھوٹ کے ذریعہ اپنے مقصد کو پورا کرتا ہے۔ وہ جھوٹوں کا باپ ہے۔(8 باب 44 آیت) اگر اُس نے اپنی غلط تعلیمات پھیلانی ہیں تو اُسے کسی جھوٹے شخص کی ضرورت پیش آتی ہے جو سچائی کو مروڑ توڑ کر پیش کرنے کے لئے تیار اور رضامند ہو۔

داغا گیا ضمیر

جھوٹے اُستادوں کے ضمیر بھی داغے گئے ہوتے ہیں۔ داغنے کا مطلب ہے بڑی تیز آنچ کے ساتھ کسی چیز کو جلانا۔ اس سے کوئی چیز بہت سخت ہو جاتی ہے۔ اس سے ہمیں یہ خیال ملتا ہے کہ جھوٹے استادوں کو بار بار رد کیا جاتا ہے ایسا کہ اُن کے ضمیر جو باتیں اُنہیں بار بار بتاتے ہیں وہ اُن سے قطعاً پریشان اور فکر مند نہیں ہوتے۔ حتیٰ کہ جب وہ کوئی غلط کام بھی کرتے ہیں تو اُنہیں کچھ شرمندگی اور احساس نہیں ہوتا۔ جب آپ کسی جانور پر کوئی نشان لگاتے ہیں تو وہ نشان اُس کی جلد جلا کر اُس میں بنایا جاتا ہے۔ اِس نشان سے ہمیشہ کے لئے ایک زخم بن جاتا ہے۔ یوں جانور کا مالک اُسے باآسانی پہچان لیتا ہے۔ اُن جھوٹے استادوں کے ضمیروں پر بھی شیطان کا نشان لگا ہوتا ہے۔

اِن جھوٹے اُستادوں کی غلط تعلیمات پر غور کریں۔ اوّل۔ وہ لوگوں کو شادی بیاہ کرنے سے منع کرتے تھے۔ ہمیں یہ تو نہیں بتایا گیا کہ وہ کیوں کر لوگوں کو شادی بیاہ کرنے سے منع

کرتے تھے۔ اہم چیز لفظ " منع کرنا" ہے۔ وہ لوگوں کو اپنے زیر اختیار اور زیرِ تسلط لاتے تھے۔ وہ لوگوں سے ہر طرح کی توقعات وابستہ کرتے تھے جو ان کے لئے پوری کرنا مشکل ہوتی تھیں۔ پولس رسول نے بھی شادی نہ کرنے کے خیال کی حوصلہ افزائی کی لیکن ساتھ ہی یہ تعلیم دی کہ یہ ہر شخص کے بس کی بات نہیں ہے۔ اُن لوگوں کو بدروحوں کی طرف سے ایسی باتیں کہنے کی تحریک ملتی تھی۔ بہت سے لوگ ایسی باتوں سے مایوس اور اُلجھن کا شکار ہوئے ہوں گے۔

دوئم۔ یہ جھوٹے اُستاد اپنے پیروکاروں سے یہ بھی مطالبہ کرتے تھے کہ وہ بعض قسم کی خوراک سے بھی اجتناب کریں۔ ایک بار پھر سے ہمیں اس بات کو یاد رکھنا ہوگا کہ پرانے عہد نامہ میں خوراک کے تعلق سے بھی قواعد وضوابط موجود تھے۔ خدا کا ایک معیار تھا جو خدا اپنے لوگوں کو اپنانے کا حکم دے رہا تھا۔ یہ جھوٹے اُستاد مزید آگے بڑھتے چلے گئے اور اپنے پیروکاروں سے ایسی خوراک نہ کھانے کا مطالبہ کیا جو خدا نے اس لئے پیدا کی تھی تا کہ لوگ شکرگزاری کے ساتھ اُس کو کھائیں۔ اِس کا نتیجہ یہ نکلا کہ وہ اچھی چیزیں جو خدا نے بہت اچھی پیدا کی تھیں، لوگ اِس سے بھی کراہیت محسوس کرنے لگے تھے۔

پولس رسول نے تیمتھیس کو بتایا کہ ہر ایک چیز جسے خدا نے پیدا کیا ہے اچھی اور بھلی ہے۔ نئے عہد نامہ کے تحت کوئی چیز بھی رد کئے جانے کے لائق نہیں بشرطیکہ شکرگزاری کے ساتھ لی جائے۔ در حقیقت وہ چیزیں پہلے کسی وقت میں ناپاک خیال کی جاتی تھیں اب خدا کے کلام سے پاک ہو چکی تھیں۔ بالفاظ دیگر، عہدِ عتیق میں بیان کردہ خوراک کے تعلق سے قواعد وضوابط کا اطلاق اب نئے عہد نامہ پر نہیں ہوتا۔ پولس رسول رومیوں 14 باب 20 آیت میں اس بات کو واضح کرتا ہے۔

"کھانے کی خاطر خُدا کے کام کو نہ بِگاڑ۔ ہر چیز پاک تو ہے مگر اُس آدمی کے لئے بُری ہے

جس کو اُس کے کھانے سے ٹھوکر لگتی ہے۔"

غور کریں کہ پولس رسول نے یہی تعلیم دی کہ ہر ایک خوراک پاک ہے۔ پولس رسول تیمتھیس کو بتا رہا ہے کہ خدا کا کلام اب ہر ایک کھانے والی چیز کو پاک قرار دے رہا ہے۔ اور جب دُعا سے پاک ہو جاتی ہے تو پھر اسے کھایا جا سکتا ہے۔ جب ہم اپنی خوراک خداوند کے سامنے دُعا کے ذریعہ لاتے ہیں، شکر گزاری کرتے اور اس کے لئے برکت چاہتے ہیں تو خدا اس خوراک کو برکت دے دیتا ہے۔ تاکہ ہم اسے استعمال میں لائیں۔

جھوٹے اُستاد لوگوں کو اِس بات کے لئے اُبھار رہے تھے کہ جو خوراک خدا نے کھانے کے لئے پیدا کی ہے اُسے حقیر جانیں۔ غور کریں کہ جو کچھ وہ بیان کر رہے تھے اس میں سچائی کے عناصر بھی موجود تھے۔ پولس رسول نے لوگوں کو اس بات کے لئے اُبھارا کہ وہ شادی نہ کریں تو یہی بہتر ہے۔ لیکن ساتھ ہی اس نے اِس بات کو بھی محسوس کیا کہ ہر شخص ایسا کرنے سے قاصر ہو گا۔ جھوٹے نبیوں نے ایمانداروں کو کہا وہ بالکل ہی شادی نہ کریں۔ اُنہوں نے ایمانداروں کو کئی ایک قسم کی خوراک کھانے سے بھی منع کر دیا تھا۔ اُنہوں نے سچائی کو بگاڑ کر پیش کیا تھا۔ وہ لوگوں کو اپنے مفاد کے پیشِ نظر دھوکہ دیتے اور اُن کی آنکھوں میں دھول جھونک رہے تھے۔ اُن کا دھیان مسیح پر نہیں بلکہ شریعت اور ظاہری رسومات پر تھا۔

امکانِ غالب ہے کہ وہ جھوٹے اُستاد لوگوں کی رہنمائی اس بات پر یقین رکھنے کے لئے کر رہے تھے کہ جو معجزات کی قدرت اُن کے پاس ہے وہ خدا باپ کی طرف سے ہے۔ اُنہوں نے کلام مقدس کی بعض ایک سچائیوں کے کچھ عناصر لئے اور اُنہیں توڑ مروڑ کر اپنے مفاد کے لئے لوگوں کے سامنے پیش کیا۔ وہ لوگوں کو بدی کی تعلیم نہیں دے رہے تھے۔ وہ کھلم کھلا مسیح کا انکار بھی نہیں کر رہے تھے۔ تاہم وہ ایسی شریعت پرستی کو ہوا دے رہے

تھے جو مسیح سے الگ تھی۔ وہ لوگوں کو اپنے مفاد کے لئے غلط باتیں سکھا رہے تھے۔ پولس رسول نے اس بات کا دعویٰ کیا کہ بدی اور شیطان کی فریب دینے والی بدروحیں اِن لوگوں کے اندر کام کر رہی تھیں۔

کیا ایسا ہو سکتا ہے کہ ایسے جھوٹے اُستاد آج بھی ہمارے درمیان موجود ہوں؟ کیا ممکن ہے کہ وہ ہماری توجہ اپنی طرف کریں اور مسیح پر سے ہماری نگاہیں ہٹا دیں؟ کیا ایسا ہو سکتا ہے کہ وہ منادی بھی کریں اور اِس کے ساتھ شیطان کی قوت اور قدرت سے بڑے بڑے نشانات اور معجزات بھی عمل میں آئیں؟ ہمیں کس قدر محتاط ہونے کی ضرورت ہے! خدا نے ہماری رہنمائی کے لئے اپنا کلام دیا ہے؟ ہمیں ایسے لوگوں سے آگاہ رہنے کی ضرورت ہے جو سچائی کو بگاڑ کر پیش کرتے ہیں تا کہ اس سے کوئی اپنا مفاد اور مقصد حل کریں۔

6 آیت میں پولس رسول نے تیمتھیس کو اِس بات کے لئے اُبھارا کہ وہ خدا کے لوگوں کو ایسے باتوں کی نشاندہی کر دے۔ تیمتھیس کی پرورش سچائی کے اس کلام میں ہوئی تھی جو کہ ایمان پر مبنی تھا۔ اس نے اچھی تعلیم پائی تھی۔ اب اسے یہ تلقین کی جا رہی تھی کہ وہ ایسے لوگوں سے آگاہ اور باخبر رہے جو خدا کے لوگوں کو ذہنی طور پر بعض ایک تعلیمی باتوں کے تعلق سے اُلجھانے کے لئے کوشاں تھے۔ وہ اُنہیں سچائی سے گمراہ کرنے کی کوشش کر رہے تھے۔ ہمیں اپنے دَور میں اِس بات کی کس قدر ضرورت ہے کہ ہمارے پاس روحوں کا امتیاز رکھنے والے لوگ موجود ہوں جو ایسی گمراہ کن باتوں کی نشاندہی کرتے ہوئے اُن کے خلاف نبرد آزما ہو سکیں۔

چند غور طلب باتیں

☆۔ اخیر زمانہ میں کیا ہو گا؟ پولس رسول ہمیں اس تعلق سے کیا بتاتا ہے؟

☆۔ یہ حوالہ دشمن کے فریب کے تعلق سے ہمیں کس طرح خبردار کرتا ہے؟

☆۔ یہ کیوں کر اہم ہے کہ آپ اپنے ضمیر کی آواز کو سنیں۔

☆۔ جھوٹے اُستادوں کی خصلتوں کے بارے میں پولس رسول ہمیں کیا بتاتا ہے؟

☆۔ خدا کا پاک روح کس طرح کام کرتا ہے؟ کیا دوسروں پر دھونس جمانا یا اپنے اختیار اور خدمت کو اپنے مقاصد کے لئے استعمال کرنے کا طرزِ فکر خداوند کی طرف سے ہے؟

چند اہم دُعائیہ نکات

☆۔ سچائی کے طالب ہونے کے لئے خداوند سے بھوک اور پیاس مانگیں۔

☆۔ دشمن سے فریب نہ کھانے کے لئے خداوند سے امتیاز کی روح مانگیں۔

☆۔ خداوند سے دُعا کریں کہ وہ آپ کے درمیان موجود جھوٹے اُستادوں کو بے نقاب کرے۔

باب 20

دینداری کے لئے ریاضت

1 تیمتھیس 4 باب 7 تا 16 آیت کا مطالعہ کریں

پولس رسول یہاں پر تیمتھیس کے ساتھ بطور ایک روحانی مشیر بات کرتا ہے۔وہ تیمتھیس کو اس کا روحانی باپ ہوتے ہوئے تلقین کرتا ہے کہ وہ خود دینداری میں ریاضت اور اپنی تربیت کرے۔ غور کریں کہ دینداری ایک ایسی چیز ہے جس میں تربیت کی ضرورت ہوتی ہے۔ یہاں پر استعمال ہونے والا لفظ وہی ہے جو ایک کھلاڑی کے لئے استعمال ہوتا ہے جو خود کو کسی کھیل کے لئے تربیت دیتا ہے۔ اُس کے لئے نظم وضبط اور کاوّش کی ضرورت ہوتی ہے۔ ایک راستباز اور دیندار شخص بننے کے لئے، واقعی بڑی محنت اور جدوجہد درکار ہوتی ہے۔ اس حوالہ میں پولس رسول تیمتھیس کو یہ مشورہ دیتا ہے کہ کس طرح اُس نے دینداری کے لئے اپنی تربیت کرنی ہے۔

بیہودہ کہانیوں سے کوئی تعلق نہ رکھ

پولس رسول 7 آیت سے شروع کرتا ہے اور تیمتھیس کو بتاتا ہے کہ بیہودہ کہانیوں سے کوئی تعلق نہ رکھ۔ ہمیں یہ نہیں بتایا گیا کہ یہ بیہودہ کہانیاں کیا تھیں۔ لیکن پولس رسول انہیں بیہودہ اور بوڑھیوں سی کہانیاں کہتا ہے۔ یہ انسانی تخلیل کی اختراع تھیں۔ یہ خدا کے کلام پر مبنی نہیں تھیں۔ ہمارے دَور میں بھی ایسے قصے اور کہانیاں پائی جاتی ہیں۔ شائد آپ کی ملاقات بھی ایسے لوگوں سے ہوئی ہو جو یہ تعلیم دیتے ہیں کیونکہ خدا ایک محبت کرنے والا خدا ہے وہ کسی بھی شخص کو جہنم میں ڈالنے کی سزا نہیں دے گا۔ شائد آپ ایسے لوگوں

سے ملے ہوں جو یہ ایمان رکھتے ہوں کہ اگر وہ اچھی زندگی بسر کریں تو پھر خدا اِس بات کا پابند ہو گا کہ اُنہیں اپنی بادشاہی میں داخل کرے۔ اِس دُنیا میں خدا کے تعلق سے کئی ایک خیالات اور تصورات پائے جاتے ہیں۔ لیکن یہ سب خدا کے کلام کی تعلیم پر مبنی نہیں ہوتے۔ یہ بیہودہ قصے کہانیاں ہیں جن کا خدا اور اس کے کلام سے کوئی تعلق نہیں ہے۔ اسی طرح بوڑھیوں کی سی کہانیاں جن کا پولس رسول ذکر کرتا ہے۔ توہمات اور مختلف خیالات اور سوچیں تھیں جن کی جڑیں تہذیب و تمدن میں دیکھی جاسکتی ہیں۔ لیکن خدا کے کلام کی سچائیوں کا اُن سے کوئی تعلق واسطہ نہیں ہے۔

پولس رسول تیمتھیس پر یہ بات بالکل واضح کر دیتا ہے کہ اگر اسے ایک دیندار اور راستباز شخص بننا ہے تو پھر اسے اُن کہانیوں اور مفروضات اور بے جا قصوں سے خود کو الگ کرنے کی ضرورت ہے۔ اس کی زندگی، ایمان اور عقیدے کی بنیاد خدا کے کلام پر ہونی چاہئے۔ کبھی بھی وہ انسانی خیالات کی وجہ سے خدا کے کلام کی سچائیوں سے منہ نہ موڑے۔ اگر اسے ایک دیندار شخص بننا ہے تو پھر اُسے خود کو جھوٹی اور انسانی تعلیمات سے الگ کرنا ہو گا جو معاشرے میں پھیلی ہوئی تھیں۔ خدا کا کلام ہی اُس کی زندگی اور ایمان کی بنیاد رہے۔ دینداری کی زندگی بسر کرنے کے لئے خدا کا کلام ہی اُس کی بنیاد ہو۔ وہ کسی بھی عالم فاضل شخص کے فلسفے پر توجہ دے کر خدا کے کلام کی سچائیوں سے انحراف نہ کرے۔ دینداری کی زندگی بسر کرنے کے لئے جو کچھ بھی درکار ہے وہ سب کچھ خدا کے کلام میں موجود ہے۔

پولس رسول نے 8 آیت میں تیمتھیس کو یاد دہانی کرائی کہ اگرچہ جسمانی مشق کا فائدہ ہوتا ہے، لیکن روحانی شخص بننے کے لئے جو کاوش اور مشق کی جاتی ہے وہ اور بھی زیادہ مفید اور کارآمد ہوتی ہے۔ جسمانی مشقیں اس دُنیا میں مددگار ثابت ہوتی ہیں۔ لیکن دینداری آنے

والی دُنیا کے لئے قابلِ قدر ہے۔

جب تیمتھیس نے دیندار شخص ہونے کے لئے اپنی تربیت کی تو اسے خدا کے کلام کی قطعی سچائی کو جانچ پرکھ سے قبول کرنا پڑا۔ اُسے انسانی خیالات اور قصے کہانیوں سے قطع تعلق ہونا پڑا۔ جو کچھ بھی اُس نے کیا وہ خدا کے کلام کی واضح اور الہامی سچائی پر مبنی تھا۔

زندہ خدا پر اُمید رکھنا (10 آیت)

دوسرا اصول جو پولس رسول نے تیمتھیس کو دیا وہ یہ تھا کہ وہ اپنی اُمید زندہ خدا اور سب آدمیوں کے نجات دہندہ پر لگائے۔ (10 آیت) پولس رسول اس آیت میں خدا کے تعلق سے دو چیزوں کا ذکر کرتا ہے۔ اوّل۔ وہ زندہ خدا ہے۔ بطور خدا وہ ساری قوت اور قدرت کا مالک ہے اور حاکمِ مطلق بھی ہے اور وہ لاتبدیل خدا بھی ہے۔ ہم ماضی میں اس کے پر قدرت کاموں کو دیکھ سکتے ہیں۔ وہ آج بھی ویسی ہی قوت اور قدرت کا مالک ہے۔ وہ آج کل بلکہ ابد تک یکساں خدا ہے۔

پولس رسول نے تیمتھیس کو بتایا کہ خداوند اُن سب آدمیوں کا نجات دہندہ ہے جو اُس پر ایمان لاتے ہیں۔ ایمان ہی لوگوں کو خدا کے ساتھ جوڑتا ہے۔ بطور نجات دہندہ، خدا اپنی تخلیق کی ضروریات میں دلچسپی رکھتا ہے۔ وہ اُن تک رسائی حاصل کر کے اُنہیں قوت اور قدرت سے معمور کرتا ہے، اُنہیں مسلح اور محفوظ بناتا ہے۔ وہ جو اُسے اپنا نجات دہندہ قبول کر چکے ہیں اُس کی قوت اور قدرت سے بخوبی واقف ہیں۔ وہ اُس کی فراہم اور مہیا کر دینے والی قدرت، اس کی محافظت اور اُس کی رہنمائی اور قوت کا تجربہ کر چکے ہیں۔

اگر ہم اپنے آپ کو دینداری اور راستبازی میں تربیت دینا چاہتے ہیں، تو پھر ہمیں زندہ خدا اور نجات دہندہ سے اپنی اُمید کو وابستہ کرتے ہوئے آغاز کرنا ہوگا۔ خدا اپنے توکل کرنے والوں کے لئے نجات دہندہ ہونے میں خوشی محسوس کرتا ہے۔ صرف اسی نکتہ آغاز سے

ہم دینداری میں خاطر خواہ ترقی کر سکتے ہیں۔ ہم اپنی کاوشوں سے خود کو کبھی بھی راستباز اور دیندار نہیں بنا سکتے۔ ہمیں زندہ خدا کی قوت اور قدرت کا وہ کام اپنی زندگی میں چاہیئے جو گناہ کے جوئے اور بندھن توڑ کر ہمیں گناہ سے پاک اور صاف کر دیتا ہے۔ تیمتھیس کا توکل اور بھروسہ خدا پر ہونا لازمی تھا نہ کہ اپنی کسی قابلیت یا لیاقت پر۔

دوسروں کے لئے نمونہ بن (12 آیت)

پولس رسول سمجھتا تھا کہ تیمتھیس کو افسّس میں مسائل کا سامنا ہے۔ کیونکہ وہ نوجوان خادم تھا۔ بعض اس وجہ سے بھی اُسے حقیر جانتے تھے کیونکہ وہ محض ایک نوجوان تھا۔ پولس رسول نے تیمتھیس کو بتایا کہ وہ ہر طرح کے خوف و ہراس کو دُور کر کے سب کے لئے نمونہ بنے۔ میں پولس رسول کے اس بیان کے تعلق سے چند ایک آرا پیش کرنا چاہوں گا۔

اوّل۔ تیمتھیس کو موقع نہیں دینا تھا کہ کوئی اس کی حقارت کرتا۔ بالفاظ دیگر، اسے لوگوں کے خیالات اور رائے سے اپنے طرزِ زندگی اور اعمال و افعال کو متاثر نہیں ہونے دینا تھا۔ ہم کس قدر آسانی سے لوگوں کی آرا اور باتوں کے زیرِ اثر آجاتے ہیں۔ ہماری روحانیت کا درجہ اکثر و بیشتر اس روحانی تہذیب سے طے پاتا ہے جس میں ہم زندگی بسر کر رہے ہوتے ہیں۔ جو کچھ ہم سے کرنے کی توقع کی جاتی ہے ہم اسی پر مطمئن ہو کر بیٹھ جاتے ہیں۔ ضروری نہیں کہ جو کچھ لوگ ہم سے توقع کر رہے ہوں، خدا بھی ہم سے ویسی ہی توقعات وابستہ کرے۔ بعض اوقات روحانی لوگوں کو بھی غلط ہی سمجھا جاتا ہے۔ اور ان کے تعلق سے بھی لوگوں کے دلوں اور ذہنوں میں کئی طرح کی غلط فہمیاں پائی جاتی ہیں۔ بعض اوقات لوگ یہی سمجھتے ہیں کہ روحانی لوگ سب کچھ لوگوں کی توجہ حاصل کرنے کے لئے کر رہے ہیں۔ انہیں انقلابی سمجھا جاتا ہے۔ پولس رسول تیمتھیس کو یہ بتا رہا تھا کہ جو کچھ

لوگ اس کے تعلق سے سوچتے ہیں وہ اُس کی دینداری کی تربیت اور ریاضت کو متاثر نہ کرے۔ تیمتھیس کو کلام، محبت ، ایمان اور پاکیزگی میں دوسروں کے لئے نمونہ بننے کے لئے وقف کر دینا تھا۔ اگر آپ خود کو دینداری میں تربیت دینا چاہتے ہیں تو پھر جو کچھ لوگ آپ کے تعلق سے سوچتے ہیں، یا آپ سے توقع کرتے ہیں اس پر غالب آنا ہو گا۔ آپ کو دُنیا کی بھیڑ سے نکل کر الگ کھڑے ہونا ہو گا۔ اپنے اردگرد کے لوگوں کی توقعات سے بالاتر اپنے دل کو خدا کے لئے وقف کر دیں اور خدا کے دل کی لالسا اور تمنا کو اوّل درجہ دیں۔

دوسری چیز جو آپ کو سمجھنا ہے وہ یہ کہ ہم خود ہی دینداری کی زندگی میں اپنے لئے رکاوٹ بن سکتے ہیں۔ تصور کریں کہ تیمتھیس اپنی کلیسیا کی باتوں پر کان لگاتا ہے، تصور کریں کہ وہ یہ کہہ رہا ہے کہ " وہ دُرست کہہ رہے ہیں، میں واقعی بہت نوجوان ہوں، میرا تجربہ بھی نہیں ہے۔ میں کیا کر سکتا ہوں؟" پولس رسول نے تیمتھیس کو بتایا کہ اس کی جوانی اور ناتجربہ کاری کے باوجود، اُسے سب کے لئے ایک نمونہ اور مثال بننا ہے۔ اِس کے لئے خدا پر توکل اور ایمان کی ضرورت تھی۔ اگر اُسے دینداری میں نمونہ بننا تھا، تو اُسے یہ ایمان رکھنا تھا کہ خدا اس کا نجات دہندہ ہے اور اُس کی حفاظت اور نگہبانی کرے گا، اُسے تقویت اور قوت دیتا رہے گا تاکہ وہ واقعی دُوسروں کے لئے نمونہ اور مثال بن سکے۔ اگر آپ دینداری میں نمونہ اور مثال بننا چاہتے ہیں تو پھر آپ کو اپنے آرام و آرائش کو ترک کرنا ہو گا۔ جو کچھ آپ نہیں کر سکتے اس کے لئے آپ کو خدا پر توکل اور بھروسہ کرنا ہو گا۔ آپ کو اپنے سارے عدم تحفظات، ترک کر کے خدا پر توکل اور بھروسہ کرنا ہو گا کہ وہی آپ کو ویسا بننے کی توفیق دے گا جیسا وہ آپ کو بنانا چاہتا ہے۔

کلام پڑھنے میں دل لگا۔(13 آیت)

13 آیت میں پولس رسول نے تیمتھیس کو بتایا کہ دینداری کی اس تربیت میں وہ خدا کے کلام کو پڑھنے میں دل لگائے اور تعلیم دینے اور کلام کی منادی کرنے کے لئے خود کو وقف کر دے۔ یہ کلام کا مطالعہ اور عوامی سطح پر کلام کی منادی کہاں پر ممکن ہوتی ہے؟ جب ایماندار باہم جمع ہوتے ہیں تو ایسا ممکن ہوتا ہے۔ بالفاظ دیگر، تیمتھیس کو ایسی رفاقت کا حصہ بننا تھا جہاں پر خدا کے کلام کی عزت افزائی ہوتی اور وفاداری سے کلام کی منادی اور تعلیم دی جاتی تھی۔ دینداری تنہائی میں حاصل نہیں ہوتی بلکہ خدا کے لوگوں کے ساتھ خدا کے کلام کی موجودگی میں یہ ملتی ہے۔

اپنی نعمت کو نظر انداز نہ کر(14 آیت)

14 آیت میں پولس رسول تیمتھیس کو مزید بتاتا ہے کہ دینداری کی اُس تربیت میں اُسے اپنی روحانی نعمت کو نظر انداز نہیں کرنا۔ نبوتی کلام کے وسیلہ سے اُسے یہ خاص نعمت ملی تھی۔ ہمیں یہ تو نہیں بتایا گیا کہ یہ روحانی نعمت کون سی تھی۔ ہمارے لئے یہ سمجھنا اہم ہے کہ خدا یہ چاہتا ہے کہ ہم نہ صرف اُس کے کلام کا مطالعہ کریں بلکہ اپنی نعمتیں اور خداداد صلاحیتیں اور لیاقتیں اُس کے جلال کے لئے صرف کریں۔ پولس رسول تیمتھیس کو یہ بتا رہا ہے کہ خدا کے کلام کا مطالعہ ہی کافی نہیں بلکہ ہمیں اپنی روحانی نعمتوں کو بھی بروئے کار لانا ہے۔ دینداری یہ نہیں کہ ہم سچائی کو جانیں۔ بلکہ یہ اِس سچائی کو عملی جامہ پہنانے کا نام ہے۔یعقوب رسول اِس بات کو یوں بیان کرتا ہے۔

"ہمارے خدا اور باپ کے نزدیک خالص اور بے عیب دین داری یہ ہے کہ یتیموں اور بیواؤں کی مصیبت کے وقت اُن کی خبر لیں اور اپنے آپ کو دُنیا سے بے داغ رکھیں۔"(

(27:1

تصور کریں کہ ایک کھلاڑی قواعد و ضوابط کی کتاب پڑھتا ہے لیکن کبھی بھی کھیل میں حصہ نہیں لیتا۔ بہت سے لوگ اپنا کافی وقت بائبل مقدس کے مطالعہ میں صرف کر دیتے ہیں۔ لیکن مطالعہ سے جو کچھ سیکھتے ہیں اسے کبھی بھی عملی جامہ نہیں پہناتے۔ اگر آپ روحانی طور پر نشو و نما پانا چاہتے ہیں، تو پھر آپ کو عملی زندگی اپنانا ہو گی۔ خدا چاہتا ہے کہ ہم خدمت کے کاموں میں بھی وفادار ہوں۔ ہماری روحانی نعمتیں صرف دوسروں کو مسلح اور تیار کرنے کے لئے نہیں ہوتیں بلکہ وہ ہمیں بھی دینداری اور راستبازی میں تربیت دین کا ذریعہ ہوتی ہیں۔

پولس رسول تیمتھیس کو یہ تلقین کر رہا ہے کہ وہ ان معاملات میں جانفشانی سے کام لے۔ پولس رسول اُسے یقین دہانی کراتا ہے کہ اگر وہ اُن باتوں میں جانفشانی سے کام لے گا جو اُس نے اُس کو بتائی ہیں، تو پھر لوگ اس کی ترقی کو دیکھیں۔ (15 آیت) اس کی زندگی اور تعلیم کو دیکھتے ہوئے لوگوں کو علم ہو جائے گا کہ وہ روحانی طور پر افزائش اور نشو و نما کر رہا ہے۔ تیمتھیس کو اپنی اور اپنے سننے والوں کی بھی نجات کا باعث ہونا تھا۔

جب پولس رسول یہاں پر تیمتھیس کی نجات کے تعلق سے بات کر رہا ہے تو وہ عدالت کا بیان کر رہا ہے۔ بطور ایک پاسبان، تیمتھیس کے ذمہ خدا کی طرف سے ایک کام تھا۔ تیمتھیس کی نجات تو یقینی تھی لیکن پھر بھی اُسے اپنی زندگی کا حساب دینا تھا اُسے اپنے اعمال و افعال کے لیے خدا کے حضور جوابدہ ہونا تھا۔ دینداری کی زندگی بسر کرتے ہوئے، تیمتھیس کو خدا کی طرف سے یہ حکم تھا کہ وہ بہت سے لوگوں کو نجات اور گناہ سے بچائے۔

بطور ایماندار ہم خدا کی بہت سے برکات سے محروم رہ جاتے ہیں۔ ہم دینداری میں اپنی

تربیت نہ کرنے سے ایسا کرتے ہیں۔ ایک دن ہم خدا کے تخت عدالت کے سامنے کھڑے ہو کر اپنے اعمال و افعال اور زندگیوں کا حساب کتاب دیں گے۔ اگر ہم نے دینداری میں اپنی تربیت نہ کی اور اِس سلسلہ میں جانفشانی سے کام نہ لیا تو بہت نقصان ہو جائے گا۔

چند غور طلب باتیں

☆۔ کیا ممکن ہے کہ کوئی شخص نظم و ضبط اور محنت کے بغیر بھی دیندار اور راستباز ہو؟

☆۔ دیندار ہونے کے لئے نظم و ضبط اور ہمیں دیندار بنانے کے لئے مسیح کے ہماری زندگی میں کیا تعلق پایا جاتا ہے؟

☆۔ مسیح کی مانند زیادہ سے زیادہ بننے کے لئے آپ کو کیا کرنے کی ضرورت ہے؟

☆۔ کس طرح دوسرے لوگوں کے رویے اور باتیں ہماری دینداری کی تربیت میں رکاوٹ کا باعث ہو سکتے ہیں؟ کیا کبھی دوسرے لوگوں نے آپ کی حوصلہ شکنی کی ہے؟

☆۔ کس طرح دوسروں کے ساتھ رفاقت ہمیں دیندار ہونے کی تربیت میں مدد گار ثابت ہوتی ہے؟

☆۔ یہ کس قدر اہم ہے کہ ہم خدا کی عطا کردہ نعمتوں کو استعمال میں لائیں؟ کس طرح خدا نے آپ کی روحانی نعمتوں کو دینداری میں ترقی اور افزائش کرنے کے لئے استعمال کیا ہے؟

چند اہم دُعائیہ نکات

☆۔ دینداری میں افزائش اور ترقی کرنے کے لئے درکار نظم و ضبط خداوند سے مانگیں۔

☆۔ خداوند سے ایسی چیزوں کے تعلق سے کلام کرنے کے لئے کہیں جو آپ کو دینداری میں افزائش اور ترقی کی راہ میں رکاوٹ کا باعث ہیں۔

☆۔ از سرِ نو دینداری کی زندگی بسر کرنے کے لئے خداوند کے حضور عہد کریں اور اپنا آپ خداوند کے سپُرد اور تابع کر دیں۔

باب 21

بیوائیں

1 تیمتھیس 5 باب 1 تا16 آیت کا مطالعہ کریں

5 باب کے پہلے حصہ میں، پولس رسول نے تیمتھیس کو کلیسیا میں موجود بیواؤں سے برتاؤ کرنے کے لئے ہدایات دیں۔ اِس موضوع پر تفصیل میں جانے سے پہلے، پولس رسول مسیح کے بدن میں تعلقات قائم رکھنے کے تعلق سے عمومی رائے کا اظہار کرتا ہے۔
پولس رسول تیمتھیس کو یہ بتانے سے آغاز کرتا ہے کہ کسی عمر رسیدہ سے سخت کلامی نہ کرنا۔ وہ اُسے نصیحت کرتا ہے کہ وہ اُسے باپ جانتے ہوئے نصیحت کرے۔ پولس رسول تیمتھیس سے یہ نہیں کہہ رہا کہ اگر بڑی عمر والا شخص غلطی کرے تو اُسے تاکید یا تلقین نہ کر۔ بلکہ وہ اسے ایسا کرنے کے لئے کہہ رہا ہے۔ تاہم، اُس کی عمر کا لحاظ کرتے ہوئے، تیمتھیس کو عاجزی، انکساری اور بڑے ادب سے اُس سے بات کرنی تھی کیونکہ عمر رسیدہ لوگ اپنی زندگی میں خود بھی ایک تجربہ رکھتے ہیں۔ تیمتھیس کو عمر رسیدہ لوگوں کو ہر طرح کی عزت اور احترام دینا تھا جس کے وہ مستحق ہوتے ہیں۔
اسی طرح عمر رسیدہ عورتوں سے بھی اسی طرح سے برتاؤ کرنا تھا۔ اُنہیں کلیسیا میں عزت کا مقام دینا تھا۔ تیمتھیس کو انہیں ڈانٹنا نہیں تھا۔ تیمتھیس کو اُنہیں ڈانٹنے میں جلد بازی سے کام نہیں لینا تھا۔ اُسے ایک بیٹے کی طرح بزرگ عورتوں سے پُر محبت انداز میں بات کرنی تھی۔ نوجوان عورت کے بارے میں پولس کی یہ رائے تھی، کہ تیمتھیس اُن سے ایک بھائی کے طور پر سلوک کرے۔ ایک بھائی ہر طرح کی صورتحال میں بات سنتا اور شانہ

بشانہ اپنی بہنوں کے ساتھ کھڑا ہوتا ہے۔ بھائی اور بہنوں کے درمیان ایک بندھن ہوتا ہے جو آسانی سے نہیں ٹوٹتا۔

نوجوان عورتوں کو بہن جانتے ہوئے اُن کو نصیحت اور تلقین کرنی تھی۔ کون ہے جو اپنی ہی بہن سے بدسلوکی کا سوچے گا؟ ہم اپنی بہنوں کو تحفظ دیتے ہیں۔ ہم اُن کے لئے کھڑے ہوتے ہیں۔ ہم اُن کو رسوا نہیں کرتے۔ اگر کوئی اُن کے ساتھ بدتمیزی کرے تو ہم اس بات کو بڑی سنجیدگی سے لیتے ہیں۔ بزرگوں، عمر رسیدہ عورتوں اور نوجوان عورتوں کے ساتھ برتاؤ کے تعلق سے یہ ہدایات دینے کے بعد پولس رسول اب بیواؤں کے بارے میں خصوصی طور پر بات کرتا ہے۔ ابتدائی کلیسیا میں بیواؤں کا مسئلہ بہت اہم مسئلہ تھا۔ اکثر ایسی عورتوں اور ان کے گھرانے کی دیکھ بھال اور ان کی ضروریات کا خیال رکھنے والا کوئی نہیں ہوتا تھا۔ ایسے گھرانے اپنی ضروریات کے لئے خود ہی ہاتھ پاؤں مار رہے ہوتے تھے۔ ایسی دُنیا جہاں پر مرد کام کرتے ہیں اور عورتیں گھروں میں رہتی ہیں، تو پھر اِس صورتحال میں بیواؤں کی مالی صورتحال کا اندازہ بخوبی لگایا جاسکتا ہے۔ بالخصوص اگر چھوٹے بچے بھی موجود ہوں تو ضروریات اور مسائل کس قدر بڑے ہوں گے۔

افسّس کی کلیسیا نے بیواؤں کی ضروریات کو محسوس کرتے ہوئے ان کی کفالت کے لئے وہ سب کچھ کیا جو وہ کرسکتے تھے۔ پولس رسول نے تیمتھیس کی حوصلہ افزائی کرتے ہوئے اس عمل کو جاری رکھنے کے لئے کہا۔ ہمارے لئے اِس بات پر غور کرنا اہم ہے کہ کلیسیا کا کام صرف خدا کے کلام کی منادی نہیں ہے بلکہ مسیح کے بدن میں مستحق اور محتاج لوگوں کی ضروریات پوری کرنا بھی ہے۔ خداوند یسوع مسیح نے محتاجوں اور غریبوں کے لئے اپنی فکر مندی کا اظہار کیا۔ ہمارا خداوند توقع کرتا ہے کہ ہم اُس کے نقش قدم پر چلیں۔

اس حصہ کے بقیہ حصہ میں پولس رسول بیواؤں کی خدمت گزاری کے تعلق سے چند عملی

ہدایات دیتا ہے۔

اگر کسی بیوہ کے بچے بھی ہوں (4 آیت)

پولس رسول تیمتھیس کو یہ بتانے سے آغاز کرتا ہے کہ اگر ایک بیوہ کے بچے یا بچوں کے بچے ہوں تو پھر وہی اپنی اس بزرگ ماں کی ضروریات کا خیال رکھیں۔ وہ یاد کریں کہ جب اُنہیں اُس کی ضرورت تھی تو وہ کس طرح اُن کی دیکھ بھال کرتی رہی۔ اس صورت میں یہ دیکھا جائے کہ بچے اِس قدر بڑے ہوں کہ وہ کام کاج کرنے کے قابل ہوں۔ خدا توقع کرتا ہے کہ نوجوان بچے اپنے والدین کی ضروریات کا خیال رکھیں۔ اگر بیوہ عورت کے بچے ہوں جو اُس کی دیکھ بھال اور ضروریات پوری کرسکتے ہوں تو پھر کلیسیا ایسی بیوہ عورت کی ذمہ داری سے آزاد ہو جاتی ہے۔

دو طرح کی عورتیں (5، 6 آیت)

تمام بیوائیں ایک جیسی نہیں ہوتیں۔ کچھ ایسی عورتیں بھی تھیں جو خدا پر توکل اور بھروسہ کرنے والی ہوتی تھیں۔ کچھ ایسی بھی تھیں جو ایمان اور کلام کے اعتبار سے مُردہ تھیں۔ یوں لگتا ہے کہ پولس رسول تیمتھیس سے یہ کہہ رہا ہے کہ کلیسیا کو بیوہ عورت کی صورتحال کا جائزہ لے کر ہی اُس کی مدد کرنے کا فیصلہ کرنا چاہیئے۔ یہ بھی دیکھا جائے کہ آیا وہ روحانی عورت ہے۔ کیا وہ اپنی عیش و عشرت کے لئے زندگی بسر کر رہی ہے۔ یا پھر خدا پر توکل اور بھروسہ کر کے اس کے لئے اور اُس میں زندگی گزار رہی ہے؟ کلیسیا کو ایسی بیوہ عورتوں کا بوجھ نہیں لینا چاہیئے جو خدا کے ساتھ کوئی تعلق واسطہ نہیں رکھتیں اور دستیاب وسائل کو اپنی عیش و عشرت اور گناہ آلودہ زندگی پر ضائع کر رہی ہوں۔

پولس رسول نے تیمتھیس کو یاد کرایا کہ وہ افسّس کے لوگوں کو دُنیا کی عیش و عشرت میں

زندگی بسر کرنے کا رجحان رکھنے والوں کو خطرہ سے آگاہ کرے۔ (7 آیت) اُسے اُن عیش پرستوں کو آگاہ اور باخبر کرنا تھا تاکہ وہ اُس پھندے میں نہ پھنسیں۔ بلکہ اُنہیں خدا کے حضور فریاد کرتے ہوئے اُس کی مرضی کے طالب ہونا تھا۔

خاندان کے لئے کلام (8 آیت)

پولس رسول بیوہ عورتوں کے خاندانوں سے بھی کلام کرتا ہے۔ اُس نے اُنہیں بتایا کہ اگر وہ اپنے رشتہ داروں کی ضروریات کے لئے عملی طور پر کچھ نہیں کرتے، بالخصوص انتہائی قریبی رشتہ داروں کی کفالت نہیں کرتے، تو پھر وہ اپنے ایمان کے منکر ہو چکے ہیں۔ وہ خدا کے کلام کی نافرمانی میں زندگی بسر کر رہے ہیں۔ ایسے لوگ ایک غیر ایماندار سے بھی بد ترین ہیں۔ حتیٰ کہ غیر ایماندار بھی اپنے گھرانے کی ضروریات کو سمجھتے اور انہیں پورا کرتے ہیں۔ کلیسیا کی ذمہ داری تھی کہ وہ ایسے ایمانداروں کو تاکید و تلقین کرے جو اپنے گھرانوں کی کفالت کے تعلق سے لاپرواہی کا مظاہرہ کر رہے تھے۔ یہ خاندان خدا کے خلاف باغیانہ روّیہ اپنائے ہوئے تھے اور وقت کی ضرورت تھی کہ اُن کی اصلاح کی جائے۔

60 برس سے زائد العمر بیوائیں

پولس رسول نے تیمتھیس کو تلقین کی کہ 60 برس سے زائد العمر بیوہ کو ایسی فہرست میں شامل نہ کیا جائے جس کی کلیسیا نے مدد و معاونت کرنی ہے، ایسی عورت کی مدد کی جاسکتی ہے بشرطیکہ اُس کی زندگی میں کچھ خاص صفات موجود ہوں۔ وہ اپنے شوہر سے وفادار رہی ہو۔ اپنے نیک کاموں کی وجہ سے بھی جانی اور پہچانی جاتی ہو۔ دوسروں سے مہربانی اور رحم و شفقت سے پیش آتی رہی ہو۔ اپنے بچوں کی روحانی پرورش کی ہو۔ مقدسین کی مہمان نوازی کی ہو اور ان کے پاؤں دھوئے ہوں۔ بالفاظ دیگر اُس کا روّیہ عاجزانہ اور خادمانہ رہا

ہو۔ وہ ایسی بیوہ ہو جو خود بھی اپنے ارد گرد کے محتاجوں اور مشکل میں پھنسے لوگوں کی مدد کے لئے آگے بڑھتی رہی ہو۔ اگر ایک بیوہ میں درج بالا صفات ہوں تو پھر ہی وہ اس فہرست میں شامل ہو جس کی کلیسیا نے مالی معاونت کرنی ہو۔

نوجوان بیوائیں (11 آیت)

اگر ایک بیوہ 60 برس کی عمر سے نیچے ہو تو اسے اس فہرست میں شامل نہ کیا جائے جس کی کلیسیا مدد و معاونت کرنا چاہتی ہے۔ پولس رسول نے تیمتھیس کو وجہ بتاتے ہوئے کہا کہ ایسی عورتیں جب جسمانی خواہش پر غلبہ قائم نہیں رکھ سکتیں تو پھر بیاہ کرنا چاہتی ہیں۔ غور کریں کہ کس طرح پولس رسول نے تیمتھیس کو بتایا کہ اگر یہ بیوائیں شادی کرتی ہیں تو پھر وہ خداوند کے ساتھ اپنا عہد توڑتی ہیں تو اپنے اُوپر خداوند کی عدالت لاتی ہیں۔ اس بیان سے پولس رسول کا کیا معنی ہے؟

پولس رسول یہ نہیں کہہ رہا کہ دوبارہ شادی غلط بات ہے۔ وہ رومیوں 7 باب 3،2 آیت میں اس بات کو واضح کرتا ہے کہ جس عورت کا شوہر مر چکا ہو وہ دوبارہ شادی کرنے کے لئے آزاد ہے۔

"چُنانچہ جِس عورت کا شوہر موجود ہے وہ شریعت کے موافق اپنے شوہر کی زندگی تک اُس کے بند میں ہے لیکن اگر شوہر مر گیا تو وہ شوہر کی شریعت سے چھوٹ گئی۔ پس اگر شوہر کے جیتے جی دوسرے مَرد کی ہو جائے تو زانیہ کہلائے گی لیکن اگر شوہر مر جائے تو وہ اُس شریعت سے آزاد ہے۔ یہاں تک کہ اگر دوسرے مَرد کی ہو بھی جائے تو زانیہ نہ ٹھہرے گی۔"

یہاں پر سمجھنے والی بات یہ ہے کہ وہ بیوہ عورت جس کی کلیسیا مدد و معاونت کرے وہ بھی کسی نہ کسی طور سے کلیسیائی خدمت میں پیش پیش رہے۔ وہ کلیسیا کی طرف سے نیک

اعمال کے ذریعہ اپنی خدمت کا حصہ ڈالے۔ یہی وجہ ہے کہ پولس رسول اس بات پر زور دیتا ہے کہ ایسی بیواؤں کی معاشرے میں نیک نامی اور اچھی شہرت ہونی چاہیے۔ پولس رسول اِس بات کا تقاضا کرتا ہے کہ اُن بیواؤں میں کچھ خصوصیات ہونی چاہیئے جن کہ بنا پر اُن کی مدد اور معاونت کی جائے۔ کیونکہ ایسی بیوائیں کلیسیا سے مدد پانے کی بنیاد پر کلیسیا سے منسلک ہو کر معاشرے میں اس کی نمائندگی کرتی ہیں۔ یاد رہے کہ پولس رسول نے نگہبان اور ڈیکن کے تعلق سے بھی کچھ خصوصیات کا ذکر کیا ہے۔ اسی طرح پولس رسول بیواؤں کے تعلق سے بھی بات کرتا ہے کہ کیونکہ نگہبانوں، ڈیکنز اور ایلڈرز کی طرح بیوائیں بھی کلیسیا میں اہم کردار ادا کر سکتی ہیں۔

پولس رسول ہمیں یہ بتا رہا ہے کہ ایسی بیوائیں جو بیواؤں کی فہرست میں شامل ہو کر پھر سے دوبارہ شادی کا پروگرام بنا لیتی ہیں، وہ کلیسیا میں خدمت گزاری اور اُس کی نمائندگی کے عہد سے پھر جاتی ہیں۔ اُنہوں نے کلیسیائی خدمت کے لئے عہد کیا تھا لیکن اب اپنی جسمانی خواہشات کے سبب سے دوبارہ شادی کے چکر میں پڑ جاتی ہیں۔ اگر کوئی بیوہ عورت دوبارہ شادی کر لے تو پولس رسول کو اس بات سے کوئی مسئلہ نہیں۔ بلکہ پولس رسول ایسی بیواؤں کی تلاش میں ہے جو بیاہ نہ کرنے کا چناؤ کرتے ہوئے خداوند کی خدمت بہ دل و جان کرنے کے لئے وفادار رہیں۔

اِس وجہ سے پولس رسول نے تیمتھیس کو بتایا کہ صرف 60 برس سے زائد العمر بیوائیں ہی خداوند کے ساتھ خدمت کا عہد کریں اور پورے طور پر کلیسیا میں کل وقتی خدمت کا بیڑا اُٹھائیں۔ نوجوان عورتیں کوئی ایسا عہد نہ کریں جسے وہ پورا نہ کر سکیں۔ بہتر یہی ہے کہ وہ شادی کر لیں، بجائے اس کے کہ وہ خداوند کی خدمت کا عہد کریں اور پھر اِس عہد کو توڑ دیں۔ ایک اور وجہ کی بنیاد پر بھی پولس رسول نے یہ بہتر سمجھا کہ نوجوان بیوائیں بیاہ کر

لیں۔ نوجوان شخص توانائی سے بھرپور ہوتا ہے، آرام سے بیٹھنا مشکل جب کہ گھر گھر پھرنے، لوگوں سے بات چیت کرنے اور یوں وقت گزارنا بڑا دشوار ہوتا ہے۔ اُس دَور میں عورت کو کام کاج کی آزادی نہیں تھی، کیونکہ یہ اُن کی تہذیب وتمدن کا حصہ نہیں تھا۔ جب شوہر بھی سر پر نہ ہو اور کوئی کام کاج بھی نہ ہو۔ تو پھر بیکار رہتے ہوئے کئی طرح کی آزمائشیں اور امتحان آسکتے ہیں۔ اِس سے کلیسیا میں ہی نہیں بلکہ معاشرے میں بھی کئی طرح کے مسائل اور مشکلات کھڑی ہوسکتی ہیں۔

پولس رسول نے نوجوان بیواؤں کو یہ مشورت دی کہ وہ شادی کرلیں۔ اُن کا خاندان ہو اور وہ اپنے گھرانے کی دیکھ بھال میں وقت گزاریں تاکہ آزمائش میں پڑنے کا کوئی موقع ہی پیدا نہ ہو۔ بے کار رہنا ہماری زندگی میں دُشمن کے لئے دروازے کھولتا ہے۔

15 آیت میں پولس رسول نے تیمتھیس کو بتایا کہ بعض بیوائیں پہلے ہی خداوند کے ساتھ عہدوپیمان سے پھر چکی ہیں۔ وہ دشمن کی طرف سے آنے والی آزمائش کے سامنے گھٹنے ٹیک چکی ہیں۔ پولس رسول نے ایمانداروں کو اِس بات کے لئے اُبھارا کہ اگر اُن کے خاندان میں کوئی بیوا ہو تو وہ اُس کی دیکھ بھال کریں تاکہ کلیسیا پر اُس کا بوجھ نہ پڑے۔

چند غور طلب باتیں

☆۔ پولس رسول ان بیواؤں کے لئے شرائط مقرر کرتا ہے جن کی کلیسیا نے مالی معاونت کرنی تھی؟ کیا اِس کا یہ مطلب ہوا کہ ہمیں غیر ایمانداروں کی اُن کی مادی ضروریات میں مدد نہیں کرنی چاہیے؟ اِس حوالہ میں پولس رسول کس قسم کی بیواؤں کا ذکر کر رہا ہے؟ کلیسیا کے لئے اُن کے کیا فرائض اور ذمہ داریاں تھیں؟

☆۔ معاشرے میں عملی قسم کی خدمات سرانجام دینے کے لئے ہم کلیسیا کی ضرُورت کے

تعلق سے کیا سیکھتے ہیں؟

☆۔ یہ کس قدر اہم ہے کہ ہم اپنے گھرانوں کی خبر گیری کریں۔ آپ کس طرح سے اِس ذمہ داری کو نبھا رہے ہیں؟

☆۔ بے کار رہنے میں کیا خطرہ لاحق ہوتا ہے؟

☆۔ خدا کے حضور اپنی منتیں اور عہد نبھانے کی اہمیت کے تعلق سے ہم کیا سیکھتے ہیں؟

☆۔ کیا آپ ایک بیوہ یا رنڈوے ہیں؟ آپ کس طرح سے اپنا وقت صرف کرتے ہیں؟ خدا کے کلام کا یہ حصہ آپ کے لئے کیا تاکید کرتا ہے؟

چند اہم دُعائیہ نکات

☆۔ خداوند سے دعا کریں کہ آپ اپنے گھرانے کی ضروریات کو جان سکیں۔

☆۔ اپنے معاشرے کی ضروریات کو جاننے کے لئے خداوند سے کھلی آنکھوں کے لئے دُعا کریں۔

☆۔ کیا آپ کی کلیسیا میں بیوائیں موجود ہیں؟ اُن کے لئے دُعا میں کچھ وقت گزاریں۔ خداوند سے دُعا کریں کہ آپ پر ظاہر کرے کہ آپ شخصی طور پر کس طرح اُن کی خدمت کر سکتے ہیں؟

☆۔

☆۔ کیا آپ ایک بیوہ یا رنڈوے ہیں؟ خداوند سے رہنمائی مانگیں تا کہ آپ پر یہ بات ظاہر ہو جائے کہ آپ اس کی خدمت میں کس طرح وقت گزار سکتے ہیں؟

باب 22

بُزرگ

1 تیمتھیس 5 باب 17 تا 25 آیت کا مطالعہ کریں

تیمتھیس کے نام لکھے گئے خط کے اس حصہ میں، پولس رسول ایلڈرز کے بارے میں بات کرتا ہے۔ اُس کی یہ تمنا تھی کہ کلیسیا ایلڈرز کو خدا کے بندے جانتے ہوئے عزت اور احترام دیں۔ پولس رسول نے کئی بزرگوں / ایلڈرز کے تعلق سے ایک ہدایات پولس رسول کو دیں۔ پولس رسول نے تیمتھس کو حکم دیا کہ وہ یہ تعلیمات اُن لوگوں تک پہنچائے جن کی وہ تعلیم و تربیت کر رہا ہے۔

ایلڈرز دو چند عزت کے لائق سمجھے جائیں

پولس رسول تیمتھیس کو یاد کراتے ہوئے آغاز کرتا ہے کہ بزرگ جو کلیسیا کا انتظام و انصرام چلاتے ہیں، دو چند عزت کے لائق ہیں۔ پولس رسول کے مطابق بالخصوص وہ بزرگ جو تعلیم و منادی کے کام میں مشغول و مصروف تھے اُن پر یہ بات صادق آتی تھی۔ "دو چند" سے پولس رسول کی کیا مراد ہے؟ 18 آیت ہمیں اس سوال کا جواب دیتی ہے۔ 18 آیت میں پولس رسول نے تیمتھیس کو دائیں میں چلتے ہوئے بیل کے بارے میں شریعت کی تعلیم یاد کرائی۔ کہ کس طرح سے اناج کھیت سے کھتے میں جمع کیا جاتا تھا۔ استثناہ 25 باب 4 آیت میں شریعت واضح طور پر بیان کرتی ہے کہ دائیں میں چلتے ہوئے بیل کا منہ نہ باندھنا۔ کام کرتے ہوئے بیل کو آزادی سے کھانے کی اجازت ہوتی تھی۔ اُس کا منہ نہیں باندھا جاتا تھا تا کہ اُسے کھانے پینے میں کوئی رکاوٹ پیش نہ آئے۔ پولس رسول

نے تیمتھیس کو بتایا کہ مزدُور اپنی مزدُوری کا حق دار ہے۔ بزرگوں کی عزت کرنے سے مُراد اُن کی روز کی روٹی اور دیگر ضروریات کی فراہمی ہے۔ ایک بزرگ کو اُس کی محنت کا معاوضہ ملتا تھا۔ تاکہ وہ تعلیم دینے اور منادی کی خدمت میں بلارکاوٹ اور بغیر کسی پریشانی کے مصروف و مشغول رہ سکے۔

یہ بات بڑی دلچسپی کی حامل ہے کہ پولس رسول خود کسی تنخواہ کا طلبگار نہیں تھا۔ اُس نے تعلیم اور منادی کرنے کے لئے درکار مالی ضروریات کے لئے کام کرنے کا انتخاب کیا تھا۔ پولس رسول یہ نہیں کہہ رہا کہ ہر شخص ایسا ہی کرے۔ وہ اِس بات کو بالکل واضح کر دیتا ہے کہ وہ خدام جو تعلیم اور منادی کرنے کی خدمت سرانجام دیتے ہیں اُنہیں اُن کی خدمت کے لئے مالی معاونت کی جانی چاہئے۔ اگرچہ معلم اور مناد پولس رسول کے نمونے پر چل سکتے تھے۔ کلیسیا اپنے روحانی قائدین کو مالی معاونت دینے کے لئے تیار تھی۔ اُن پر واجب تھا کہ وہ اپنے روحانی قائدین کی ضروریات پوری کرتے ہوئے اُن کے لئے اپنے دل میں موجود عزت اور احترام کا اظہار کریں۔

غور کریں کہ پولس رسول یہ کہہ رہا ہے کہ بزرگ دوچند عزت کے لائق ہیں۔ پولس رسول یہ نہیں کہہ رہا کہ کلیسیا کسی بھی دوسرے شخص سے زیادہ ایلڈر حضرات کو مالی معاونت دے۔ وہ یہ کہہ رہا ہے کہ اُن کی خدمات بہت زیادہ اہمیت کی حامل ہیں۔ وہ خدام اُن کی روحوں کی فکر اپنے دل میں لئے ہوئے تھے۔ اُن کی خاص منسٹری کی وجہ سے اُن کے لئے خصوصی عزت اور احترام کا اظہار ہونا چاہئے تھا۔

چند برس پہلے کی بات ہے کہ میں ایک کلیسیا میں خدمت گزاری کا کام کرتا تھا۔ جہاں پر ہمیشہ مشنری پاسبان موجود ہوتے تھے۔ ایک موقع پر ایک مقامی ایماندار نے بائبل سکول سے تربیت پائی اور اُس نے محسوس کیا کہ خدا اُسے بطور ایک پاسبان اپنے آبائی گاؤں میں

خدمت کرنے کے لئے بلایا ہے۔ کلیسیا نے اس کی مالی معاونت سے اِس بنا پر انکار کر دیا کہ اگر وہ یہ چاہتا ہے کہ اُس کی مالی معاونت کی جائے تو پھر خدمت کے لئے اُس کی نیت اور دلی محرکات اچھے نہیں ہیں۔ بالاخر وہ شخص وہاں سے چلا گیا اور اُس نے ایک اور پیشہ ورانہ ٹریننگ کر لی تاکہ وہ اپنی ضروریات پوری کر سکے۔ یہ بات تسلیم کرنی پڑے گی کہ آج بہت سے لوگ اِس لئے بھی خدمت میں ہیں جو روپے پیسے کی وجہ سے خدمت میں آئے ہیں۔ پولس رسول اس بات کو اضح کرتا ہے کہ خدا کے کلام کی خدمت گزاری کا کام کسی بھی اور کام سے زیادہ اس بات کا مستحق ہے کہ اُس کے لئے روپیہ پیسہ ادا کیا جائے۔ اپنے روحانی قائدین کی عزت افزائی کرنے سے دراصل ہم خدا کی عزت کرتے ہیں۔

بزرگوں کے خلاف الزامات (19 آیت)

بزرگ بھی کامل نہیں ہوتے۔ ان سے بھی غلطیاں سرزد ہو سکتی ہیں اور وہ بھی گناہ میں گر سکتے ہیں۔ ایسا وقت بھی آسکتا ہے جب ایک بزرگ کو خدا کے لوگوں کے سامنے اپنے اعمال و افعال کے لئے جوابدہ ہونا پڑ سکتا ہے۔ پولس رسول اس بات کو واضح کرتا ہے کہ ایک بزرگ کے خلاف الزامات سنجیدہ قسم کے تھے۔

کسی بھی بزرگ پر الزام لگانے سے پہلے ان الزامات کی اچھی طرح جانچ پرکھ کی جائے۔ کسی بھی حقیقت کی جانچ پرکھ کے لئے دو یا تین گواہان درکار تھے۔ اگر بزرگ کے خلاف لگایا گیا الزام جھوٹا ثابت ہو، تو اِس سے منسٹری میں تباہی اور بربادی آسکتی ہے۔ اس صورت میں الزام لگانے والوں کو موردِ الزام ٹھہرایا جائے۔ کلیسیائی قیادت کے خلاف بولنا اور اُن پر الزام تراشی بہت آسان کام ہے۔ اِس کے تباہ کن نتائج سامنے آتے ہیں۔ اگرچہ ہمیں احتیاط سے کام لیتے ہوئے کلیسیا میں سے گناہ کو نکالنا ہے تاہم کسی بھی بزرگ کی عزت اور شہرت اور اُس کی خدمت گزاری کے کام کو تباہ کرنے سے پہلے اچھی طرح

جانچ پرکھ کر لینی چاہیئے۔ ہمیں کلیسیا کے بزرگوں کو عزت اور قدر کی نگاہ سے دیکھتے ہوئے اُن پر بے سوچے سمجھے الزام تراشی کرنے سے گریز اور پرہیز کرنا چاہیئے۔ چھوٹے موٹے معاملات میں بزرگوں پر تنقید اور اُن کے خلاف تہمت بازی سے ہم اُن کی ساکھ اور خدمت کو تباہ کرنے کے لئے گناہ کے مُرتکب ہو سکتے ہیں۔ کلیسیائی قیادت عزت اور احترام کے قابل ہوتی ہے۔ ہم اپنی باتوں اور تنقید سے اُن کی خدمت میں رکاوٹ نہ ڈالنے کے تعلق سے بہت محتاط روّیہ اختیار کریں۔

20 آیت میں پولس رسول تیمتھیس کو ہدایت کرتا ہے کہ جب کسی بزرگ پر لگائے گئے الزامات درست ثابت ہوں تو پھر وہ کیا کرے۔ ایسے بزرگ کو سب کے سامنے ملامت کی جانی چاہیئے۔ جب سب کے سامنے بزرگ کو ملامت کی جاتی ہے تو پھر کلیسیا کا نکتہ نظر بھی واضح ہو جاتا ہے۔ پوری کلیسیا بلکہ پورے معاشرے کے لئے یہ کلیسیا کی اچھی گواہی ثابت ہو گی۔ اس سے دوسرے بزرگ بھی تنبیہ پائیں گے اور اپنے اعمال و افعال کے ذریعہ سے خدا کو عزت اور جلال دینے کی ذمہ داری محسوس کریں گے۔ کلیسیا کو ایک بزرگ کی حمایت کرتے ہوئے اس کے گناہ کو چھپانا نہیں بلکہ بے نقاب کرنا چاہیئے اور عوام کے سامنے اُس کے خلاف کاروائی عمل میں لانی چاہیئے۔ یاد رہے کہ بزرگ ایسی صورتحال کے باوجود بھی عزت اور تکریم کے لائق ہے۔ اس کا مطلب ہے کہ اُس کو تنبیہ کرتے ہوئے بھی اُس کے ساتھ عزت سے پیش آنا چاہیئے۔ اس کے لئے ہمارے دل میں محبت موجود رہے اور اُس کا وقار اور عزت پامال نہ ہونے پائے۔ پولس رسول نے تیمتھیس کو یہ بھی نصیحت کی کہ بغیر کسی جانبداری کے ان ہدایات پر عمل پیرا ہو۔ کلیسیا کو طرفداری سے کام نہیں لینا چاہیئے۔ بوقت ضرورت ہر ایک بزرگ کی اصلاح اور تنبیہ ہونی چاہیئے۔

ہاتھ رکھنے میں جلدی نہ کر (22 آیت)

پولس رسول اپنی بات جاری رکھتے ہوئے بیان کرتا ہے کہ کلیسیا کو ہاتھ رکھنے میں بھی جلدی نہیں کرنی چاہیے۔ (22 آیت) کلیسیا میں کسی شخص پر ہاتھ رکھ کر اُسے بطور ایک بزرگ مقرر کیا جاتا تھا۔ دراصل پولس رسول تیمتھیس سے یہ کہہ رہا ہے کہ وہ کسی کو بزرگ کے طور پر مقرر کرنے میں جلد بازی سے کام نہ لے۔ بہت اہم بات یہ ہے کہ بزرگ مقرر ہونے والے حضرات پہلے اچھے طریقہ سے جانچے اور پرکھے جائیں۔ ہم جلد بازی سے ایسے لوگوں کو کسی عہدہ اور مقام پر فائز کر سکتے ہیں جس کے وہ لائق نہیں ہوتے۔ ہمیں بزرگ مقرر کرنے میں جلد بازی سے نہیں بلکہ تھوڑا وقت لے کر سوچ بچار کرنی چاہیے۔ تاکہ ہمیں اِس بات کی کامل یقین دہانی ہو کہ وہ لوگ واقع خدا کی طرف سے کلیسیا میں مقرر کئے گئے ہیں۔

5 باب کے آخری حصہ میں پولس رسول نے تیمتھیس کو فرزند جانتے ہوئے نصیحت کی کہ وہ دوسروں کے گناہوں میں شریک نہ ہو۔ (22 آیت) اُسے خداوند پر نظریں لگائے اُس کی خدمت بہ دل و جان کرنا تھی۔ اسے اس بات پر بالکل بھی توجہ نہیں دینا تھی کہ دوسرے لوگ کیا کر رہے ہیں۔ اُسے اپنے آپ کو پاک اور خالص رکھتے ہوئے جو دُرست اور واجب تھا کرتے چلے جانا تھا۔ اکثر و بیشتر، جب ہم دوسروں پر اپنے ایمان پر سمجھوتہ کرتے ہوئے دیکھتے ہیں تو ہم محسوس کرتے ہیں کہ ہم بھی اپنے روحانی معیار کو تھوڑا کم کر لیں تو کیا فرق پڑے گا۔ ہم اپنے ایمان اور روحانیت کا دوسروں سے موازنہ کرتے ہیں کہ وہ کس طرح زندگی بسر کر رہے ہیں۔ ہمیں ایمانداروں کے ساتھ نہیں بلکہ اپنی زندگی، خدمت اور روحانی معیار کا خدا کے کلام سے موازنہ کرنا ہے۔

23 آیت ہمیں بتاتی ہے کہ تیمتھیس اکثر و بیشتر بیمار رہتا تھا۔ یہ بات توجہ طلب اور دلچسپی

کی حامل ہے کہ تیمتھیس کو اپنی بیماری سے شفا نہیں ملی تھی۔ امکانِ غالب ہے کہ پولس رسول نے تیمتھیس کے لئے دُعا بھی کی ہو گی۔ لیکن تیمتھیس ابھی تک بیمار تھا۔ پولس رسول نے تیمتھیس کو نصیحت کی کہ وہ اپنی بیماری کی وجہ سے تھوڑی مے بھی پی لیا کرے۔ مے نے تیمتھیس کے لئے دوا کا کام کرنا تھا۔ پولس رسول تیمتھیس کو بتا رہا تھا کہ بطور دوا وہ تھوڑی سی مے پی لیا کرے۔ یہ بات بہت بڑی اہمیت کی حامل ہے۔

پولس رسول نے مے کے بغیر بھی لوگوں کو خدا کی قدرت سے شفا پاتے دیکھا تھا۔ پولس رسول کو اس بات پر کوئی شک نہیں تھا کہ خدا بغیر دوا یا مے شفا دینے کی قدرت رکھتا ہے۔ اِس کے ساتھ وہ اس بات سے بھی آگاہ تھا کہ خدا نے اُسے حلیم اور فروتن رکھنے کی غرض سے اُس کے " بدن میں کانٹا" رکھتا تھا۔ پولس رسول دوا کھانے کے خلاف نہیں تھا۔ اِس نے تیمتھیس کو تلقین کی کہ وہ باقاعدگی سے مے بطور ایک دوا استعمال کرتا رہے۔ اِس سے یہ بھی اشارہ ملتا ہے کہ خدا کسی بھی وسیلہ سے شفا دینے کا چناؤ کر سکتا ہے خواہ معجزہ یا پھر دوائی۔

پولس رسول تیمتھیس کو یاد دہانی کراتے ہوئے اس حصہ کا اختتام کرتا ہے کہ بعض لوگوں کے گناہ بالکل عیاں تھے۔ (24 آیت) چونکہ یہ گناہ بالکل واضح اور کھلم کھلا تھے، اِس لئے اُن کی عدالت بھی بہت جلد ہو گئی۔ بعض لوگوں کے گناہ اس قدر عیاں نہیں تھے۔ وہ پوشیدگی میں کئے جاتے تھے۔ لوگوں کو اُن کے گناہوں کا علم بھی نہیں ہو پاتا تھا۔

ایسے لوگوں کے گناہوں کی عدالت اُس وقت ہو گی جب یہ لوگ خدا کے تختِ عدالت کے سامنے کھڑے ہوں گے۔

اس اصول کا اطلاق نیک اعمال پر بھی ہوتا ہے۔ بعض کام بالکل عیاں ہوتے ہیں۔ ہر خاص و عام اُن کاموں کو دیکھتا ہے۔ دیگر لوگوں کے کام پوشیدگی میں ہوتے ہیں۔ بعض لوگ

اچھے کام بھی پوشیدگی میں کرتے ہیں وہ نہیں چاہتے کہ دوسروں کو اُن کے کاموں کے بارے علم ہو۔ بالکل ایسے ہی جس طرح ہمارے گناہ ایک دن بے نقاب ہوں گے، اِسی طرح بعض لوگوں کے نیک اعمال بھی سامنے آئیں گے۔ ہم خدا کے حضور کھڑے ہو کر وفاداری سے کی جانے والی خدمت کا اجر پائیں گے۔ خدا ہمارے گناہوں کے تعلق سے آنکھ بند کئے ہوئے نہیں ہے۔ ہمارے اچھے کام بھی اُس کے سامنے عیاں ہیں۔ اسی وجہ سے ہمیں وفادار رہنے کی ضرورت ہے۔ سزا و جزا کا دن قریب ہے جب سب کچھ عیاں ہو جائے گا۔

چند غور طلب باتیں

☆۔ کیا آپ کی کلیسیا کے بزرگ یا روحانی قائدین وہ عزت حاصل کر پاتے ہیں جس کے وہ مستحق ہیں؟ وضاحت کریں۔

☆۔ کلیسیا یا سماج میں ایک روحانی قائد کا کردار کس قدر اہم ہوتا ہے؟

☆۔ کسی بزرگ پر الزام لگانے کے تعلق سے پولس رسول اِس باب میں ہمیں کیا تعلیم دیتے ہیں؟

☆۔ شفا کے تعلق سے پولس رسول کے نکتہ نظر کے بارے میں ہم کیا سیکھتے ہیں؟ خدا کے شفا دینے کے مقاصد میں دوائی کا کیا کردار ہوتا ہے؟

☆۔ اِس باب میں ہم عدالت اور اَجر کے تعلق سے کیا سیکھتے ہیں؟

چند اہم دُعائیہ نکات

☆۔اپنے روحانی قائدین کے لئے دُعا میں کچھ وقت گزاریں۔ خداوند سے التجا کریں کہ وہ دشمن کے حیلوں اور حملوں سے اُنہیں محفوظ رکھے۔

☆۔ خداوند سے دُعا کریں کہ آپ کی کلیسیا کو بزرگوں کا احترام کرنے کی بڑی توفیق عطا فرمائے۔ خداوند سے التجا کریں کہ آپ کی کلیسیا کی مدد فرمائے تا کہ وہ روحانی قائدین کے ساتھ ہر مشکل گھڑی میں کھڑی ہو سکے۔

☆۔ خداوند سے دُعا کریں تا کہ وہ آپ کے روحانی قائدین کو پورے طور پر مسلح کرے تا کہ وہ مؤثر انداز سے خدمت گزاری کا کام سر انجام دے سکیں۔

☆۔ خداوند سے دُعا کریں کہ وہ آپ کی زندگی میں موجود کسی بھی قسم کے پوشیدہ گناہ کو بے نقاب کرے تا کہ آپ بلا تاخیر اُسے اپنی زندگی سے دُور کر سکیں۔

باب 23

غلام

1 تیمتھیس 6 باب 1 تا 2 آیت کا مطالعہ کریں

پولس رسول تیمتھیس کے نام لکھے گئے خط کا اختتام کئی ایک موضوعات پر اپنے رائے کے اظہار سے کرتا ہے۔ وہ مسیحی غلاموں کو اہم تعلیم دینے سے آغاز کرتا ہے۔ پولس رسول کی یہاں پر دی جانے والی تعلیم کا دَورِ جدید میں ہم پر بھی خصوصی اطلاق ہوتا ہے۔

یہ بہت اہم بات ہے کہ اگرچہ پولس رسول غلاموں سے مخاطب ہے تو بھی وہ غلام رکھنے یا بیچنے کی حوصلہ افزائی نہیں کرتا۔ وہ 1 تیمتھیس 1 باب 9اور10 آیت میں اس بات کو واضح کرتا ہے کہ غلاموں کی تجارت خدا کی مرضی اور مقصد کے خلاف ہے۔

"یعنی یہ سمجھ کر کہ شریعت راستبازوں کے لئے مُقرر نہیں ہوئی بلکہ بے شرع اور سرکش لوگوں اور بے دینوں اور گنہگاروں اور ناپاکوں اور رندوں اور ماں باپ کے قاتلوں اورخُونیوں۔ اور حرامکاروں اور لونڈے بازوں اور بردہ فروشوں اور جھوٹوں اور جھوٹی قسم کھانے والوں اور اُن کے سوا صحیح تعلیم کے اور بَرخلاف کام کرنے والوں کے واسطے ہے۔"

اگرچہ یہ خدا کی مرضی نہیں تھی کہ لوگوں کو غلام رکھا جائے، تاہم اُس دَور کی تہذیب میں وسیع پیمانے پر غلام رکھنے کا رواج پایا جاتا تھا۔ پولس رسول یہاں پر جو کچھ بیان کر رہا ہے وہ یہ کہ کس طرح پہلے سے موجود غلاموں کو مسیحی طرزِ زندگی اپنانا چاہیے۔ یہ صورتحال اچھی نہیں تھی اور نہ یہ خدا کی کامل مرضی تھی کہ کوئی شخص غلام ہو یا کسی کو

غلام رکھا جائے۔ لیکن وہ لوگ جو حالت غلامی میں تھے، اُس جوئے اور بندھن سے رہائی نہیں پا سکتے تھے۔ بطور ایماندار انہیں کیا کرنا تھا؟ اُنہیں اپنی موجودہ صورتحال میں کیسی زندگی بسر کرنی تھی؟ یہی وہ سوال ہے جسے پولس رسول زیرِ بحث لانا چاہتا تھا۔

پولس رسول مسیحی غلاموں کو نصیحت کرنے سے آغاز کرتا ہے کہ وہ اپنے مالکوں کو بڑی عزت کے لائق سمجھیں۔ اُنہیں اس لئے ایسا کرنا تھا تاکہ خداوند کا نام بدنام نہ ہو۔ تصور کریں ایک مسیحی غلام جو یہ فیصلہ کرلے، چونکہ غلامی خدا کی کامل مرضی اور منصوبہ نہیں ہے، اس لئے اُسے اپنے مالک کے گھر سے بھاگ کر اپنی نئی زندگی کا آغاز کرلینا چاہیے۔ تو یہ کیسی گواہی ہوگی؟ یقینی بات ہے کہ اُس کا مالک تو اُس سے خوش نہیں ہوگا۔ کیونکہ وہ اپنے مالک کا وفادار نہ رہا۔ اُسے ایسے شخص کے طور پر دیکھا اور سمجھا جائے گا جس نے اپنی ذمہ داریوں سے راہ فرار حاصل کرلیا ہو۔ خداوند کے نام کے لئے یہ گواہی اچھی نہیں ہوگی۔ وہ لوگ جنہیں یہ علم ہوگا کہ وہ ایک مسیحی ہے اُس کی اِس حرکت کے باعث خداوند کے نام کو بُرا بھلا کہیں گے۔

یہاں یہ بات بھی یاد رکھنا ضروری ہے کہ سبھی مالک تحمل مزاج اور ترس کرنے والے نہیں ہوتے تھے۔ بعض تو بہت ہی ترش مزاج اور ظالم قسم کے ہوتے تھے۔ پولس رسول سخت مزاج اور تحمل مزاج مالکوں کے درمیان فرق بیان کرتا ہے۔ مالک خواہ کیسا بھی تھا، مسیحی غلاموں کو اسے قابل عزت سمجھنا تھا۔ ان کے روّیہ کے سبب سے اُن کی عزت نہیں کی جانی تھی بلکہ ان کے رتبہ اور مقام کے سبب سے اُنہیں احترام کی نگاہ سے دیکھا جانا تھا۔

پولس رسول مسیحیوں کو یہ تعلیم دے رہا ہے کہ وہ اپنے اُوپر مقرر صاحبِ اختیار لوگوں کو عزت کی نگاہ سے دیکھیں۔ یہ بات صرف غلاموں کے لئے ہی نہیں تھی بلکہ حکومتِ وقت کے لئے بھی ایسا ہی ہے کہ اُس کی عزت اور تکریم کی جائے۔ (رومیوں 13 باب 1،2

آیت) خواہ ہمارے قائد اور مالک ظالم ہوں یا پھر محبت کرنے والے، ہمیں وفادار کارکن اور شہری بننا ہے۔ ہم اپنی گواہی کی خاطر ایسا کرتے ہیں کیونکہ ہم خداوند کے نام کی عزت اور تمجید کرتے ہیں۔

غلاموں کو اپنی محنت اور وفاداری کے ذریعہ سے اپنے مالکوں کو عزت کرنا تھی۔ انہیں ایسا طرز زندگی اپنانا تھا جس سے اُن کے مالک آنکھ بند کر کے اُن پر اعتماد اور بھروسہ کر سکیں۔

یوسف کو غلام کے طور پر ملکِ مصر کے تاجروں کے ہاتھ فروخت کر دیا گیا تھا۔ وہ فوطیفر کے گھر پر ملازم تھا۔ اُس نے سخت محنت کی، ایسا کہ اُس کا مالک اُس پر مکمل طور پر بھروسہ اور اعتماد کرنے لگا۔ ہم پیدائش 39 باب 4 آیت میں پڑھتے ہیں۔

" "چناچہ یوسف اُس کی نظر میں مقبول ٹھہرا اور وہی اُس کی خدمت کرتا تھا اور اُس نے اُسے اپنے گھر کا مُختار بنا کر اپنا سب کُچھ اُسے سونپ دیا۔"

یوسف نے اپنے مالک کی نظر میں مقبولیت حاصل کی۔ بعد ازاں جب اُس پر جھوٹا الزام لگا کر اسے جیل میں ڈال دیا گیا، یوسف نے ایک بار پھر خود کو دیانتدار ثابت کر دیا۔ اُس نے داروغہ کی نظر میں بھی مقبولیت اور عزت پائی جس نے یوسف پر اعتماد کر کے اُسے قید خانہ کا انچارج مقرر کیا تھا۔

یوسف کے لئے تلخ مزاج ہو جانے کی آزمائش موجود تھی۔ وہ کام کرنے سے انکار بھی کر سکتا تھا، کیونکہ وہ سمجھتا تھا کہ اس نے ایسا کچھ نہیں کیا کہ وہ غلام بنے یا حالت قید میں رہے۔ وہ چاہتا تو بغاوت پر اتر آتا یا پھر اپنے اوپر ہونے والے ظلم کی وجہ سے احتجاج کرتا۔ لیکن اِس کی بجائے اس نے اپنے مالک کی عزت کرنے کا چناؤ کیا۔ اور وہ سب کچھ کیا جو وہ اُس کے لئے کر سکتا تھا۔ اس نے اپنے سارے دل سے اُس کی خدمت کی۔ خداوند کی تمجید اور اُس کے نام کے جلال کا باعث ہوا۔ وہ اُن لوگوں کے لئے بھی باعث برکت ہوا جنھوں

نے اس پر الزام لگایا تھا۔ خدا کی طرف سے اُسے اِس کا اجر بھی ملا۔

داؤد کے تعلق سے بھی کچھ ایسا ہی کہا جا سکتا ہے، جب ساؤل اُس کے تعاقب میں تھا، وہ اسے مار ڈالنا چاہتا تھا۔ اُس نے کئی بار ایسا کرنے کی کوشش کی۔ داؤد نے ساؤل کے خلاف کچھ بھی کہنے سے انکار کیا۔ وہ بطور بادشاہ اُس کی عزت کرتا تھا۔ وہ اُسے خدا کا ممسوح جانتا تھا۔ اگرچہ اسے موقع بھی ملا کہ وہ ساؤل کو ہلاک کر دے، اُس نے ایسا کرنے سے انکار کیا اور اُس پر ہاتھ نہ اُٹھایا۔ ایسا کرنے سے داؤد نے خداوند اپنے خدا اور بادشاہ کی عزت اور تمجید کی۔

یرمیاہ نبی اُن سب سے مخاطب ہے جو بابل میں اسیر ہو کر گئے تھے۔ اس نے کہا۔

"اور اُس شہر کی خیر مناؤ جس میں میں نے تم کو اسیر کروا کر بھیجا ہے اور اُس کے لئے خُداوند سے دُعا کرو کیونکہ اُس کی سلامتی میں تُمہاری سلامتی ہو گی۔" (یرمیاہ 29 باب 7 آیت)

غور کریں کہ یرمیاہ نے اپنے لوگوں کو تلقین کی کہ وہ اُن شہروں کی سلامتی اور خوشحالی کے طالب ہوں جہاں وہ غلامی کی حالت میں تھے۔ اُنہیں اپنے دشمنوں کے شہروں میں خوشحالی اور ان کی فلاح کے لئے سخت محنت کرنا تھی۔ اُنہیں فصلوں کی کاشت کاری کر کے اُن کی کٹائی بھی کرنا تھی۔ انہیں دُشمن کے علاقوں میں بھی مثالی شہری بننا تھا۔

اِن سب باتوں کا دورِ جدید سے کیا تعلق اور واسطہ ہے؟ ہو سکتا ہے کہ آپ کی شادی کسی غیر ایماندار شخص سے ہوئی ہے جس کی وجہ سے ازدواجی زندگی ایک بوجھ اور جُوا بن کر رہ گئی ہے۔ یہاں ہمیں یہی تاکید اور تلقین ملتی ہے کہ ہم اپنے جیون ساتھی کی عزت کریں اور اُس کے لئے برکت چاہیں۔ ہو سکتا ہے کہ آپ کسی ایسی جگہ پر کام کرتے ہیں جہاں پر آپ کو کام کرنا پسند نہیں ہے۔ ممکن ہے کہ آپ کا مالک آپ سے نارواں سلوک رکھتا ہو۔

آپ کو یہی نصیحت کی گئی ہے کہ آپ اچھے کارکن ثابت ہوں۔ ہو سکتا ہے کہ یوسف کی طرح آپ بھی ناجائز اور جھوٹے الزام کی زد میں ہوں۔ آپ کی ذمہ داری یہی ہے کہ آپ اپنے ستانے والوں کے لئے برکت چاہیں۔ دشمن کے علاقہ میں رہتے ہوئے کبھی جنگ نہ کریں۔ دُشمن تو یہی چاہے گا کہ ہم غصہ میں آکر لوگوں پر تنقید کے تیر برسانا شروع کر دیں۔ ہم دُشمن کی تدبیروں اور چالوں کو استعمال کرتے ہوئے اُسے شکست سے دوچار نہیں کر سکتے۔ غصے کی بجائے، ہم معافی اور محبت کا چناؤ کریں۔ غصے کا اظہار کرنے اور انتقام لینے کی بجائے، ہمیں دوسروں کے لئے باعث برکت ہونا اور اُن کی عزت اور احترام کرنا ہے۔

دَورِ جدید کے غلاموں کو پولس رسول یہی نصیحت کر رہا ہے۔ اُس نے محسوس کیا کہ اُن میں سے بعض بڑی مشکل صورتحال میں زندگی بسر کر رہے تھے۔ لیکن وہ پھر بھی اُنہیں یہ نصیحت کر رہا ہے کہ وہ اپنی موجودہ حالت کو بھی ایک ایسا اچھا موقع سمجھیں جب وہ اپنے خداوند کے لئے عزت اور بزرگی کا باعث ہو سکتے ہیں۔ آج آپ کو کیسی مشکل کا سامنا ہے؟ خواہ ہم کسی بھی وجہ سے کسی خاص مشکل یا صورتحال سے دوچار ہوں، ہو سکتا ہے کہ یوسف کی طرح آپ پر بھی کسی نے جھوٹا الزام عائد کر دیا ہو اور آپ حالت قید میں ہوں، آپ کو اُس کے لئے فکرمند ہونے کی ضرورت نہیں ہے۔ آپ کی فکر اور سوچ یہی ہونی چاہئے کہ آپ نے ایسا طرزِ زندگی اپنانا ہے جس سے خداوند کو عزت اور بزُرگی ملے۔ آپ کی مشکل صورتحال اور ناگوار صورتحال میں بھی خداوند کا نام آپ کی زندگی سے سربلند ہونا چاہئے۔

پولس رسول خط کے اس حصہ میں ایک اور موضوع پر غلاموں سے مخاطب ہوتا ہے۔ کچھ ایسے غلام بھی تھے جن کے مالک ایماندار تھے۔ ممکن ہے کہ غلام اور مالک ایک ہی جگہ پر

پرستش اور عبادت کے لئے جاتے ہوں۔ مسیح یسوع میں وہ آپس میں بھائی بھائی تھے۔ غلاموں کے لئے یہ آزمائش بھی تھی کہ وہ اُن کی صورتحال سے فائدہ اُٹھالیں۔ وہ محسوس کرسکتے تھے کہ ان کے ساتھ مسیحی ایماندار ہونے کی وجہ سے اچھا سلوک کیا جانا چاہئے۔ پولس رسول غلاموں کو یہی نصیحت کرتا ہے کہ اُنہیں ایماندار مالکوں کی وجہ سے کسی طرح کے فائدے یا مفاد کی توقع نہیں کرنی چاہئے۔ بلکہ اُنہیں اور بھی زیادہ وفاداری اور دیانتداری سے اُن کی خدمت کرنی چاہئے۔ چونکہ وہ اُن سے محبت کرتے تھے، اس لئے نہ صرف مالک جانتے ہوئے بلکہ ہم ایمان بھائی جانتے ہوئے بھی اُنہیں اُن کی خدمت کرنا تھی۔

ایک بار پھر میں یہ دھرانا چاہوں گا کہ پولس رسول غلام ہونے یا غلام رکھنے کی سوچ کو فروغ نہیں دے رہا تھا۔ کیونکہ بعض غلاموں کے لئے یہی وسیلہ روزگار تھا۔ وہ اپنے مالکوں کی خدمت کرتے اور وہ اُن کی اور اُن کے گھرانوں کی کفالت کرتے تھے۔ ایماندار مالکوں کی ذمہ داری تھی کہ وہ اپنے مسیحی ایماندار غلاموں کے لئے جو کچھ بھی اُن کی بہتری اور فلاح کے لئے کرسکتے تھے اُنہیں کرنا تھا۔

بہت دفعہ ہمیں ناگوار قسم کی صورتحال سے دوچار ہونا پڑتا ہے۔ ہم ایماندار ہوتے ہوئے بھی ایسی دُنیا میں رہتے ہیں جہاں پر ہر طرف دُکھ، پریشانیاں اور مسائل ہی مسائل ہیں۔ اس دُنیا میں ناانصافی، استحصال، جھوٹ فریب اور ظلم و جبر بکثرت پایا جاتا ہے کیونکہ یہ گناہ آلودہ جہاں ہے۔ یہ سب کچھ خدا کی مرضی اور کامل منصوبے کا حصہ نہیں ہے لیکن ہمیں ایسی صورتحال میں بھی زندگی گزارنا ہے۔ اور ایسی زندگی جس سے خداوند کے نام کی تمجید اور تعریف ہو۔ خداوند یسوع مسیح نے ایسے طرزِ زندگی اور طرزِ عمل کا مظاہرہ کسی بھی شخص سے زیادہ بہتر طور پر کیا۔ اُس نے بھی گناہ سے بھری دنیا میں زندگی بسر کی۔ اس

پر جھوٹے الزامات لگائے گئے۔ اُس کی اپنی ٹیم کے لوگوں میں سے ایک نے اس سے غداری کی، ایک نے اُس کا تین بار انکار کیا۔ تو بھی خداوند یسوع مسیح نے اُن کے ساتھ مل کر کام کیا۔ وہ گناہ آلودہ جہاں میں زندگی بسر کرتا اور خدمت کا کام کرتا رہا۔ وہ آج بھی ہمیں اپنے نقشِ قدم پر چلنے کے لئے کہہ رہا ہے۔

چند غور طلب باتیں

☆۔ یہ حوالہ ہمیں اُن لوگوں کی عزت اور تعظیم کرنے کے تعلق سے کیا سکھاتا ہے جنہیں خدا نے ہم پر مقرر کیا ہوا ہے؟

☆۔ آپ کے سکول، دفتر، کارخانے یا دوست احباب میں آپ کی زندگی کا نمونہ اور گواہی کیسی ہے؟

☆۔ کیا آپ کا بوس ترش مزاج ہے؟ کیا آپ محسوس کرتے ہیں کہ آپ کی زندگی کی صورتحال بڑی ناگوار یا آپ کسی ایسی جگہ پر کام کاج کرتے ہیں جہاں پر ایک پل بھی رہنا مشکل ہے؟ خداوند سے دُعا کر کے فضل چاہیں تاکہ آپ ان لوگوں کی دل سے عزت کر سکیں جو آپ کے لئے مشکل پیدا کرتے ہیں۔

چند اہم دُعائیہ نکات

☆۔ کیا آپ بڑے تُرش مزاج مالک / سُپروائزر کی نگرانی میں کام کرتے ہیں؟ ایسے لوگوں کے لئے برکت کی دُعا کریں جو آپ کے لئے پریشانیاں اور مشکلات پیدا کرتے ہیں؟ اپنی ناخوشگوار صورتحال میں بھی خداوند کو عزت اور جلال دینے کے لئے اس سے فضل مانگیں۔

☆۔ کیا آپ کسی ایسے دوست، ساتھی یا عزت و اقارب سے واقف ہیں جو اس وقت کسی مشکل صورتحال سے دوچار ہیں؟ اُنہیں خداوند کے سپرد کریں، خداوند سے التجا کریں تاکہ وہ ان کی مدد کرے اور وہ اپنی مشکل گھڑی میں بھی خداوند کو عزت اور جلال دے سکیں۔

☆۔ خداوند کی شکر گزاری کریں کیونکہ اس نے بخوشی و رضا جسم اختیار کیا اور ہماری محبت سے معمور اس گناہ بھری دُنیا میں رہنے کے لئے تیار ہو گیا۔

باب 24

جھوٹے اُستاد

1 تیمتھیس 6 باب 3 تا 10 آیت کا مطالعہ کریں

پولس رسول 6 باب کے اس حصہ میں اپنی توجہ جھوٹے اُستادوں کی طرف مبذول کرتا ہے۔ پولس رسول نے تیمتھیس کو بتایا کہ یہ جھوٹے اُستاد جو غلط تعلیمات پھیلا رہے ہیں بڑے متکبر ہیں۔ جھوٹے اُستادوں اور تکبر کا کیا تعلق ہے؟

خداوند یسوع خدا ہے۔ وہ سب جو اپنی آنکھیں کھول کر دیکھتے ہیں اُنہیں یہ واضح طور پر دکھائی دیتا ہے۔ خداوند یسوع مسیح نے بیماروں کو شفا دی۔ اندھوں کو بینائی اور گونگوں کو بولنے کی طاقت بخشی۔ وہ صاحبِ اختیار کی طرح تعلیم دیتا تھا۔ اُس کا اختیار بالکل واضح تھا ایسا کہ بدروحیں اُس کی آواز سُن کر بھاگ جاتی تھیں۔ ہر ایک کشادہ دل اور کشادہ ذہن کو یہ تسلیم کرنا پڑا کہ یسوع نے جو کچھ بھی اپنی ذات کے تعلق سے دعویٰ کیا وہ بالکل ویسا ہی ہے۔ وہ سب لوگ جنہوں نے اُس کے واضح دکھائی دینے والے معجزات اور صاف اور شفاف تعلیم کو رد کیا وہ مغرُور تھے۔ متکبر لوگ اپنے آپ کو خداوند یسوع مسیح سے بھی بڑا بناتے تھے اور لوگوں کو قائل کرتے تھے کہ وہ اُن پر اور اُن کی باتوں پر ایمان اور یقین رکھیں۔

ہم کسی نہ کسی طور پر تکبر میں مبتلا ہو سکتے ہیں۔ اگر کوئی شخص خداوند یسوع مسیح کی تعلیم کو یہ سمجھتے ہوئے رد کر دیتا ہے کہ اس کے پاس اس سے بہتر تعلیم ہے تو وہ متکبر ہے۔ یہ خداوند یسوع مسیح کی کس قدر توہین ہے۔ بطور ایماندار، ہمیں اس بات کا احساس کرنے اور

اس بات کو سمجھنے کی ضرورت ہے کہ خداوند ہی جانتا ہے کہ کیا درُست اور واجب ہے۔ اُس کی راہیں کامل ہیں۔ ہمیں خود کو عاجز اور فروتن بنانے کی ضرورت ہے۔ لازم ہے کہ ہم اُس کی مرضی اور منصوبے کے تابع ہو جائیں۔ جھوٹے اُستاد اِس لئے متکبر تھے کیونکہ وہ یہ ایمان رکھتے اور تعلیم دیتے تھے کہ اُن کے پاس خدا سے بھی اچھی تعلیم موجود ہے۔ اُنہوں نے خدا کے کلام کی واضح تعلیم کے خلاف اپنے خیالات کو ترجیح دی تھی۔

پولس رسول جھوٹے اُستادوں کے تعلق سے اس حوالہ میں مزید بھی کچھ بیان کرتا ہے۔ اس نے 4 آیت میں تیمتھیس کو بتایا کہ اُنہیں لفظی تکرار کا مرض ہے اور وہ مغرُور بھی ہیں۔

یہ سب کچھ اُن کے تکبر اور غرُور کے سبب ہی سے تھا۔ جھوٹے استاد خود کو بڑے عالم فاضل اور ذہین لوگ ثابت کرنے کے چکر میں تھے۔ وہ لفظی تکرار میں پڑے ہوئے تھے۔ اُن کی تعلیمات جسمانی اور شیطانی تھیں۔ کیونکہ اُن کی باتوں سے یہ بالکل واضح ہو جاتا تھا۔ جہاں کہیں وہ قدم رکھتے تھے وہاں پر بحث اور تنازعات سر اُٹھانے لگتے تھے۔ اپنے نکتہ نظر کو ثابت کرنے کے لئے وہ محبت اور رحم جیسی اہم چیزوں کو نظر انداز کر دیتے تھے۔ اِس سے حسد، جھگڑے اور شک و شبہات پیدا ہوتے تھے۔ جہاں کہیں یہ اُستاد جاتے تھے۔ بُرائی اور تکبر کے اثرات اور ثمرات واضح طور پر دکھائی دینے لگتے تھے۔

یہ جھوٹے استاد کلیسیا میں تفرقہ بازی کو فروغ دے رہے تھے۔ وہ ذہنی اُلجھنیں اور اپنی تعلیمات سے لوگوں میں فرقہ بندی کو ہوا دے رہے تھے۔ یہ لوگ مسیح کے بدن کے لئے بہت بڑا خطرہ تھے۔ پولس رسول نے 5 آیت میں تیمتھیس کو یاددہانی کرائی کہ جھوٹے استادوں کے ذہن خرابی اور بربادی سے بھرے ہوئے تھے۔ اُن کے ذہن تکبر، اُن کے دل سخت اور اُن کے روّیے بُرائی سے بھرپور تھے۔

پولس رسول مزید بیان کرتا ہے کہ جھوٹے استاد یہ ایمان رکھتے تھے کہ دینداری بڑے مالی فائدے کا باعث ہے۔ اُنہیں خدا کے جلال، عزت اور بزرگی کا کوئی احساس نہیں تھا۔ اُنہیں مال و دولت اور ناجائز اور جائز طریقوں سے روپیہ پیسہ اکٹھا کرنے میں گہری دلچسپی تھی۔ وہ توقع کرتے تھے کہ خواہ وہ غلط تعلیمات ہی دیں اُنہیں اُن کی محنت کا معاوضہ ملنا چاہئے۔ مذہب ایسے لوگوں کے لئے کاروبار اور مالی وسائل کا اچھا ذریعہ بن گیا تھا۔ اپنے مالی مفادات کے لئے وہ مسیح کے نام کو استعمال کرتے تھے۔

پولس رسول کو اس حقیقت پر پورا اعتماد اور یقین تھا کہ وہ لوگ جو خوشخبری کے کلام کی منادی کرتے اور دُرست تعلیم دیتے ہیں انہیں اُن کی محنت کا معاوضہ ملنا چاہئے۔ پولس رسول یہ نہیں کہہ رہا کہ بطور خدا کے خادم ہمیں اپنی روحانی خدمت کے بدلے مالی برکت وصول نہیں کرنی چاہئے۔ بلکہ وہ یہ کہہ رہا ہے کہ اُن جھوٹے اُستادوں کو مال و دولت جمع کرنے میں بہت زیادہ اور نامناسب حد تک دلچسپی تھی۔

اُن کی خدمت کا یہی نصب العین تھا۔ وہ روپے پیسے کے حصول کے لئے منادی کرتے اور تعلیم دیتے تھے نہ کہ خدا کی بادشاہی کی وُسعت کے لئے خدمت گزاری کا کام کرتے تھے۔

6-8 آیات میں پولس رسول نے بیان کیا کہ دینداری قناعت کے ساتھ بڑے نفع کی چیز ہے۔ غور کریں کہ پولس رسول کس طرح دینداری کے ساتھ قناعت کا لفظ استعمال کرتا ہے۔ قناعت کا مطلب ہے جو کچھ بھی خدا فراہم کرے اُسے شکر گزاری کے ساتھ قبول کر لیا جائے۔ قناعت پسندی خدا کے مہیا کرنے پر خوشی اور شادمانی کا اظہار کرتی ہے۔ یہ اور زیادہ کی دوڑ میں شریک ہونے کی بجائے جو کچھ دستیاب ہوتا ہے اِس پر خوشی کا اظہار کرتی ہے۔

مطمئن، خوش، شادمان اور شکر گزار ہونا کس قدر اُتم اور اعلیٰ روّیہ ہے۔ اور زیادہ کی تلاش میں رہنے والے کبھی بھی شادمان دل اور تسلی نہیں پا سکتے۔ ایسے ایمانداروں کے لئے یہ کس قدر مختلف بات ہے جو خداوند کی فراہم کردہ چیزوں پر خوش، شُکر گزار اور شادمان ہوتے ہیں۔ اِس سے کیسی بڑی آزادی ملتی ہے! ہم خدا کے اطمینان سے بھر جاتے ہیں اور پھر ہم اس اعتماد میں زندگی بسر کرتے ہیں کہ خدا وہی کرتا ہے جو اچھا اور بھلا ہے اور وہی کچھ فراہم کرتا ہے جو ضروری اور مناسب ہوتا ہے۔

پولس رسول ہمیں یہ تلقین کرتا ہے کہ جو کچھ خدا فراہم کرے اُس پر قناعت اور شکر گزاری کریں۔ 7 آیت میں ہمیں یاد کرایا گیا ہے کہ ہم اس دُنیا میں کچھ بھی نہیں لے کر آئے تھے اور نہ ہی اِس دُنیا سے کچھ لے کر جائیں گے۔ اگر ہم روپے پیسے اور مال امتاع کے پیچھے بھاگ رہے ہیں تو یہ سب فضول اور بے مقصد ہے۔ 8 آیت میں پولس رسول تیمتھیس کو بتاتا ہے کہ اگر مناسب خوراک اور لباس دستیاب ہے تو اسی پر قناعت اور شکر گزاری کی جائے۔ پولس رسول کی نظریں دُنیا کے مال و متاع پر نہیں بلکہ خدا کی بادشاہی پر اُس کی ساری توجہ مرکوز تھی۔ اگر ایک ایماندار روپے پیسے کے حصول کی دوڑ میں شامل ہو جائے تو بہت بڑی آزمائش میں گر جائے گا۔ (9 آیت) اگر ہم جسمانی خواہشات کے لئے تدبیریں کرنا شروع کر دیں تو ہمیں معلوم ہو گا کہ جسمانی خواہشات کی بھوک کبھی ختم ہونے کا نام ہی نہیں لیتی۔

انسان جسمانی خواہشات کی تسکین سے کبھی مطمئن نہیں ہو پاتا۔ ہم ان خواہشات کے غلام بن سکتے ہیں اور یوں تباہی اور بربادی انسان کا مقدر بن جاتی ہے۔ زر کی دوستی ہر طرح کی برائی کی جڑ ہے۔ قتل و غارت، بدی اور ہر طرح کے جرائم روپے پیسے کے حصول کے لئے ہی کئے جاتے ہیں۔ بہت سے لوگ زر کی دوستی میں مبتلا ہو کر راہ حق سے گمراہ ہو گئے ہیں۔

بہت سے لوگوں نے روپے پیسے کے حصول کی خاطر اپنی زندگی میں خدا کی بلاہٹ کو بھی نظر انداز کر دیا۔ کچھ ایسے بھی ہیں جنھوں نے اپنے کاروباری مقاصد کی خاطر اپنے ایمان اوعر عقیدے کو بھی داؤ پر لگا دیا تاکہ زیادہ سے زیادہ روپیہ پیسہ حاصل کر سکیں۔ پولس رسول کی فکر مندی یہی ہے کہ خدا کے لوگ روپے پیسے اور دُنیاوی مال و متاع کے حصول کی دوڑ میں شامل ہو کر اپنے ہدف اور مقصد سے کہیں دُور گمراہی کی راہ پر نہ چلے جائیں۔

پولس رسول بیان کرتا ہے کہ جھوٹے اُستاد اِس قدر متکبر تھے کہ مسیح کی تعلیم کو رد کر کے اپنے خیالات اور تصورات کو فروغ دیتے تھے۔

وہ مسیح کے بدن میں اُلجھن اور بے اتفاقی پیدا کر رہے تھے۔ اُنہوں نے ایمانداروں میں بے اتفاقی پیدا کر دی تھی اور مسیح کے بدن کو تفرقوں میں ڈال دیا تھا۔ وہ مال و جائید اد سے پیار کرنے والے تھے۔

ہم جو ایماندار ہیں ہمیں کبھی بھی دیگر تعلیمات کو اپنا کر مسیح کی حقیقی تعلیم سے غافل اور گمراہ نہیں ہونا بلکہ مسیح کی واضح تعلیم کو اپنانا اور اُس سے لپٹے رہنا ہے۔ خدا ایسے لوگوں کا متلاشی ہے جو پورے طور پر اُس کے کلام اور اُس کی ذات اقدس پر توکل اور بھروسہ کرنے ولے لوگ ہوں۔ خدا ایسے لوگوں کو اپنی بادشاہی میں بلا رہا ہے جو نہ صرف اُس کے کلام کا یقین کریں بلکہ جو کچھ وہ فراہم کرے اُس پر شکر گزاری اور قناعت پسندی کا اظہار بھی کریں، خدا ایسے لوگوں کی تلاش میں ہے جو اُس سے گہری محبت کرتے اور اُس کی بادشاہت کی وُسعت کے لئے بہ دل و جان کام کرنے کا عزم رکھتے ہوں۔

چند غور طلب باتیں

☆۔جب پولس رسول یہ کہتاہے کہ جھوٹا اُستاد مغرور ہوتا ہے، تو اس سے اس کا کیا مطلب ہے؟

☆۔کیا آپ نے خدا کے کلام کی تعلیم پر شک کیا ہے یا پھر کبھی اپنی ضرورت کے مطابق دوبارہ اس کی تفسیر کرنے کی کوشش کی ہے؟ ایسا طرزِ فکر ہمیں مسیح اور اس کے کلام کے تعلق سے کیا بتاتا ہے؟

☆۔ آپ کس نیت اور کن اغراض و مقاصد کے تحت خداوند کی خدمت میں مصروف عمل ہیں؟ کیا آپ پر یہ آزمائش بھی آئی ہے کہ آپ مسیح سے زیادہ دُنیا کی چیزوں کے طالب ہوں؟

☆۔ مسیح زندگی میں قناعت پسندی کس قدر اہم ہے؟ قناعت پسندی کے فوائد بیان کریں؟

چند اہم دُعائیہ نکات

☆۔ کیا آپ نے کبھی خدا کے کلام پر شک کیا ہے؟ خداوند سے التجا کریں کہ وہ آپ کا ایمان بڑھائے اور آپ اس پر زیادہ سے زیادہ توکل اور بھروسہ کرنے والے بن سکیں۔

☆۔ آپ جس بھی صورتحال میں اس وقت مبتلا ہیں، خداوند سے درپیش صورتحال میں قناعت پسندی کی روح مانگیں۔ خداوند سے دُعا کریں کہ وہ آپ پر فضل کرے تاکہ آپ اُن چیزوں کے لئے شکر گزار ہو کر اُن سے لطف اندوز ہو سکیں جو خدا نے پہلے ہی سے آپ کو فراہم کر رکھی ہیں۔

☆۔ کیا آپ کے درمیان یا ارد گرد جھوٹے اُساتذہ موجود ہیں؟ خداوند سے دُعا کریں کہ وہ اُن پر خود کو منکشف کرے۔

باب 25

تیمتھیس کے لئے کلام

1 تیمتھیس 6 باب 11 تا 21 آیت کا مطالعہ کریں

تیمتھیس کے نام پہلے خط کے آخر پر پولس رسول اپنے روحانی فرزند سے کچھ شخصی باتیں کرتا ہے۔ پولس رسول کو تیمتھیس کی بڑی فکر تھی۔ اُسے اُس کی زندگی اور روحانی طور پر خدا کے ساتھ چلنے اور اُس کی خدمت گزاری کے کام کے حوالہ سے بھی دلچسپی اور فکرمندی تھی۔

اِس حصہ میں پولس رسول ایمان کی رُو سے اپنے روحانی فرزند کو چند ایک شخصی تجاویز اور مشورت دیتا ہے۔

11 آیت میں پولس رسول نے تیمتھیس کو یہ تلقین کرتے ہوئے آغاز کیا کہ وہ اُن معاملات سے دور بھاگے جن کا اُس نے اِس باب کے پہلے حصہ میں ذکر کیا تھا۔ یعنی جھوٹے اُستادوں کا تکبر اور کس طرح اُنہوں نے کلیسیا میں پھوٹ ڈال دی تھی۔ وہ دولت سے پیار کرتے تھے۔ پولس رسول چاہتا تھا کہ وہ ایسی چیزوں سے دُور رہے اور خداوند کے لئے بڑے بڑے کاموں کو سر انجام دے اور خدا کی بادشاہی کی وُسعت کے لئے دل سے کام کرتا رہے اور کسی بھی الجھن اور غلط تعلیم دینے والوں کے جھانسے اور فریب کا شکار نہ ہو۔

لفظ " بھاگ " پر غور کریں۔ تکبر، تفرقے اور زر کی دوستی یہ سب کچھ روحانی زندگی کے مہلک دشمن ہیں۔

جو کوئی ان کا شکار ہو جاتا ہے، تباہ و برباد ہو جاتا ہے۔ پولس رسول نے تیمتھس کو تلقین کی

کہ وہ ایسی چیزوں کی گرفت میں نہ آئے۔ اس کی بجائے اسے دینداری، بھلائی، راستبازی، ایمان، محبت، تحمل مزاجی اور شائستگی کا روّیہ اپنانا تھا۔ ہمیں ان سب خصوصیات کا تجزیہ کریں گے۔

راستبازی کسی شخص کی وہ حالت ہوتی ہے جس میں وہ خدا کے ساتھ درست رشتہ اور تعلق میں استوار ہوتا ہے۔ یہ صرف اور صرف خداوند یسوع مسیح کے صلیب پر سرانجام دئے گئے کام کے وسیلہ سے ہی ممکن ہوتا ہے۔ خداوند یسوع مسیح کے صلیبی کام کے وسیلہ سے تمام بندھن ٹوٹ چکے ہیں اور جو خداوند یسوع مسیح کے صلیبی کام پر ایمان لاتے ہیں خدا اُنہیں راستباز ٹھہرا دیتا ہے۔ غور کریں کہ اگرچہ ہم خدوند یسوع مسیح کے صلیبی کام کی بنیاد پر راستباز ٹھہرتے ہیں تو بھی ہمیں راستبازی کی تلاش میں رہنا ہے۔

پولس رسول تیمتھیس کو یہ تلقین کر رہا ہے کہ وہ اس بات کو اپنی ترجیح بنالے کہ اس نے خدا کے ساتھ اپنا رشتہ اور تعلق مضبوط، بنانا ہے۔ کوئی چیز بھی اُسے مسیح کے لئے زندہ رہنے اور اُس کے ساتھ گہری دوستی اور رفاقت رکھنے سے دُور نہ لے پائے۔ لفظ "طالب ہونا" معنی جدوجہد کرنا، جانفشانی کرنا یا کسی چیز کے لئے لڑائی کرنا ہے۔ کسی چیز کے طالب ہونے کے میں بڑی جدوجہد درکار ہوتی ہے۔ اُس کے لئے خود کو منظم کرنا پڑتا اور اُس چیز کے حصول کے لئے بڑی جانفشانی درکار ہوتی ہے۔ تیمتھیس کو خدا کے ساتھ اپنے رشتے کو مزید استوار کرنے کے لئے بڑی جرات کا مظاہرہ کرنا تھا۔ اُس نے جانفشانی سے کام لیتے ہوئے اپنے اور خداوند اور منجی یسوع مسیح کے درمیان کسی چیز کو نہیں آنے دینا تھا۔

تیمتھیس کو دینداری کا بھی طالب ہونا تھا۔ دینداری کا طالب ہوتے ہوئے اُسے ہر اُس چیز سے نبرد آزما ہونا تھا جو اُسے دیندار شخص بننے میں رکاوٹ بن سکتی تھی۔ اس کا مطلب ہے کہ اسے اپنی زندگی سے گناہ اور بدی کو دُور کرنا تھا۔ اُسے اپنے ہر ایک اعمال وافعال کو جانچنا

اور پر کھنا تھا۔ اُسے اپنے خیالات و عادات پر بھی نظر رکھنی اور اُنہیں خدا کے کلام کے مطابق ڈھالنا اور بنانا تھا۔

تیمتھیس کو خدا اور اُس کے کلام پر مکمل بھروسہ، اعتماد اور یقین کرنے کے لئے پورے طور پر خدا کے طالب ہونا تھا۔ تیمتھیس کے ایمان کو جو وہ خدا اور اُس کے کلام پر رکھتا تھا، متزلزل کرنے کے لئے دشمن کوئی بھی چال چل سکتا اور اسے شک و شبہات میں مبتلا کر سکتا تھا۔ وہ خدا اور اُس کی مہیا کر دینے والی قدرت کے بارے میں بھی اسے شک و شبہات سے دوچار کر سکتا تھا۔ وہ خدا کی معجزانہ قدرت پر سے اُس کی نظریں ہٹا کر اُس کی توجہ اپنی قابلیت پر لگا سکتا تھا۔ باغِ عدن میں شیطان نے یہی کچھ تو آدم اور حوا کے ساتھ کیا تھا۔ ایمان اس وقت بھی بھروسہ اور توکل کرتا ہے جب منطق یہ کہتا ہے کہ اب کوئی اُمید باقی نہیں رہی۔ ایمان سے مراد خدا کی بھلائی پر اعتماد اور یقین دہانی ہے۔ اگر تیمتھیس کو حقیقی مردِ خدا بننا تھا تو اسے مکمل طور پر خدا اور اُس کے کلام پر توکل اور بھروسہ کرنا تھا۔

تیمتھیس کو محبت کرنے کی بھی بلاہٹ ملی تھی۔ اسی محبت کے باعث وہ سب کچھ خداوند اپنے خدا کے لئے کر رہا تھا۔ اُسے خدا کی محبت سے سرشار دل کے ساتھ خدا کی خدمت کرنی تھی۔ اُسے اپنے بھائیوں اور بہنوں کے ساتھ محبت بھرا روّیہ اپناتے ہوئے وہ عزت دینی تھی جس کے وہ مستحق تھے۔ محبت میں کوئی پوشیدہ اغراض و مقاصد نہیں ہوتے۔ محبت بے لوث خدمت کرتی ہے۔ محبت کے ارادے قابلِ عزت ہوتے ہیں۔ جب ہم محبت کی تحریک سے کچھ کرتے ہیں تو اس وقت ہی ہم حقیقی طور پر خدا کی عزت اور تعظیم کرتے ہیں۔ محبت کے جذبہ سے سرشار ہو کر ہی دل سے لوگوں سے محبت اور اُن کی خدمت کی جا سکتی ہے۔

پولس رسول کی بیان کردہ خوبیوں اور اَوصاف کی فہرست میں صبر بھی شامل ہے۔

تیمتھیس کو ایک مقصد اور نصب العین اپناتے ہوئے اُس کے ساتھ لپٹے رہنا تھا۔ اُسے کسی بھی شرط پر اپنے مقصد سے نظریں نہیں ہٹانا تھیں۔ صبر سے جدوجہد اور سختی کا مفہوم ملتا ہے۔ ظاہری بات ہے جدوجہد سختیاں جھیلے بغیر ممکن نہیں ہوتی۔ آپ مشکلات سے گزرے بغیر دیندار شخص نہیں بن سکتے۔ جب آپ خدا کے ساتھ چلنا چاہیں گے تو ہر سُو جسمانی، روحانی اور جذباتی طور پر آپ کی مخالفت ہو گی۔ پولس رسول تیمتھیس کو یہ سب کچھ برداشت کرتے ہوئے دینداری، محبت، ایمان اور راستبازی کا طالب ہونے کے لئے کہہ رہا ہے، خواہ اس کے لئے اسے کیسی ہی قیمت کیوں نہ ادا کرنی پڑے۔

پولس رسول نے فہرست میں جس آخری خوبی اور لیاقت کا ذکر کیا ہے وہ حلم ہے۔ پولس رسول کی تیمتھس سے یہی توقع اور اُمید تھی کہ وہ وہ اپنی خدمت میں حلم کا طالب ہو۔ اُسے سخت مزاجی اختیار کرتے ہوئے لوگوں پر دَھونس نہیں جمانا تھی۔ جن لوگوں کے درمیان وہ خدمت کر رہا تھا اُسے اُن کے ساتھ باعزت اور پُروقار روّیہ اختیار کرنا تھا۔ مسیح یسوع میں اُنہیں اپنے بھائی اور بہنیں جانتے ہوئے اُسے اُن کے ساتھ عزت اور محبت کا روّیہ اختیار کرنا تھا۔

پولس رسول نے تیمتھیس سے کہا کہ وہ ایمان کی اچھی کشتی لڑے۔ (12 آیت) یہ بات بڑی دلچسپی کی حامل ہے کہ پولس رسول لفظ لڑنا استعمال کرتا ہے جس کا واضح مطلب یہ ہوا کہ مسیحی زندگی آسان اور سہل نہ ہو گی۔ شیطان ہمیں شکست سے دوچار کرنے کے لئے ہر ممکن کوشش کرے بلکہ سر توڑ کوشش کرے گا۔ ہمیں اس کے خلاف نبرد آزما ہونے کے لئے تیار اور مُستعد رہنا ہو گا۔ وہ شک و شبہات اور اُلجھنیں پیدا کرنے کی کوشش کرے گا۔ ہم میں سے کون سا ایسا شخص ہے جس نے دُشمن کی طرف سے کسی حملے یا آزمائش کا سامنا نہ کیا ہو۔ ؟ دیندار ہونے کے لئے ہمیں خداوند اور اُس کے کلام میں ثابت قدم اور

قائم رہتے ہوئے جد وجہد کرنا پڑتی ہے۔

تیمتھیس کو ابدی زندگی پر قبضہ جمانا تھا۔ یہاں پر اس بات کا مفہوم یہ ہے کہ ابدی زندگی کی حقیقت یعنی اس کو مدِ نظر رکھے ہوئے زمین پر زندگی بسر کی جائے۔ بہت سے ایماندار ابدی زندگی کو مدِ نظر رکھتے ہوئے روز مرہّ زندگی بسر نہیں کرتے۔ وہ اس دُنیا کے لئے اور اس دُنیا میں ہی زندگی بسر کرتے رہتے ہیں۔ جب ہم ابدی زندگی کو اپنی روز مرہّ زندگی میں اوّل درجہ دیتے اور اُس کو مدِ نظر رکھتے ہیں تو پھر ہماری ترجیحات بدل جاتی ہیں۔ اس دُنیا کی کشش ہمارے دل سے ختم ہوتی چلی جاتی ہے۔ اس سے ہمارے طرزِ زندگی اور طرزِ خدمت پر بھی گہرا اثر پڑتا ہے۔ تیمتھیس کو ابدیت کے پیشِ نظر زمینی زندگی بسر کرنے کی تاکید و تلقین کی گئی۔

پولس رسول نے تیمتھیس کو 12 آیت میں یاد دہانی کرائی کہ اُس نے پہلے ہی اُس وقت اُس زندگی پر قبضہ کر لیا تھا جب اُس نے بہت سے گواہوں کے سامنے اقرار کیا تھا۔ ہم اس اعتراف و اقرار کے بارے میں کچھ بھی نہیں بتایا گیا۔ یہ معلوم نہیں کہ پولس رسول کسی ایک واقعہ کی بات کر رہا تھا یا پھر اُس کے جگہ بہ جگہ گواہی دینے کا تذکرہ۔ لیکن یہ بات بالکل واضح ہے کہ تیمتھیس نے ابدی زندگی پر قبضہ کر لیا تھا۔ اُس نے خداوند پر توکل اور بھروسہ کرتے ہوئے اپنی زندگی اُس کے نام کر دی تھی تیمتھیس کو اب اپنی زندگی اسی فیصلے کے تحت بسر کرنی تھی۔

13 آیت میں پولس رسول نے تیمتھیس کو خدا اور خداوند یسوع مسیح کے سامنے حکم دیا کہ وہ اُس حکم کی تابعداری اور پاسداری کرے جو اُس نے اُسے دیا ہوا ہے۔ اُس نے اُسے یاد کرایا کہ خدا ہی زندگی عطا کرتا ہے اور وہ زندگی واپس لے لینے کی بھی قدرت رکھتا ہے۔ تیمتھس کو زندگی عطا کرنے اور واپس لے لینے والے خدا کے سامنے اس بات کو مدِ نظر

رکھتے ہوئے زندگی بسر کرنی تھی کہ وہ ایک دن اِفسّس کی کلیسیا کے تعلق سے بطور پاسبان اپنی خدمت، اعمال وافعال اور ذمہ داری کے لئے جوابدہ بھی ہو گا۔

پولس رسول نے تیمتھیس کو حکم دیا کہ وہ خداوند کے سامنے اس کے احکامات کی تابعداری کرے جس نے پیلاطیس کے سامنے اچھا اقرار کیا تھا۔ خداوند یسوع مسیح جان دینے تک وفادار رہا تھا۔ اُس نے بخوشی ورضا اپنے لوگوں کے لئے اپنی زندگی قربان کر دی۔ اب ہماری ذمہ داری ہے کہ ہم بھی اپنے گلہ کے لئے اپنی جان دینے سے بھی دریغ نہ کریں۔ اس نے ہمارے لئے ایک نمونہ چھوڑا ہے۔ خداوند نے ہمیں کوئی بھی ایسا کام کرنے کے لئے نہ کہا جو وہ خود ہمارے لئے کرنے کے لئے تیار اور رضامند نہیں تھا۔

اِن حقائق کی روشنی میں، پولس رسول تیمتھیس کو مزید بھی تاکید اور تلقین کرتا ہے کہ برداشت سے کام لے اور خدا کے کلام سے وفادار رہے خواہ اسے کیسی ہی دشواریوں اور مسائل کا سامنا کرنا پڑے۔ اُس نے اپنے آپ کو مسیح یسوع کی آمد تک بے داغ اور بے الزام رکھنا تھا۔ یہ کوئی آسان کام نہیں تھا۔ اس کا مطلب، دُکھ، مصائب اور ایذاہ رسانی تھا۔

16-15 آیت میں، پولس رسول خداوند خدا کے عجیب کاموں کے سبب سے اس کی پرستش اور ستائش سے معمور ہے۔ وہ ہمیں یاد کراتا ہے کہ یسوع ہی مبارک اور واحد حاکم ہے۔ وہ بادشاہوں کا بادشاہ اور خداوندوں کا خدا ہے۔ اس سے کوئی بھی اعلیٰ اور بالا نہیں ہے۔ وہی ہر ایک چیز پر حاکم اور سب چیزوں پر اختیار رکھتا ہے۔ وہ مر نہیں سکتا۔ وہی ابدی بادشاہ ہے۔ ہم اس پر توکل اور بھروسہ کر سکتے ہیں۔

یہ خدا اس نور میں رہتا ہے جس تک کسی کی رسائی نہیں ہے۔ وہ قدوس اور مہیب خدا ہے جس تک کوئی بھی پہنچ نہیں سکتا۔ اگر کوئی گناہ کی حالت میں اس تک رسائی کرے تو ہلاک

ہو جائے گا۔ عہدِ عتیق کے دَور میں، وہ لوگ جو اُس پہاڑ کے قریب گئے تھے جس پر خداوند اُترا تھا وہ ہلاک ہو گئے تھے۔ وہ ایسا خدا ہے جس کی عزت کرنا اور اُس سے ڈرنا ہم سب پر واجب ہے۔ کسی نے خدا کو نہیں دیکھا۔ وہ نادیدنی خدا ہے اور ہماری طرح اُس کی کوئی جسمانی صورت نہیں ہے۔

پولس رسول کا دل ایسے ہی خیالات اور حقائق سے معمور تھا۔ وہ خدا کی ذات اور اُس کے وجود و اوصاف کے لئے اس کی ستائش اور شکر گزاری کرتا ہے۔ چونکہ وہ ایسا عظیم اور مہیب خدا ہے، کون ہے جو اُس کی عزت اور عبادت نہ کرے گا؟ پولس رسول تیمتھیس کو تلقین کرتا ہے کہ خدا کی ذات و صفات پر دھیان دے۔ تیمتھیس نے خداوند یسوع مسیح کے اُس کام کو بھی یاد رکھنا تھا جو اُس نے صلیب پر بنی نوع انسان کے لئے سر انجام دیا تھا۔ انہی حقائق اور خیالات کو مدِ نظر رکھتے ہوئے اسے ابدی زندگی کی روشنی میں روز مرّہ زندگی بسر کرنی تھی۔

پولس رسول نے تیمتھیس کو نصیحت کی کہ وہ اِس جہان کے دولتمندوں کو بتادے کہ وہ متکبر نہ ہوں۔ (17 تا 19 آیت) امیر لوگوں کے لئے یہ آزمائش تھی کہ وہ خود کو دوسروں سے زیادہ اہم سمجھ بیٹھیں۔ تیمتھیس نے اَمیر زادوں کو یہ تلقین کرنی تھی کہ وہ دولت پر اپنا بھروسہ اور اُمید نہ لگائیں۔ کیونکہ اُن کی دولت فانی تھی اور لمحہ بھر میں اُن کے ہاتھوں سے نکل سکتی تھی۔ انہیں اپنا بھروسہ اور توکل خداوند پر ہی لگانا تھا جو لُطف اندوز ہونے کے لئے اُنہیں ہر ایک چیز مہیا کرتا تھا۔ اِس آیت میں ہمیں دو چیزیں دیکھنے کی ضرورت ہے۔

اوّل۔ ہمارے لئے یہ کس قدر آسان ہے کہ ہم خدا کی بجائے دولت پر بھروسہ کر بیٹھیں۔ اس وقت خدا کی ضرورت محسوس کرنا بہت آسان ہوتا ہے جب ہمیں کوئی اور راہ دکھائی نہ

دے رہی ہو۔ بالعموم خدا ہی ہمارا آخری چارہ اور سہارا ہوتا ہے۔ جب کچھ نظر نہیں آرہا ہوتا تو ہم خدا سے دُعا کرتے ہیں۔ امیر لوگوں کے لئے بھی ایسی ہی آزمائش تھی۔ پولس رسول نے اُنہیں یہ نصیحت کی کہ وہ اپنے آپ اور اپنی دولت پر انحصار کرنے کی بجائے خداوند پر توکل اور بھروسہ کریں۔ خواہ ہمارے پاس کس قدر بھی دولت اور مال و متاع کیوں نہ ہو ہمیں پھر بھی خدا پر توکل اور بھروسہ کرنے کی ضرورت ہے۔ پھر بھی ہمیں اپنی ضروریات اور مسائل کے حل کے لئے اُسی کے سامنے جھکنے کی ضرورت ہے۔

پولس رسول ہمیں دوسری بات یہ بتاتے ہیں کہ خدا ہی ہمیں لطف اُٹھانے کے لئے ہر ایک چیز مہیا کرے گا۔ میرے لئے شخصی طور پر یہ بات بڑی دلچسپی کی حامل ہے۔ ہم اکثر و بیشتر یہی سمجھتے ہیں کہ خدا صرف ہماری ضروریات ہی فراہم کرتا ہے۔ خدا سخت اور خشک مزاج نہیں ہے۔ وہ ہمیں اپنی برکات سے دُور نہیں رکھتا۔ وہ دل سے ہماری فکر کرتا ہے اور ہمیں ضروریات مہیا کرتا ہے۔ اُس کے دل کی یہی لالسا ہے کہ ہم پر اپنی برکات نازل فرمائے۔ وہ ہمیں لطف اندوز ہونے اور ہماری تازگی کے لئے بھی سب کچھ مہیا کرے گا۔

پولس رسول نے تیمتھیس کو تاکید کہ وہ دولتمندوں کو نصیحت کرے کہ وہ اپنے اعمال و افعال میں دولتمند بنیں اور جو کچھ خدا کی طرف سے اُنہیں ملا ہے اُس میں فیاض دلی اختیار کریں۔ اُنہیں اس ایمان، فہم اور یقین کے ساتھ ایسا کرنا تھا کہ خدا اُن کی ضروریات کا خیال رکھے گا۔

یہ بات غور طلب ہے کہ اگر وہ فیاض دلی سے دیں گے تو خدا ہی ان کی ضروریات پوری کرے گا۔ دینے سے وہ آسمان پر خزانہ بھی جمع کریں گے۔ یہی وہ بات ہے جو تیمتھیس سے کہی گئی تھی کہ وہ ابدیت کو مدِ نظر رکھتے ہوئے روزمرہ زندگی بسر کرے۔ اِس زمین پر اس فانی زندگی کے لئے مال و متاع جمع کرنے کی بجائے اُسے آنے والے جہان کے لئے

خزانہ جمع کرنا تھا۔ جو کچھ خدا نے اُنہیں دیا تھا انہیں دوسروں کی برکت اور ضروریات کے لئے صرف اور خرچ کرتے ہوئے آسمان پر خزانہ جمع کرنا تھا۔

پولس رسول نے تیمتھیس کو آخری نصیحت یہ کی کہ جو کچھ اُس کے پاس ہے اُسے تھامے رہے، یہاں پر پولس رسول خدا کے کلام کی سچائی کے تعلق سے بات کر رہا ہے۔ وہ اُسے در حقیقت یہ کہہ رہا ہے کہ وہ بیہودہ گو اور مخالفت کرنے والے لوگوں سے دُور رہتے ہوئے اِس سچائی کی حفاظت کرے جو اُس کے پاس کلام کی صورت میں موجود ہے۔ بہت سے لوگ انسانی منطق پر مبنی متضاد خیالات کا شکار ہو کر راہ حق سے گمراہ ہو چکے ہیں۔ پولس رسول تیمتھیس کو یہی نصیحت کر رہا ہے کہ وہ اِس سچائی کی خوب حفاظت کرے جو اُسے سونپی گئی ہے۔ اُسے اِس سچائی کو لوگوں تک پہنچانا تھا۔ اِس پر خود بھی یقین رکھنا تھا۔ اُسے اِس سچائی کے لئے کسی بھی قربانی سے دریغ نہیں کرنا تھا۔ اُسے ان لوگوں کی رفاقت اور شراکت سے بھی گریز اور پرہیز کرنا تھا جو کسی اور طرح کی تعلیم دے رہے تھے یعنی اس سچائی کی مخالفت کر رہے تھے۔

خدا کے تقاضوں کے مطابق زندگی بسر کرنا آسان نہیں ہوتا۔ اِس کے لئے جدوجہد اور کاوش درکار ہوتی ہے۔ اگر ہمیں خدا کی مرضی، منصوبے اور مقصد کو پورا کرنے والے انسان بننا ہے تو پھر ہمیں پولس رسول کی طرف سے تیمتھیس کو کی گئی نصیحت کو پلے باندھنا ہوگا۔

چند غور طلب باتیں

☆۔ آج آپ کس خاص طور پر کس آزمائش سے دُور بھاگنے کی ضرورت ہے؟

☆۔ ایک جنگ کی حیثیت سے ہم اس باب میں مسیح زندگی کے تعلق سے کیا سیکھتے ہیں؟ کیا

ہمیں یہ توقع کرنی چاہئے کہ زندگی ہمیشہ پھولوں کی سیج پر ہی گزرے گی؟ آج آپ کو کس طرح کی جنگ درپیش ہے؟

☆۔ ابدی زندگی پر قبضہ کر لینے کا کیا معنی ہے؟ کیا آپ اپنے دل اور ذہن میں ابدیت پر توجہ مرکوز کر کے زندگی بسر کر رہے ہیں؟

☆۔ خدا کے دینے یا فراہم کرنے کے تعلق سے ہم یہاں پر کیا سیکھتے ہیں؟ کیا خداوند ہچکچاہٹ کے ساتھ دیتا ہے؟

☆۔ کیا کبھی ایسا ہوا کہ آپ نے خدا کی بہ نسبت اپنے وسائل پر زیادہ بھروسہ کیا؟ پولس رسول یہاں پر ہمیں کیا تلقین و تاکید کرتا ہے؟

چند اہم دُعائیہ نکات

☆۔ خداوند سے فضل اور توفیق چاہیں تاکہ آپ خداوند اور اُس کے کلام سے وفادار رہ سکیں۔

☆۔ خداوند سے دُعا کریں کہ آپ کو فضل ملے تاکہ آپ محض اس دُنیا میں ہی نہیں بلکہ ابدیت کو دل اور ذہن میں رکھتے ہوئے زندگی بسر کر سکیں۔

☆۔ خداوند کی شکر گزاری کریں کہ وہ فیاضی سے دیتا ہے۔ خداوند سے اپنے لئے بھی فیاض دل مانگیں۔

☆۔ خداوند سے ثابت قدم اور قائم رہنے کے لئے ہمت اور توفیق چاہیں تاکہ آپ ایمان کی اچھی کشتی لڑ سکیں۔

باب 26

شرمندہ نہ ہونا پڑے

2 تیمتھیس 1 باب 1 تا 18 آیت کا مطالعہ کریں

پولس رسول نے ایمان کی رو سے اپنے فرزند تیمتھیس کو یہ دوسرا خط لکھا۔ پولس رسول یہ چاہتا تھا کہ وہ اَنجیل کی خدمت میں آگے بڑھتا اور ترقی کرتا چلا جائے اور خداوند یسوع مسیح کے لئے کام کرتا رہے۔

پولس رسول اپنے تعارف سے خط کا آغاز کرتا ہے۔ ایسا نہیں کہ تیمتھیس کو اس تعارف کی ضرورت تھی۔ ہمارے لئے یہ بات بڑی اہمیت کی حامل ہے کہ پولس رسول کو اپنی بلاہٹ پر بڑا ناز تھا۔ اُس نے تیمتھیس کو یاد کرایا کہ خدا کی مرضی سے مسیح یسوع کا رسول ہے۔ خدا نے پولس رسول کو اِس خدمت کے لئے چنا تھا۔ پولس نے ہمیشہ اُس بڑے شرف و استحقاق کو مدِ نظر رکھا۔ اُس کے لئے یہ بڑی عزت کی بات تھی کہ خدا نے اسے اس خدمت کے لئے بلایا تھا۔ غور کریں کہ وہ مسیح یسوع میں وعدہ کی زندگی کے لئے ایک رسول تھا۔ اس وعدہ کی زندگی کی پولس رسول نے بھی منادی کی تھی۔ خداوند یسوع یہ زندگی دینے کے لئے اِس زمین پر آیا تھا اور اُس نے گناہوں کی معافی کے وسیلہ سے اس زندگی کا حصول ممکن بنا دیا تھا۔ پولس رسول کو اس وعدہ کو دُنیا میں پہنچانے کے لئے رسول اور پیامبر کے طور پر چنا گیا تھا۔

پولس رسول نے یہ خط تیمتھیس کو لکھا جسے وہ اپنا عزیز فرزند سمجھتا تھا۔ تیمتھیس کا روحانی باپ ہوتے ہوئے، پولس رسول کے دل کی یہی لالسا تھی کہ وہ خداوند میں کمال کے درجہ

تک پہنچے۔ 2 آیت میں پولس رسول کی شخصی طور پر یہ خواہش تھی کہ تیمتھیس فضل، رحم اور خدا کے اطمینان کا تجربہ کرے۔

3 آیت میں پولس رسول نے تیمتھیس کو بتایا کہ وہ صاف ضمیر کے ساتھ خداوند کی خدمت کرتے ہوئے خدا کا شکر کرتا اور دن رات اسے اپنی دُعاؤں میں یاد رکھتا ہے۔ یہاں پر دو چیزوں کا ذکر کرنے کی ضرورت ہے۔

اوّل۔ پولس رسول نے صاف ضمیر کے ساتھ خداوند کی خدمت گزاری کا کام کیا۔ خداوند کی خدمت کرتے ہوئے اُس کے ذہن میں کوئی پوشیدہ محرکات نہیں تھے۔ خدا اور اُس کے درمیان کوئی رکاوٹ بھی حائل نہیں تھی۔ وہ ایک ایسا پاک اور صاف برتن بن چکا تھا جس کے وسیلہ سے خداوند کی قوت اور قدرت بہہ کر لوگوں تک پہنچ سکتی تھی۔

دوئم۔ پولس رسول نے دن رات اپنی دُعاؤں میں تیمتھیس کو یاد رکھا۔ ایک طرف تیمتھس خدمت میں مصروف تو دوسری طرف پولس رسول اس کے لئے شفاعت کے رخنوں میں کھڑا ہو کر دُعا کیا کرتا تھا۔ تیمتھس کے لئے یہ کس قدر برکت اور خوشی کی خبر ہو گی کہ پولس جیسا عظیم رسول اِس کے لئے دن رات دُعا میں مشغول ہے۔ اس سے ہمیں پولس رسول کی اُس گہری فکر مندی اور دلچسپی کا علم ہوتا ہے جو وہ ایمان کی رُو سے اپنے سچے فرزند تیمتھیس کے لئے رکھتا تھا۔

یہاں پر تیمتھیس کے لئے پولس رسول کی محبت قابل غور ہے۔ 4 آیت میں پولس رسول نے تیمتھیس کے آنسوؤں کا بھی ذکر کیا ہے۔ ہمیں یہ تو نہیں بتایا گیا کہ تیمتھیس نے وہ آنسو کب بہائے تھے۔ ہو سکتا ہے کہ ایسا اُس وقت ہوا ہو جب پولس رسول نے اُسے افسّس میں خدمت کے لئے چھوڑا تھا۔ یہ بات اظہر من الشمس ہے کہ تیمتھیس کے آنسو پولس رسول کے دل پر گہرا اثر چھوڑ گئے اور اب وہ اُس سے ملنے کے لئے بے تاب ہے۔

تیمتھس کی پرورش ایک ایسے گھرانے میں ہوئی تھی جہاں پر اُس کی نانی خداوند سے پیار کرنے والی تھی۔ اس کا ایمان تیمتھیس کی ماں میں منتقل ہو گیا۔ اب تیمتھیس ایمان کے اُسی شعلہ کو اپنے دل میں لئے ہوئے تھا۔ پولس رسول نے تیمتھیس کو اُبھارا کہ وہ اُس نعمت کو چمکادے جو خداوند کی طرف سے اُسے ملی ہے۔ تیمتھیس کو یہ نعمت ہاتھ رکھنے کے وسیلہ سے حاصل ہوئی تھی۔ اسی نعمت کے وسیلہ سے ہی وہ اس ایمان کو دوسروں میں منتقل کر سکتا تھا۔

ہماری روحانی نعمتوں کو بھی درجہ بدرجہ پروان چڑھنے کی ضرورت ہوتی ہے۔ یہ نعمتیں سلگتی ہوئی آگ کی مانند ہیں۔ نعمتیں استعمال نہ کی جائیں تو یہ وقت گزرنے کے ساتھ ساتھ ختم ہو جاتی ہیں۔ اِس کے برعکس، اگر اُنہیں استعمال کیا جائے تو یہ خدا کی بادشاہی کے لئے مفید ثابت ہو سکتی ہیں اور وقت گزرنے کے ساتھ ساتھ اُن میں بہتری اور تیزی آنا شروع ہو جاتی ہے۔ خدا کی طرف سے ملنے والی نعمتوں کو بڑی قوت اور قدرت کے ساتھ خدا کی بادشاہی کے لئے استعمال کیا جا سکتا ہے اور اگر آپ چاہیں تو اُنہیں نظر انداز کر کے استعمال نہیں بھی کر سکتے۔ آپ نے اُن نعمتوں کے ساتھ کیا کرنا ہے؟ اِس بات کا چناؤ آپ کا اپنا ہوتا ہے۔ چاہیں تو آپ اِن نعمتوں کو چمکا سکتے ہیں یا پھر اِنہیں بجھا بھی سکتے ہیں۔ خدا نے آپ کو ایک مقصد کے تحت ایک یا ایک سے زیادہ نعمتیں عطا کی ہوتی ہیں۔ اس نے ایک خاص انداز سے آپ کو اپنی بادشاہی میں استعمال کرنے کے لئے روح کی نعمتوں سے مسلح کیا ہوتا ہے۔ جیسی آپ کی نعمت ہوتی ہے، خدا آپ کو اسی طور سے استعمال کرتا ہے۔ یہی وجہ ہے کہ ہماری خدمت ایک دوسرے سے منفرد اور مختلف ہوتی ہے۔ آپ کو اپنی خاص نعمت کے ساتھ خدا کی بادشاہی میں ایک خاص کردار ادا کرنا ہوتا ہے۔ کس قدر ضروری ہے کہ ہم خدا کی طرف سے ملنے والی نعمتوں کو چمکائیں تاکہ خدا کی بادشاہی میں وسعت آتی چلی

جائے۔

یوں معلوم ہوتا ہے کہ بعض اوقات تیمتھیس اپنی نعمت کے استعمال میں ہچکچاہٹ سے کام لیتا تھا۔ پولس رسول نے اُسے یاد دہانی کرائی کہ خدا نے اُسے خوف کی روح نہیں بخشی۔ بلکہ اُس نے اُسے قوت اور قدرت، محبت اور تربیت کی روح سے نوازا ہے۔

کتنی ہی بار ہم بھی ایمان سے پیش قدمی کرنے میں ہچکچاہٹ محسوس کرتے ہیں۔ جس کام کے لئے خدا نے ہمیں بلایا ہوتا ہے اُس کے لئے ہم اپنے آپ کو نااہل سمجھتے ہیں۔ جب ہم ایمان سے آگے بڑھنے میں دلیری سے کام نہیں لیتے تو دُشمن کو یہ صورتحال کس قدر اچھی لگتی ہے۔ دُشمن کو یہ بہت ہی اچھا لگتا ہے جب ایماندار خوف کے مارے خدمت میں آگے بڑھنے سے انکار کرتے ہیں۔ جب تک ایماندار ایسے احساسات کو ترک نہیں کرتے، وہ کبھی بھی خدا کی بادشاہی کے لئے مفید ثابت نہیں ہو سکیں گے۔ خوف کی روح ہمیں آگے بڑھنے سے رکھتی ہے۔ ایسی روح خدا کی طرف سے نہیں ہوتی۔

خدا نے ہمیں قوت اور قدرت کی روح سے معمور کیا ہے۔ ہم میں بسا ہوا خدا کا روح فتح مند ہے۔ جب اُس کا روح ہم میں ہے تو پھر ہم دُشمن کا سامنا کرنے سے خوفزدہ نہیں ہوتے۔ کیونکہ ہمیں علم ہوتا ہے کہ ہم فتح سے بڑھ کر غلبہ رکھتے ہیں۔ ہمارا خدا ناممکنات کا خدا ہے۔ پولس رسول نے تیمتھیس کو تلقین کرتے ہوئے اِس بات کے لئے اُبھارا کہ وہ قادرِ مطلق خدا پر توکل اور بھروسہ کرے۔ بہت سے ایماندار اِس وجہ سے ناکام ہو جاتے ہیں کیونکہ وہ مسیح یسوع کی قوت اور قدرت پر بھروسہ کرتے ہوئے اُسے اپنے استعمال میں نہیں لاتے۔۔۔ اِس کی بجائے وہ اسی سوچ اور احساس کو اپنائے رہتے ہیں کہ وہ خدمت کرنے کے لائق ہی نہیں، وہ بالکل کمزور اور بے بس ہیں۔ ایسی سوچ خدا کی طرف سے نہیں ۔ خدا نے تو ہمیں قوت اور قدرت کی روح سے نوازا ہے۔

خدا نے ہمیں صرف قوت اور قدرت کی روح ہی نہیں دی بلکہ محبت کی روح سے بھی معمور کیا ہے۔ محبت کے بغیر قوت اور اختیار بہت ہی خطرناک چیز ہے۔ تاریخ کے اوراق اُٹھا کر دیکھیں تو ایسے قائدین نظر آئیں گے جنہوں نے کبھی بھی محبت کا اظہار نہ کیا۔ اُن کی سوچ اور فکر اپنی ذات تک محدود تھی اور اُنہوں نے کبھی بھی دوسروں کے بارے میں نہ سوچا۔ محبت دوسروں کی ضرورت کو دیکھتی اور اُن کے لئے فکر مندی کا اظہار کرتے ہوئے عملی قدم اُٹھاتی ہے۔ محبت بخوشی و رضا اُن سب کے لئے قربانی دینے کے لئے تیار ہو جاتی ہے جن کے درمیان وہ خدمت گزاری کا کام کر رہی ہوتی ہے۔ خدا نے ہمیں محبت کی روح سے نوازا ہے۔ کوئی بھی مسیحی جو محبت کے بغیر خدمت گزاری کا کام سرانجام دیتا ہے ہمیشہ خدا کے معیار کے مطابق خدمت کرنے میں ناکام رہتا ہے۔

وہ روح جو خدا نے ہمیں بخشا ہے وہ قدرت کا رُوح بھی ہے۔ روح القدس ہمیں اپنے احساسات و جذبات، خواہشات اور جسم کی رغبتوں پر قابو پانے کی توفیق عطا کرتا ہے۔ تا کہ ہماری زندگیاں خدا کے جلال کے لئے استعمال ہو سکیں۔ ایسی روح خدا کی مرضی اور خداوند یسوع کے اختیار کے تابع ہو جاتی ہے۔ پولس رسول نے 1 کرنتھیوں 9 باب 27 آیت میں اس بات کا عملی ثبوت دیا۔ جب اُس نے کرنتھس کے ایمانداروں کو یہ لکھا۔

"بلکہ میں اپنے بدن کو مارتا کوٹتا اور اِسے قابو میں رکھتا ہوں ایسا نہ ہو کہ اوَروں میں منادی کر کے آپ نامقبول ٹھہروں۔"

خدا ہمیں بطور ایماندار تربیت کی روح سے نوازتا ہے۔ یہ قربانی دینے والی روح ہوتی ہے۔ یہ روح اپنا وقت، اپنی کاوشیں خدا کی بادشاہی کے لئے وقف اور صرف کر دیتی ہے۔ اس روح میں دل کی یکسوئی پائی جاتی ہے۔

خدا نے تیمتھیس کو قوت اور قدرت، محبت اور تربیت کی روح سے نوازا تھا۔ یہی وجہ تھی

کہ اُسے خداوند یسوع مسیح کی گواہی دینے میں کسی طور پر بھی شرم اور ہچکچاہٹ سے کام نہیں لینا تھا۔ کچھ لوگ پولس رسول کی زندگی کو دیکھ کر تعجب کرتے تھے کہ کیوں خدا نے اُسے خدمت کے کام میں طرح طرح کے دُکھوں اور مصیبتوں میں سے کیوں گزارا۔ ۔یہی سوال خداوند یسوع مسیح سے بھی کیا گیا۔ اُنہوں نے خداوند سے کہا کہ اگر وہ خدا کا بیٹا ہے تو صلیب پر سے اُتر آئے۔(تیمتھیس 27 باب 40 آیت)

پولس رسول نے تیمتھیس کو یاد دہانی کرائی کہ دُنیا میں دُکھ، رَنج و الم گناہ اور بدی کا نتیجہ ہیں۔ لوگوں نے خداوند یسوع مسیح اور نجات کے پیغام کو رد کر دیا۔ اِس وجہ سے ہمیں شرمانا نہیں۔ میدانِ جنگ میں لڑتے ہوئے سپاہیوں کو اس بات کی کامل یقین دہانی ہوتی ہے کہ اُنہیں دُکھ میں سے گزرنا پڑے گا۔ وہ اُس دُکھ درد سے شرماتے نہیں بلکہ بڑے فخر سے اس دُکھ درد میں سے گزرتے ہیں۔ وہ ایک اچھی وجہ اور مقصد کے تحت دُکھ اُٹھاتے ہوئے بڑا ناز محسوس کرتے ہیں۔ پولس رسول نے تیمتھیس کو اَنجیل کی خاطر اپنے ساتھ دُکھ اٹھانے کے لئے مدعو کیا۔

پولس رسول نے تیمتھیس کو خداوند یسوع مسیح کا انجام شدہ کام یاد کرایا۔ خداوند یسوع نے ہمیں نجات دے کر پاک زندگی بسر کرنے کے لئے بلایا ہے۔(9 آیت) ہم خدا سے الگ اور جدا ابدی ہلاکت کی شاہراہ پر گامزن تھے۔ خداوند یسوع مسیح نے ہمیں دشمن کے ہاتھ سے چھڑا لیا۔ اس نے ہمیں معاف کر کے اپنے فرزند بننے کا حق بخش دیا۔ ہم گناہ آلودہ بے مقصد اور بے ثمر زندگی سے رہائی پا گئے۔

خداوند یسوع مسیح نہ صرف ہمیں باپ کے پاس لانے کے لئے اس دُنیا میں آیا بلکہ وہ موت کو تباہ کرنے کے لئے بھی آیا تھا۔ اب موت ہم پر اپنی گرفت قائم نہیں کر سکتی۔ ہم موت کی رسیوں سے رہائی پا چکے ہیں۔ اِس کا ہرگز یہ مطلب نہیں کہ ہمیں جسمانی موت کا مزا

چکھنا نہیں پڑے گا۔ اِس کا یہ معنی ہے کہ موت ہمارا آخری انجام نہیں ہو گا۔ وہ لوگ جو خداوند یسوع مسیح کو قبول کر چکے ہیں ان کے لئے انجیل کے وسیلہ سے خداوند کے حضوری ابدی زندگی گزارنے کی روشن اور قوی اُمید ہے۔

خدا نے پولس رسول کو ایک پیش رَو، رسول اور اُستاد ہونے کے لئے چنا تھا(11 آیت) خدا نے اسے انجیل کا پیغام پھیلانے کے لئے بلایا تھا۔ جہاں کہیں وہ جاتا اسے یہ کام سر انجام دینا ہوتا تھا۔ اسے خداوند کے لوگوں کی رہنمائی بھی کرنی تھی تاکہ وہ انجیل کی صداقت کی روشنی میں زندگی بسر کر سکیں۔ پولس رسول کو اپنی زندگی میں اس الٰہی بلاہٹ پر کوئی شرمندگی محسوس نہ ہوتی تھی۔ اسے مسیح کا ایلچی(سفیر) ہوتے ہوئے بڑا ناز محسوس ہوتا تھا تاکہ وہ اپنے سامعین کو انجیل کی صداقت سے روشناس کر سکے۔

اگرچہ یہ پیغام بہت خوبصورت تھا تو بھی سب نے اُس پیغام کو اپنے دلوں میں جگہ نہ دی۔ صرف یہ نہیں کہ لوگوں نے اس سچائی پر مبنی اِس پیغام کو رد کر دیا بلکہ وہ اُن لوگوں سے بھی نفرت کرتے تھے جو اس پیغام کی منادی کرتے تھے۔ یہی وجہ ہے کہ پولس رسول کو قید خانہ میں ڈال دیا گیا تھا۔ اَنجیل کی منادی کے سبب سے قید ہونے پر پولس رسول کو قطعاً کوئی شرمندگی محسوس نہ ہوئی۔ جن باتوں کی وہ منادی کرتا تھا اُس پر اُس کا قوی ایمان بھی تھا۔ اس کا یہ ایمان تھا کہ جس کام کا آغاز خداوند نے اس کی زندگی میں کیا ہے وہ اسے پایہ تکمیل تک بھی پہنچائے گا۔ اُس کے دُکھ درد اُس کی توجہ اور دھیان خداوند سے ہٹانے میں کامیاب نہ ہو سکے۔

پولس رسول کو اِس بات کی گہری قائلیت تھی کہ اگرچہ اُس کے دُکھ درد اور حالات و واقعات بڑے ناخوشگوار ہیں تو بھی خدا ہر چیز پر اپنا اختیار اور قدرت رکھتا ہے۔ کوئی بھی صورتحال اُس کے اختیار اور قدرت سے باہر نہیں ہے۔ کوئی چیز بھی قادرِ مطلق خدا

کے مقصد اور منصوبے میں حائل نہ ہو سکی۔ یہی وجہ ہے کہ پولس رسول کا سر فخر سے بلند رہتا تھا۔ خواہ ابلیس نے پولس رسول کی زندگی میں کیسی ہی رکاوٹیں کھڑی کیں، اُسے یہ اعتماد اور بھروسہ تھا کہ خداوند سے لپٹے رہنے اور اُس پر اعتماد اور بھروسے کی بناپر وہ یہ جنگ جیت جائے گا۔

13 آیت میں پولس رسول نے تیمتھیس کو تلقین کی کہ وہ بڑی محبت اور ایمان سے اس تعلیم پر قائم رہے جو اس نے اسے دی ہے۔ یہ ممکن ہے کہ کوئی شخص خداوند یسوع مسیح کے تعلق سے درست تعلیم سے تو آشنا ہو لیکن پھر بھی وہ خداوند یسوع مسیح پر ایمان نہ لایا ہو۔ ایماندار ہونے کا مطلب درُست تعلیم کو جاننے سے کہیں بڑھ کر اس تعلیم کے مطابق درُست طرزِ عمل اور طرزِ زندگی اپنانا ہے۔ بہت سے لوگ نامی مسیحی ہیں۔ وہ مسیح کی تعلیم پر عمل پیرا ہوتے ہیں لیکن وہ اپنی نجات کے لئے پورے طور پر مسیح یسوع پر بھروسہ اور اعتماد نہیں کرتے۔ پولس رسول نے تیمتھیس کو بتایا کہ وہ مسیح یسوع پر ایمان رکھتے ہوئے اُس کی تعلیم پر عمل پیرا ہو۔

دوئم، تیمتھیس کو اس درُست تعلیم کو بھی تھامے رکھنا تھا جو اُس نے محبت کے ساتھ قبول کی تھی۔ میں نے ایسی کلیسیائیں دیکھی ہیں جو بڑی مضبوطی سے سچائی کو تھامے ہوئی تھیں لیکن وہ ان لوگوں کو بالکل بھی برداشت نہیں کرتی جن کی تعلیم اور عقیدہ اُن سے مختلف ہوتا ہے۔ مجھے ایسی کلیسیاؤں میں جانے کا اتفاق بھی ہوا ہے جو درُست تعلیم اپنائے ہوئے ہیں لیکن اُن کے درمیان پیار و محبت بہت کم پایا جاتا ہے۔ کوئی بھی سچائی اپنے طور پر کافی نہیں ہے۔ خدا کا کلام اِس بات کو واضح کرتا ہے کہ سب سے بڑا حکم یہی ہے کہ ہم خداوند اپنے خدا سے اپنے سارے دل، اپنی ساری جان اور اپنی ساری عقل سے محبت رکھیں اور اپنے پڑوسی سے بھی اپنی مانند محبت رکھیں۔ (لوقا 27:10) آپ سچائی کو جان کر بھی اپنی

مسیحی زندگی میں بُری طرح ناکامی سے دوچار ہو سکتے ہیں۔ کیونکہ آپ اس طرح سے اپنی زندگی میں دوسروں سے محبت کرنے میں ناکام ہیں جس طرح خداوند نے ہمیں ایک دوسرے کو محبت کرنے کا حکم دیا ہے۔

پولس رسول نے تیمتھیس کو تلقین کی کہ وہ اُس اچھے خزانے کی حفاظت کرے جو اُس کے سپُرد ہوا تھا۔ (4 آیت) متن سے ہم یہ سمجھ سکتے ہیں کہ یہ خزانہ وہ کام تھا جو مسیح خداوند اِس دُنیا میں کرنے کے لئے اس دُنیا میں آیا تھا۔ جس خزانے کی یہاں پر پولس رسول بات کر رہا ہے وہ اَنجیل کی زبردست اُمید اور وہ نئی زندگی ہے جو اِس سے پیدا ہوتی ہے۔ پولس رسول نے تیمتھیس کو نصیحت کی کہ وہ کبھی بھی اس خوبصورت سچائی کو اپنی آنکھوں سے اوجھل نہ ہونے دے۔ اُسے خداوند یسوع اور اُس کے صلیب پر کئے گئے خوبصورت کام پر اپنی توجہ مرکوز رکھنا تھی۔ خدا کا وہ روح جو اُس میں رہتا تھا اُس نے اسے ایسا کرنے کی توفیق بخش دی تھی۔ (15)

اس خزانے کی حفاظت نہ کرنے کی صورت میں پولس رسول تیمتھیس کو خطرات سے بھی آگاہ کرتا ہے۔ پولس رسول اُسے بتاتا ہے (15) کہ آسیہ میں کچھ ایسے لوگ تھے جنہوں نے اُس کا ساتھ چھوڑ دیا۔ وہ فُوگلس اور ہرمگنیس کا نام لے کر ذکر کرتا ہے۔ ہمیں یہ تو نہیں بتایا گیا کہ انہوں نے پولس رسول کا ساتھ کیوں چھوڑ دیا تھا۔ ہو سکتا ہے کہ وہ پولس رسول کی قید اور ایذاہ رسانی کے سبب سے شرمندگی محسوس کرتے ہوں جو انجیل کے سبب سے تھی۔ شاید وہ ایسے خدا پر ایمان رکھنے کے لئے تیار تھے جو اُنہیں مصائب اور مشکلات سے بچائے رکھتا۔ اُنہیں ایسے خدا پر ایمان رکھنے میں دشواری محسوس ہو رہی تھی جو اپنے خادموں کو سچائی کی منادی کے سبب سے دُکھ میں مبتلا ہونے دے رہا تھا۔ 16 آیت میں، پولس رسول نے اُنیسفرس اور اُس کے گھرانے کا بھی ذکر کیا ہے۔ اُس نے تیمتھیس کو بتایا

کہ کس طرح اِس بندے اور اُس کے گھرانے نے اُس کی قید اور مصیبت کی حالت میں اُسے تازہ دم کیا۔ پولس رسول نے تیمتھیس کو بتایا کہ اُس کا گھرانہ اُس کی قید کی حالت میں شرمسار نہ ہوا۔ پولس رسول اُنیسفرس کے گھرانے کا شکرگزار تھا کیونکہ جب اسے معلوم ہوا کہ پولس رسول کو روم میں لایا گیا ہے۔ اُس نے اُس کی خدمت مدارت کے لئے اُس کی تلاش کی کہ وہ کہاں پر ہے۔ افسِس میں بھی انیسفرس پولس رسول کے لئے باعث برکت اور باعث تازگی ہوا تھا۔(18 آیت) جب پولس رسول اس کی مہربانی اور نظر عنایت کا صلہ اُسے نہ دے سکا، تو اُس نے یہ دُعا کی کہ خدا اس کی ساری کاوشوں کو دیکھ کر اُسے اُس روز کثرت سے برکت دے۔ جب وہ یومِ حساب اُس کے حضور کھڑا ہو۔

یوں محسوس ہوتا ہے کہ پولس رسول مایوسی کے احساس کے ساتھ لکھ رہا تھا۔ اُس نے بہت سے لوگوں کو اُس کی قید اور آزمائش میں اسے چھوڑتے دیکھا تھا۔ جب اُسے ایذا رسانی کا سامنا ہوتا اور اُسے گرفتار بھی کر لیا جاتا تھا تو بہت سے لوگ اِس حالت میں اُس کے ساتھ تعلق رکھنے میں شرمندگی محسوس کرتے تھے۔ کیا ہم اَنجیل کی خاطر دُکھ اٹھانے کے لئے تیار ہیں؟

کیا ہم خدا کی عطا کردہ نعمتوں کو چمکاتے ہوئے قوت و قدرت، محبت اور پرہیزگاری کے ساتھ آگے بڑھیں گے تاکہ ہر ایک صورت میں اَنجیل کے پیغام کو پھیلاتے چلے جائیں یا پھر ہم نامساعد صورتحال میں شرمندگی محسوس کرتے ہوئے خوف کے سبب کونے میں دبک کر بیٹھ جائیں گے؟ خدا کے کلام کا یہ حصہ ہماری حوصلہ افزائی کرتا ہے کہ ہم کبھی بھی خداوند یسوع مسیح اور اس کی خدمت گزاری کے کام میں شرمندگی محسوس نہ کریں۔

چند غور طلب باتیں

☆۔ ہم پولس رسول اور تیمتھیس کے درمیان تعلق یا رشتے کے بارے میں یہاں پر کیا سیکھتے ہیں؟

☆۔ خدا نے آپ کو کون سی نعمتیں عطا کی ہیں؟ آپ کس طرح اُن نعمتوں کو چمکا رہے ہیں؟

☆۔ پولس رسول دُکھ اٹھا کر انجیل کی منادی کرنے کے بارے میں کیا تعلیم دیتا ہے؟ آپ نے انجیل کی خاطر کس طرح سے دُکھ اٹھائیں ہیں؟

☆۔ کیا ممکن ہے کہ کوئی شخص سچائی سے تو واقف ہو لیکن نجات دہندہ سے نا آشنا؟ وضاحت کریں۔

چند اہم دُعائیہ نکات

☆۔ خداوند سے دُعا کریں کہ وہ آپ کو " تیمتھیس " عطا کرے تا کہ آپ اُس کی حوصلہ افزائی کرتے ہوئے اُسے مضبوط بنا سکیں۔

☆۔ خداوند سے دُعا کریں کہ وہ آپ پر ان نعمتوں کو ظاہر کرے جو اس نے آپ کو عطا کی ہیں؟ خداوند سے اُن نعمتوں کو اُس کی بادشاہی کے لئے استعمال کرنے کے لئے بھی رہنمائی مانگیں۔ ☆۔ خداوند سے ایسے وقتوں کے لئے معافی مانگیں جب اس کے نام سے شرماتے رہے اور اُس کے لئے کھڑے نہ ہو سکے۔

☆۔ کیونکہ آپ کسی ایسے شخص سے واقف ہیں جو مشکلات کے سبب راہِ حق سے گمراہ ہو چکا ہے؟ چند لمحات کے لئے اُس شخص کے لئے دُعا میں جھکیں۔

☆۔ خداوند سے التجا کریں کہ وہ زبردست طریقہ سے اپنی قدرت بھری روح۔ اور آپ میں پاکیزگی اور پرہیز گاری کو ظاہر کرے۔

باب 27

سپاہی، دَوڑ میں دوڑنے والے اور کسان

2 تیمتھیس 2 باب 1 تا7 آیت کامطالعہ کریں

1باب میں پولس رسول نے تیتھیس کواس بات کے لئے اُبھارا کہ وہ اَنجیل کے سبب سے اُس کے دُکھوں سے نہ شرمائے۔ بہت سے لوگ اس وقت خداوند سے انحراف کر گئے تھے جب انہیں یہ علم ہوا کہ وہ اُس کے نام کے سبب سے ستائے جائیں گے۔ وہ پولس رسول اور اِس حقیقت کے سبب شرم محسوس کرتے تھے کہ پولس رسول کو اُس کے ایمان کی وجہ سے قید خانہ میں ڈال دیا گیا ہے۔

پولس رسول تیمتھیس کو فضل میں مضبوط ہونے کے لئے کہتا ہے۔ مسیح کا فضل اس مہربانی سے گہرا تعلق رکھتا ہے جو خدا نے ہم پر کی ہے۔ یہ مہربانی کئی ایک طریقوں سے ہم پر منکشف ہوئی ہے۔ یہ اُن نعمتوں سے بھی دکھائی دیتی ہے جو اُس نے ہمیں عطا کی ہیں۔ اور اس کا اظہار اس قوت سے بھی ہوتا ہے جو خدا ہمیں عطا کرتا ہے۔ تیمتھیس کو اپنا دل کھول کر وہ سب کچھ حاصل کرنا تھا جو خدا اُس کی زندگی میں انڈیلنا چاہتا تھا تا کہ وہ اَنجیل کی منادی میں پُرزور اور موثر طریقہ سے استعمال ہو سکے۔

تیمتھیس کو نہ صرف مسیح کے فضل میں زور آور ہونا تھا بلکہ اس نے جو کچھ پولس رسول سے سنا تھا اس کی تعلیم بھی دوسروں کو دینی تھی۔ اُس کی ذمہ داری یہ تھی کہ وہ ایسے قابل اعتماد مَردوں کی تربیت کرے جو دوسروں کو بھی تربیت دینے کے لائق ہوں۔ تیمتھیس کے ذمہ یہ کام تھا کہ وہ ایسے وفادار کارکنان کی ایک ٹیم کو تربیت دے جو اُس کے ساتھ

شانہ بشانہ کھڑے ہو سکیں۔ بہت سا کام کرنا ابھی باقی تھا۔ تیمتھیس اپنے طور پر یہ سب کچھ نہیں کر سکتا تھا۔ اُسے ایسے قابلِ اعتماد ایماندار تلاش کرنے کی ضرورت تھی جو اُس کی کاوشوں میں اُس کے ساتھ کھڑے ہو سکیں۔

ہمیں ان نعمتوں کی ضرورت ہوتی ہے جو خدا نے مسیح میں ہمارے بھائیوں اور بہنوں کو عطا کی ہیں۔

کوئی بھی فوج ایک سپاہی کے ساتھ جنگ نہیں کر سکتی۔ ہم سب نے اپنا اپنا کردار ادا کرنا ہے۔ ہر ایک شخص کی اپنی ایک اہمیت ہے اور وہ اپنی جگہ پر بہت ضروری اور اہم شخص ہوتا ہے۔ پولس رسول نے تیمتھیس کو اس بات کے لئے اُبھارا کہ وہ ایک ٹیم تیار کرنا اپنی ذمہ داری سمجھے تاکہ وہ انجیل کی خدمت کے پیشِ نظر اُس کے ساتھ شانہ بشانہ کھڑے ہو سکیں۔

تکبر ہمیں دوسروں کے ساتھ کام کرنے سے روکے گا۔ دُشمن ایمانداروں کو تن تنہا کشمکش اور جدوجہد سے دوچار دیکھنا چاہتا ہے۔ حد سے زیادہ کام کے بوجھ تلے دبے ہوئے شخص کو شکست دینا آسان ہوتا بہ نسبت اس شخص کے جو دوسرے بھائیوں اور بہنوں کے ساتھ گہری قُربت اور رفاقت میں ہو اور اُن کے ساتھ مل جل کر کام بھی کر رہا ہو۔ تیمتھیس کے لئے یہ بہت ضروری تھا کہ وہ اپنے ارد گرد ایسے لوگ کھڑے کرے جو خدمت میں اس کا ساتھ دیں۔

اگلی چند آیات میں، پولس رسول تیمتھیس کو یہ دکھانے کے لئے روزمرہ زندگی سے کچھ مثالیں استعمال کرتا تاکہ اُس نے کس طرح خدا کے حقیقی خادم کے طور پر زندگی بسر کرنا ہے۔ یہاں پر ہمیں پولس رسول کا دل ایک باپ کے دل جیسا نظر آتا ہے جو وہ ایمان میں اپنے فرزند تیمتھیس کے لئے رکھتا ہے۔ ان مثالوں میں پولس رسول تیمتھیس کو مسیحی

زندگی اور خدمت کے لئے تین اہم اصول بیان کرتا ہے۔ ہم اس متن میں ان تینوں اصولوں پر مختصر بات کر سکتے ہیں لیکن یہ اصول ہماری گہری توجہ اور غور و فکر کے مستحق ہیں۔

نظم و ضبط اور دھیان مرکوز کرنا

3 آیت میں پولس رسول نے ایک سپاہی کی مثال استعمال کی ہے۔ اُس نے تیمتھیس کو بتایا کہ اس نے مسیح یسوع کے اچھے سپاہی کی طرح دُکھ اور سختیاں جھیلنا ہیں۔ ایک اچھا سپاہی دُنیا داری کے معاملات میں ٹانگ نہیں اڑاتا۔ اُس کی زندگی تو اپنے کمانڈنگ آفیسر کی خوشنودی کے لئے مخصوص ہوتی ہے۔ (4 آیت) ایک سپاہی کا ایک وصف نظم و ضبط اور کسی چیز پر توجہ اور دھیان مرکوز کرنا ہوتا ہے۔

ایک اچھا سپاہی اس بات سے بخوبی واقف ہوتا ہے کہ لڑائی ایک سنجیدہ معاملہ ہے۔ اس کے پاس اتنا وقت نہیں ہوتا کہ وہ روز مرہ زندگی کے معاملات کے تعلق سے فکر کرے۔ وہ کبھی بھی اپنے چوکس رہنے کی حالت پر سمجھوتہ نہیں کر سکتا۔ دشمن ہر طرف پھیلا ہوا ہے۔ چوکس رہنے کے تعلق سے ایک لمحہ کی غلطی بھی اُس کی ہلاکت کا باعث ہو سکتی ہے۔ ضروری ہے کہ وہ نظم و ضبط کا مظاہرہ کرے اور اپنی توجہ اور دھیان دشمن پر مرکوز رکھے اور ہر وقت اور ہر لمحہ چوکس، خبر دار اور ہوشیار رہے۔

پولس رسول نے تیمتھیس کو اس بات کے لئے اُبھارا کہ وہ میدانِ جنگ میں ایک اچھے سپاہی کی طرح اپنی خدمت پر توجہ مرکوز رکھے اور ایک منظم زندگی بسر کرے۔ اُسے دُنیوی اور معمولی نوعیت کے معاملہ میں نہیں پھنسنا تھا۔ بلکہ خدا کی خوشنودی کے طالب رہتے ہوئے اُس کی مرضی کو پورا کرنا تھا۔ خدا کی بادشاہی کے لئے آپ کون سی قربانی دینے کے لئے تیار ہیں؟ خدا کی طرف سے ملی ہوئی خدمت میں کون سی چیز رکاوٹ بن رہی

ہے؟ کیا آپ ایک منظم سپاہی کی طرح خداوند کی خدمت پورے طور پر توجہ سے کر رہے ہیں؟

مکمل تابعداری

اگرچہ پہلی مثال لڑائی اور جنگ کا ذکر کرتی ہے، لیکن دوسری مثال کھیلوں کا ذکر کرتی ہے (5 آیت) پولس رسول تیمتھیس سے ایک دوڑ میں دوڑنے والے شخص کی بات کرتا ہے جو مقابلہ میں حصہ لیتا ہے۔ اگر کھلاڑی کو جیتنے والا سہرا اپنا ہوتا تھا تو پھر وہ کھیل کے اصول و ضوابط کے تحت مقابلہ میں حصہ لیتا تھا۔ دھوکہ دہی کرنے والے کھلاڑی کو کھیل سے باہر نکال دیا جاتا تھا۔ جیتنے کے لئے لازم تھا کہ اصول وضوابط کو مدِ نظر رکھا جاتا۔ یہاں پر پولس رسول تیمتھیس کو مسیحی زندگی میں تابعداری کی اہمیت کے بارے میں بتا رہا ہے۔ بعض اوقات ہم مکمل تابعداری کی اہمیت کو بھول جاتے ہیں۔ بعض اوقات ہم کئی ایک باتوں پر سمجھوتہ کر لیتے ہیں اور کئی ایک باتوں کی تابعداری سے دانستہ طور پر چشم پوشی کر لیتے ہیں۔ پولس رسول ہمیں یاد کرا رہا ہے کہ جس طرح ایک کھلاڑی کو کھیل کے قواعد وضوابط مد نظر نہ رکھنے پر نااہل قرار دے دیا جاتا ہے، اسی طرح ہمیں بھی مکمل تابعداری سے نہ چلنے پر نااہل قرار دیا جا سکتا ہے۔

اگر ہم خداوند خدا کی خوشنودی حاصل کرنا چاہتے ہیں تو پھر ہمیں اپنی سوچ کو ایک طرف رکھتے ہوئے خدا کے کام کو اس کی مرضی اور منشا کے مطابق کرنا ہوگا۔ اس کا مطلب ہے کہ ہم خدا کے کلام کی تعلیمات کی سختی سے تابعداری کریں۔

اس کا معنی یہ ہے کہ ہم اپنی زندگی میں موجود ہر ایک گناہ کا خداوند کے حضور اقرار کر کے اس کو ترک کر دیں

اپنی زندگی کے ہر ایک معاملہ میں دیانتداری اور مخلص پن سے کام لیں۔ اگر ہم خداوند کی

خدمت کر کے اَجر کی توقع کرتے ہیں تو پھر ہمیں اس کے ہر ایک کام میں اور اپنی زندگی کے ہر ایک کونے اور گوشے میں مکمل تابعداری کو فروغ دیناہو گا۔

محنت

6 آیت میں پولس رسول کسان کی مثال پیش کرتا ہے، ایک کسان کو محنت کرنا پڑتی ہے۔ وہ صبح سویرے اُٹھتا ہے اور رات گئے تک کام کرتا رہتا ہے۔جب رات کے وقت کسان گھر آتا ہے تو وہ تھکاماندہ ہوتا ہے اور اُسے بھوک بھی لگی ہوتی ہے۔ اُس کے ہاتھ زخمی اور اُس کے پٹھوں میں کھچاؤ پیدا ہو جاتا ہے۔ بعض اوقات اُسے اُس وقت بھی محنت کرنا پڑتی ہے جب اُس کی طبیعت خراب ہوتی ہے کیونکہ اسے علم ہوتا ہے کہ اچھی فصل کا دارومدار اُس کی محنت پر ہے۔ کسان کا کام تھکا دینے والا ہوتا ہے لیکن اسے معلوم ہوتا ہے کہ بالاخر اِس کا اَجر بھی ہے۔ محنتی کسان ہی کو سب سے پہلے اس کی محنت کا پھل ملتا ہے۔ بالفاظ دیگر، وہ دن آئیں گے جب اُسے اُس کی محنت کا پھل ملے گا یعنی وہ اس فصل کو کاٹے گا جس کے لئے حصول کے لئے اس نے سخت محنت کی تھی۔ اُس کی محنت رائیگاں نہیں جائے گی۔ محنت بہت سخت تھی اور اُسے اُس کے لئے قربانیاں بھی دینی پڑیں۔ لیکن خدا ہی اُس کے ہاتھوں کی کاوش اور جدوجہد کو برکت دے گا۔

پولس رسول تیمتھیس کو یہ بتارہاہے کہ خدمت گزاری کا کام محنت طلب ہے اس کے لئے قربانیاں دینی پڑتی ہے۔ تکلیف دہ وقت بھی کٹے نہیں کٹتا۔ کیونکہ محنت ایک تکلیف دہ عمل ہوتا ہے۔ لیکن خدا ہی ایسی تکلیف دہ جدوجہد کا صلہ دیتا ہے۔ تیمتھیس کو محنت کرنے سے نہیں ڈرنا تھا۔ ہمیشہ ہی لوگوں نے اُس کی بات کو نہیں سمجھنا تھا۔ زندگی اور خدمت میں اسے کئی بار مایوسیوں سے دوچار ہونا تھا۔ کئی رکاوٹیں اور مایوسی کے کئی گھنٹے اُس کی زندگی اور خدمت میں آنے تھے۔ لیکن خدا نے اُس کی وفاداری سے کی گئی کاوشوں

کو اپنی بادشاہی کی وُسعت کے لئے استعمال کرنا تھا۔

پولس رسول اِس حصہ کا اختتام تیمتھیس کو سوچ وبچار کرنے کا چیلنج دیتے ہوئے کرتا ہے کہ وہ اُسے دی گئی تعلیم پر غور وغوص کرے۔ وہ اُسے یاد کراتا ہے کہ خدا اُس کے ذہن کو کھولے گا اور اُسے اِس بات کا فہم وادراک اور گہری بصیرت بھی عطا کرے گا کہ کس طرح اُس نے اِس تعلیم کا اطلاق اپنی زندگی پر شخصی طور پر کرنا ہے۔

خدا کی بادشاہی کا کام ایک ٹیم کی صورت میں اجتماعی کاوش ہے جس کے لئے سپاہی کو منظم زندگی کے ساتھ ساتھ گہری توجہ اور دھیان کی بھی ضرورت ہوتی ہے۔ کھلاڑی کی تابعداری، کسان کی محنت کے لئے بھی ایک نظم وضبط اور ترتیب درکار ہوتی ہے۔ جب ہم اِس طور پر وفاداری سے خدمت کریں گے تو پھر ہم پر یقین ہو سکتے ہیں کہ خدا یقیناً ہمیں اپنے جلال کے لئے فصل کی کٹائی کے لئے استعمال کرے گا۔

چند غور طلب باتیں

☆۔ بطور ٹیم کام کرنے کی اہمیت کے بارے میں ہم یہاں پر کیا سیکھتے ہیں؟ ہمیں منسٹری میں دوسروں کی کیوں کر ضرورت پیش آتی ہے؟

☆۔ وہ کون سے ایسا شخص ہے جسے آپ کو اپنی خدمت میں مضبوط کرنے اور اِس کے لئے دُعا کرنے کی ضرورت ہے؟

☆۔ کیا آپ کی زندگی میں کوئی ایسی چیز ہے جسے آپ خدا کی بادشاہی کی وُسعت کے لئے قربان کرنے کے لئے تیار نہیں ہیں؟ کیا کوئی ایسی چیز ہے جو آپ کو خدا کے مؤثر خادم بننے کی راہ میں حائل ہے؟

☆۔ اس باب میں بیان کردہ تین مثالوں پر غور کریں۔ (سپاہی، کسان اور کھلاڑی) ان

میں سے کون سی مثال آپ کے تعلق سے خصوصی طور پر کچھ بیان کرتی ہے اور کیوں؟

چند اہم دُعائیہ نکات

☆۔ خداوند سے اپنے لئے ایسے بھائی اور بہنیں مانگیں جو آپ کی خدمت میں آپ کے ساتھ کھڑے ہو۔

☆۔ خداوند سے دُعا کریں کہ وہ آپ کے دل کو ٹٹولے تاکہ معلوم ہو کہ آپ کی زندگی میں کوئی ایسا حصہ تو نہیں جہاں پر آپ مکمل طور پر اُس کے کلام کی اطاعت اور تابعداری میں زندگی بسر نہیں کر رہے۔

☆۔ خداوند سے فضل اور مدد چاہیں تاکہ آپ خدا کی بادشاہی میں دیگر چیزوں میں نہ اُلجھ جائیں بلکہ سپاہی کی طرح نظم و ضبط کا مظاہرہ کرتے ہوئے اپنی خدمت پر توجہ مرکوز رکھ سکیں۔

☆۔ خداوند کی شکر گزاری کریں کہ ہماری محنت کے بعد اُس نے کثرت کی فصل کا وعدہ کیا ہے؟ اُس فصل کے لئے خداوند کی شکر گزاری کریں جو آپ نے پہلے ہی دیکھ لی ہے۔

باب 28

اَنجیل کی خاطر دُکھ

2 تیمتھیس 2 باب 8 تا 15 آیت کا مطالعہ کریں

پولس رسول تیمتھیس سے مسیحی زندگی میں ثابت قدم رہنے کے تعلق سے بات کر رہا ہے۔ وہ اُسے یاد کرا رہا ہے کہ مسیحی زندگی ہمیشہ آسان نہ ہو گی۔ پولس رسول انجیل کی منادی کے سبب حالت قید میں تھا۔ اُس نے تیمتھیس کو یاددہانی کرانے کے لئے یہ خط لکھا کہ اُسے اس بات سے تعجب یا حیرت نہ ہو کہ اُسے (پولس) دُکھ سے گزرنا پڑا۔ اگرچہ پولس رسول نہیں چاہتا کہ تیمتھیس دُکھ یا کسی مصیبت سے دوچار ہو، تاہم اُس کے دل کی یہ لالسا ہے کہ وہ اپنی زندگی اور خدمت میں آنے والی طرح طرح کی رکاوٹوں کے باوجود خداوند کا وفادار اور فرمانبردار رہے۔

اس حصے کا آغاز اس چیلنج سے ہوتا ہے کہ خداوند یسوع کو یاد رکھا جائے۔ بہت سی باتیں ہیں جو پولس رسول چاہتا ہے کہ تیمتھیس خداوند یسوع کے تعلق سے یاد رکھے۔ سب سے پہلے وہ یہ چاہتا ہے کہ تیمتھیس یاد رکھے کہ کس طرح ہمارا خداوند مُردوں میں سے جی اُٹھا۔

خداوند یسوع بڑی خاص وجہ سے موا تھا۔ وہ ہمارے گناہوں کے لئے مُوا تھا۔ وہ ہمیں خدا کے پاس دوبارہ واپس لانے کے لے مصلوب ہوا تھا۔ یہ حقیقت کہ وہ مُردوں میں سے زندہ ہو گیا اس بات کا اشارہ ہے کہ اُس کی موت خدا باپ کے حضور مقبول ٹھہری تھی۔ وہ شیطان پر فتح پا کر مُردوں میں سے زندہ ہوا۔ اگر ہمارا خداوند مُردوں میں سے زندہ ہو چکا

ہے تو پھر دو باتیں سچ ہیں۔ اوّل:۔ وہ آج بھی زندہ ہے۔ یہ ہماری اُمید ہے۔ دوئم ہم بھی گناہ، قبر اور ابلیس پر یسوع کے سبب فتح پا سکتے ہیں۔ زندگی کی آزمائشوں اور راہ کی دشواریوں کے درمیان ہمیں یہ کس قدر خوبصورت اُمید حاصل ہوتی ہے۔ موت ہمارا خاتمہ نہیں ہے۔ اگر ہمیں اپنی جانیں قربان بھی کرنا پڑیں، تو پھر بھی ہمارے پاس یہ زندہ اُمید باقی ہے۔ اس بات سے تیمتھیس کی آگے بڑھنے اور مشکلات کے باوجود ثابت قدم رہنے میں حوصلہ افزائی کرنا تھی۔

دوسری حقیقت کہ جو پولس رسول چاہتا تھا کہ تیمتھیس خداوند یسوع کے تعلق سے یاد رکھے، وہ یہ کہ خداوند یسوع داؤد کی نسل سے تھا۔ داؤد کی نسل ہوتے ہوئے، خداوند یسوع کامل انسان تھا۔ وہ ہمارے مشابہ ہو گیا۔ اُس نے ہماری انسانیت کو اپنے اُوپر لے لیا۔ وہ اُن سب حالات و واقعات میں سے گزرا جن سے ہم گزرتے ہیں۔ اُس نے وہی دُکھ سہے جو ہم جھیلتے ہیں۔ اس کا معنی یہ ہوا کہ خداوند یسوع مکمل طور پر تیمتھیس کے دُکھ اور مشکلات کو سمجھتا تھا۔ وہ اس وجہ کے سبب سے مر گیا جس کی نمائندگی کے لئے وہ اس دُنیا میں آیا تھا۔ ایک بار پھر اِس بات کا مقصد تیمتھیس کی حوصلہ افزائی کرنا تھا کہ وہ خدمت اور مسیحی زندگی میں آنے والی رکاوٹوں کا سامنا کرے، بے دل نہ ہو بلکہ ثابت قدم رہے۔ پولس رسول نے تیمتھیس کی حوصلہ افزائی کی کہ وہ دکھوں ، مشکلات اور مصائب میں خداوند کی پیروی کرتا رہے خواہ موت کا سامنا بھی کرنا پڑے وہ بے دل، مایوس اور پریشان نہ ہو۔

اَنجیل کا سارا پیغام اِن دو اہم سچائیوں کے گرد گھومتا ہے۔ خداوند یسوع نے اس قدر انکساری اور فروتنی اختیار کر لی کہ وہ انسانی رُوپ دھار لیا۔ وہ اس زمین پر رہا، دُکھ اُٹھا کر صلیب پر ہمارے گناہوں کی خاطر مر گیا۔ وہ قبر پر فتح پا کر زندہ ہو گیا۔ اُس کی زندگی،

موت اور اُس کے مُردوں میں سے زندہ ہونے کے سبب یسوع ہماری اُمید ہے۔

انہی سچائیوں کے باعث پولس رسول دُکھ اٹھا رہا تھا (9 آیت) انجیل کی سچائی ایک زبردست سچائی ہے لیکن ہر کوئی اسے قبول کرنے کے لئے تیار نہیں ہوتا۔ یہ سادہ سی سچائی گناہ اور موت کے اَسیر کو رہائی دے سکتی ہے۔ اس سے گنہگار کو شیطان کی گرفت سے آزاد ہونے میں مدد ملتی ہے۔ اسی وجہ سے، دشمن اُن خدام کے خلاف بوکھلا اُٹھتا ہے جو اس انجیل کے پیغام کی منادی کرتے ہیں۔ پولس رسول نے تیمتھیس کو بتایا کہ وہ یسوع کے تعلق سے انجیل کی منادی کرنے کے سبب سے ایک عام مُجرم کی طرح زنجیروں میں جکڑا ہوا ہے۔ ہم اسی طرح کی خدمت کے لئے بلائے گئے ہیں۔ ہمیں دشمن کی جھوٹوں کے اسیر لوگوں کو انجیل کا پیغام سنانا ہے۔ یہ وہ سچائی ہے جو نااُمیدی اور گناہ کے بندھوں سے لوگوں کو آزاد کرے گی۔ دُشمن کو اُس سچائی سے نفرت ہے اور وہ اپنی طرف سے سرتوڑ کوشش کرے گا کہ وہ اُن کانوں تک اِس پیغام کو پہنچنے نہ دے جنہیں یہ پیغام سننے کی بے حد ضرورت ہے۔

حالتِ قید اور دُکھ کی حالت میں بھی ایک بات پولس رسول کے لئے حوصلہ افزا رہی، اور وہ یہ کہ اگرچہ وہ تو قید تھا لیکن خدا کا کلام کبھی بھی قید نہیں کیا جا سکتا تھا۔ دشمن لوگوں کو انجیل کا پیغام سننے سے روک سکتا تھا لیکن وہ کبھی بھی انجیل کے پیغام کی منادی میں رکاوٹ حائل نہیں کر سکتا تھا۔ کلیسیائی تاریخ میں بار بار یہ حقیقت دیکھنے کو ملتی ہے۔ کڑی ایذاہ رسانی میں بھی کلیسیا نے ترقی کی اور کوئی چیز اُس کی بڑھوتی اور نشوونما میں حائل نہ ہونے پائی۔ خدا کا کلام اُن زندگیوں اور دلوں میں اثر دکھاتا رہا جنہوں نے اُسے سن کر قبول کیا۔ شیطاں کبھی بھی خدا کے کلام کی منادی اور اُس کے پھیلاؤ میں رکاوٹ ڈالنے میں کامیاب نہیں ہوا۔ پولس رسول قید میں تھا لیکن خدا کا پاک روح اس کام کو آگے بڑھا رہا تھا۔ اس

سے پولس رسول کو بڑی اُمید حاصل ہوئی۔ آخر کا خدا کا کلام ہی بدی کی قوتوں پر فاتح ہو گا۔

قابلِ غور بات :۔ پولس رسول یہ جانتا تھا کہ اگر اُسے مسیح اور اُس کے کام کے لئے مرنے کے لئے بلایا گیا تھا تو پھر وہ اُس کے ساتھ ابدیت میں بھی رہے گا۔ اُسے اپنے خداوند کی ابدی حضوری میں تا ابد اُس کے ساتھ رہنے کی زندہ اُمید حاصل تھی۔ (11 آیت) دُشمن نے تو صرف اور صرف اُسے اُس کے پیارے نجات دہندہ کے بازوؤں میں بھیج دینا تھا، اِس کے علاوہ وہ کچھ بھی نہیں کر سکتا تھا۔ " کیونکہ یسوع نے فرمایا، جو مجھ پر ایمان لاتا ہے، گو وہ مر بھی جائے تو بھی ابد تک زندہ رہے گا۔"

اگر تیمتھیس مسیح کی خاطر دُکھ اٹھاتا تو اُس نے اُس کے ساتھ بادشاہی بھی کرنی تھی۔ (12 آیت) ثابت قدم اور قائم رہنے والوں کے لئے بڑا اَجر ہے۔ وہ جلال میں یسوع کے ساتھ رہیں گے۔ مسیح کی حضوری میں، وہ فتح مند مقدسین کی طرح رہیں گے۔ وہ مسیح کی حضوری میں شہزادے اور شہزادیوں کی طرح رہیں گے۔ کیونکہ وہ اُس کے نام سے فتح پا چکے ہوں گے۔ اس دُنیا کے غم اور مصائب عارضی ہیں۔ مرنا تو ہمیشہ کے لئے زندہ رہنا ہے۔ دُکھ اٹھانا مسیح کے ساتھ بادشاہی کرنا ہے۔

مسیح خداوند سے منہ موڑ لینے پر ہمیں شکست ہو گی وگرنہ شکست ہمارا مقدر نہیں ہے۔ پولس رسول 12 آیت میں تیمتھیس کو یاد دلاتا ہے کہ اگر ہم اُس کا انکار کریں تو وہ ہمار انکار کرے گا، اگر ہم بے وفا ہو جائیں تو بھی وہ وفادار رہے گا۔ کیونکہ وہ از خود اپنا انکار نہیں کر سکتا۔ (13 آیت)

12 آیت میں استعمال ہونے والا لفظ " انکار کرنا" کا معنی ہے " نہ کہنا، رد کرنا اور قبول کرنے سے انکار کرنا" پولس رسول اس بات کو بالکل واضح کر رہا ہے کہ اگر ہم خداوند کو رد

کر دیں گے تو برباد ہوں گے۔ جس روز ہم اس کے سامنے کھڑے ہوں گے، اور ہم نے اسے اپنا نجات دہندہ اور خداوند قبول نہیں کیا ہو گا، تو وہ ہم سے منہ موڑ لے گا۔ یہ کس قدر ضروری ہے کہ ہم اپنے دلوں اور زندگیوں کو اُس کے لئے کھول دیں۔ خداوند یسوع مسیح کو رد کرنا ہماری شکست پر مہر ہے۔ اگر ہم اُس کا انکار کریں اور اِس زندگی میں اُس سے کوئی سروکار نہ رکھیں، تو ہمیں ہر گز یہ توقع نہیں کرنی چاہئے کہ وہ آنے والی زندگی میں ہمیں قبول کرے گا۔

پولس رسول مزید بیان کرتا ہے کہ اگر ہم بے وفا ہو بھی جائیں تو بھی وہ وفادار رہے گا ۔یہاں پر پولس رسول جو کچھ بیان کر رہا ہے اسے سمجھنے کے لئے ہمیں اپنے آپ سے ایک سنجیدہ سوال پوچھنا ہو گا۔ کس چیز یا کس شخص سے خداوفادار رہے گا؟ ایک تفسیر یہ ہے کہ خدا ہمیشہ اپنے کلام اور کردار سے وفادار رہے گا۔ اس کے الفاظ میں، وہ گناہ کی سزا دے گا۔ اگر ہم بے وفا ہو جائیں، تو ہم یہ توقع کر سکتے ہیں کہ وہ اپنے وعدہ کے مطابق ہماری عدالت کرے گا۔ یہی وہ بات ہے جو اس کا کلام ہمیں سکھاتا ہے کہ خدا اپنے کلام اور کردار سے وفادار رہے گا۔ کسی کو اُس کے حضور استثنٰی حاصل نہیں ہو گا۔ خداوند کا انکار کرنا گویا اپنی بربادی کو دعوت دینا ہے۔ بے وفا ہونے کا مطلب خدا کے کلام کی واضح تعلیم کے مطابق خمیازہ بھگتنا ہے۔

اس آیت کی ایک اور تفسیر بھی ہو سکتی ہے۔ ہم جتنوں نے خداوند یسوع کو اپنا نجات دہندہ اور خداوند قبول کر لیا ہے، کوئی بھی یہ دعویٰ نہیں کر سکتا کہ وہ کامل طور پر اس سے وفادار ہے۔ ایماندار ہوتے ہوئے بھی ہم ناکامی سے دوچار اور گناہ کے مُرتکب ہو جاتے ہیں، اس کا ہر گز یہ مطلب نہیں کہ وہ ہمیں رد کر دے گا۔ وہ سب جو اُس کے پاس معافی پانے کے لئے آتے ہیں، وہ یہ دیکھیں گے کہ وہ اُن سے وفادار رہے گا اور اُن کے گناہ معاف کر

دے گا۔ اس بات میں ہمیں بڑا اعتماد اور قوی اُمید حاصل ہے۔

مسیح خداوند کو قبول کرنے، اپنی خدمت میں ناکام ہونے اور اس کا انکار کرنے میں فرق پایا جاتا ہے۔ اگر ہم ناکام ہو جائیں تو ہمیں معاف کیا جا سکتا ہے، لیکن اگر ہم اُس کا انکار کریں تو کوئی امید باقی نہیں رہتی کیونکہ ہم ابدی زندگی اور معافی کے بانی سے منہ موڑ لیتے ہیں۔

14 آیت میں، پولس رسول نے تیمتھیس کو بتایا کہ وہ اپنی کلیسیا کو ان چیزوں کے تعلق سے آگاہی دے۔ خدا کے کلام کی سچائی بہت سادہ تھی۔ خداوند یسوع کو رد کرنے کا مطلب تباہ و برباد ہونا ہے۔ اور اس سے بے وفا ہونے کا مطلب اُس کی عدالت کے ہولناک انجام کا سامنا ہے۔ علم الٰہیات کے ماہرین نے اس سچائی کے تعلق سے ہر طرح کی تفسیر و تشریح کی ہے۔ تیمتھیس کے دَور میں کچھ ایسے لوگ تھے جو اس سچائی کے تعلق سے لفظی تکرار اور بحث میں الجھے ہوئے تھے۔ اُنہوں نے اس سادہ سی سچائی کو پیچیدہ بنا دیا تھا۔ وہ اس سچائی کی تفسیر و وضاحت اپنی ضروریات اور خواہشات کے مطابق کرتے تھے۔ پولس رسول نے تیمتھیس کو ایسے لوگوں کے تعلق سے خبردار کیا۔ وہ لوگوں کو انجیل کے سادہ پیغام سے ہٹا کر گمراہی کی راہ پر ڈال رہے تھے۔

تیمتھیس کو یہ نصیحت کی گئی کہ وہ ایسے لوگوں کو اُن کے کرتوتوں کے تعلق سے آگاہ اور خبردار کرتا رہے۔ وہ مسیح کے بدن کے لئے ایک مسلسل خطرہ تھے۔ وہ لوگوں کو سچائی سے گمراہ کر رہے تھے۔ باغِ عدن کی طرف واپس دیکھیں تو شیطان نے حوا کو یہی چیلنج دیا تھا کہ وہ خدا کے کلام پر سوال اُٹھا دے۔ خدا نے اُنہیں کہا تھا کہ وہ باغ کے بیچ میں لگے درخت کا پھل نہ کھائیں، شیطان نے اُنہیں یہ بتاتے ہوئے کہ در اصل خدا اُن سے کچھ چھپا رہا تھا، خدا کے سادہ سے حکم کے تعلق سے ایک چیلنج پیدا کر دیا۔ اُس نے سادہ سی سچائی میں پیچیدگی اور خمیدگی پیدا کر دی اور یوں حوا کو نافرمانی کی راہ پر ڈال دیا۔ بہت سے لوگ ابلیس

کے پھندے میں اسی طرح پھنس جاتے ہیں۔

آپ کی ملاقات بھی ایسے لوگوں سے ہوئی ہوگی جو خدا کے کلام کی سادہ سی سچائی کو قبول کرنے کی بجائے، اس کی تفسیر و تشریح اپنی ضروریات کے مطابق کرتے ہیں۔ 15 آیت میں، پولس رسول نے تیمتھیس کو چیلنج پیش کیا کہ وہ خود کو خدا کے حضور ایسے شخص کے طور پر پیش کرے جو مقبول ہو۔ وہ سچائی کے مطابق زندگی بسر کرنے اور اُس کی منادی کرنے سے ہی مقبول ٹھہر سکتا تھا۔ اُسے ایسا کارکن بننا تھا جسے شرمندگی اُٹھانا نہ پڑے کیونکہ وہ دُرست طور پر سچائی کے کلام کے مطابق زندگی بسر کرتا رہا۔ جس طرح سے اس نے سچائی کو قبول کیا تھا اسی طرح سے اُس نے اس سچائی کو دوسروں تک پہنچانا تھا۔ ارد گرد جھوٹے استاد اپنی سوچ کی منادی کر رہے تھے۔ وہ انجیل کی سادہ سی سچائی کو رد کر رہے تھے۔ وہ مختلف خیالات اور باتوں کے تعلق سے بحث و تکرار کا شکار تھے۔ اس طرح کے عالمانہ مباحثوں میں سچائی دب کر رہ گئی تھی۔ ایماندار بے اتفاقی کا شکار ہو گئے تھے۔

خدا کا کلام سادہ طریقہ سے پیش کیا جانا چاہئے۔ دشمن اُسے پیچیدہ اور ناقابل فہم بنانے کی ہر ممکن کوشش کرے گا۔ سادہ سی حقیقت یہ ہے کہ اگر ہم خداوند کا انکار کریں تو وہ ہمارا بھی انکار کر دے گا۔ خدا کے دل کی یہ کس قدر لالسا ہے کہ وہ ہمیں اپنے فرزند جانتے ہوئے اپنی آغوش میں لے لے۔ اگر ہم اُس کی طرف رجوع لائیں تو وہ بھی ہماری طرف رجوع لائیں تو وہ بخوشی و رضا ہمیں اپنی حضوری میں قبول کر لے گا۔ اسے رد کرنے کا مطلب ابدی ہلاکت میں جانا ہے۔ یہی پیغام تھا جس کی منادی کے لئے خدا نے پولس رسول کو بلایا تھا۔ یہ سادہ پیغام بڑی اہمیت کا حامل تھا۔ پولس رسول گناہ میں کھوئے ہوئے لوگوں تک اس پیغام کو پھیلانے کے لئے ہر ایک قیمت ادا کرنے کے لئے تیار تھا۔ وہ سچائی کو بیان کرنے کے لے اپنی جان بھی قربان کرنے کے لئے تیار تھا۔

ظاہری بات ہے کہ تیمتھیس ایک ایسے معاشرے میں رہ رہا تھا جہاں پر لوگ کسی اور طرح کی انجیل کی منادی کر رہے تھے۔ عین ممکن ہے کہ یہ لوگ بڑے عالمانہ ذہن اور سوچ کے مالک ہوں۔ باغِ عدن میں شیطان کی طرح، اُنہوں نے بھی خدا کے کلام پر سوال اٹھادیا ہو، اُنہوں نے سادہ سی سچائی کو ایک پیچیدہ پیغام میں بدل کر رکھ دیا اور ایسی گمراہی پھیلا دی کہ لوگ راہِ حق سے برگشتہ ہو جائیں۔ پولس رسول نے تیمتھیس کو انجیل کی سادگی کی یاد دہانی کرائی اور اُسے چیلنج دیا کہ وہ جو کچھ اُس نے سنا ہے اُس پر قائم اور وفادار رہے۔

چند غور طلب باتیں

☆۔ پولس رسول اس باب میں انجیل کے تعلق سے یوں بیان کرتا ہے کہ یہ وہ پیغام ہے کہ مسیح داؤد کی نسل سے ہونے کی بنا پر مُردوں میں سے زندہ کیا گیا۔ اس سچائی میں کس طرح سچائی کو دیکھا جاسکتا ہے؟

☆۔ جب پولس رسول یہ کہتا ہے کہ اگر ہم خداوند کو ترک کریں تو وہ بھی ہمیں ترک کر دے گا، اس تعلق سے پولس رسول کا کیا معنی ہے؟ اس پیغام کو دوسروں تک پہنچانا کیوں کر اہم ہے؟

☆۔ یہ باب ہمیں اس اُمید کے تعلق سے کیا تعلیم دیتا ہے جو پولس رسول کو موت میں حاصل تھی؟

☆۔ ہم اس تعلق سے کیا سیکھتے ہیں کہ دشمن سچائی پر حملہ آور ہو کر دشواریاں اور پیچیدگیاں پیدا کرنے کی کوشش کرے گا؟ کیا آپ نے اپنے اردگرد اس کا کوئی ثبوت دیکھا ہے؟

چند اہم دُعائیہ نکات

☆۔ ایسا شخص بننے کے لئے دعا کریں جو خدا کے کلام کو درُستی سے استعمال میں لاتا ہو۔

☆۔ خداوند کی شکر گزاری کریں کہ اس نے سچائی کو ہم سب کے لئے سلیس اور آسان بنادیا ہے تاکہ سب اسے سمجھ سکیں۔

☆۔ خداوند کی شکر گزاری کریں کہ اَنجیل کا پیغام اُن سب کو ایک خوبصورت اُمید عطا کرتا ہے جو اُس پر ایمان لاتے ہیں۔ خداوند سے ایسی زندگی بسر کرنے کا فضل چاہیں جو انجیل کی بلاہٹ کے شانِ شایان ہو۔

☆۔ خداوند سے دُعا کریں کہ وہ آپ کے دوست احباب اور آس پاس کے لوگوں کی آنکھیں کھول دے تاکہ وہ اَنجیل کی صداقت کو معلوم کر سکیں۔

باب 29

پاک برتن

2 تیمتھیس 2 باب 16 تا26 آیت کامطالعہ کریں

خدا کے فرزند ہوتے ہوئے ہمیں وہ فرق اس دُنیا پر ظاہر کرنا ہے جو خداوند یسوع مسیح ہماری زندگیوں میں پیدا کر سکتا ہے۔
تیمتھیس کے نام خط کے اِس حصہ میں، پولس رسول نے ایمان میں اپنے سچے فرزند تیمتھیس کو یہ چیلنج دیا کہ وہ اپنے اِرد گرد موجود لوگوں کے لئے ایک نمونہ بنے۔ آئیں اِس تعلق سے پولس رسول کی تیمتھیس کو کی گئی نصیحت کا بغور جائزہ لیں۔

بہودہ بکواس سے پرہیز

تیمتھیس کے لئے اپنی نصیحت میں پولس رسول نے بہودہ بکواس سے پرہیز کرنے سے آغاز کیا ہے۔ یہ بہودہ بکواس کیا ہوتی ہے؟ متن ہمیں اس سلسلہ میں مدد فراہم کر سکتا ہے۔ پولس رسول یہاں پر دو لوگوں کے تعلق سے بات کر رہا ہے جو گمراہ ہو چکے ہیں۔ یعنی ہُمنِیُس اور فلیُتس۔ 18 آیت کے مطابق وہ لوگوں کو یہ تعلیم دے رہے تھے کہ قیامت ہو چکی ہے۔ وہ خدا کے کلام کی سچائی سے پھر کر اپنی سوچ کے اسیر ہو چکے تھے اور یہی کچھ لوگوں کو بھی سکھا رہے تھے۔ ان کی تعلیم سے مسیح کی بدن کی ترقی نہیں ہو رہی تھی اور یہ باتیں کلیسیا کے لئے کسی طور پر بھی باعثِ برکت نہیں تھیں۔ وہ اُن کی منادی سے خدا کی کلام کی سچائی میں جڑ نہیں پکڑ رہے تھے بلکہ گمراہ ہو رہے تھے۔ وہ اپنے خیالات اور سوچ ہی لوگوں کے سامنے پیش کر رہے تھے جس سے لوگ خدا کے کلام کی سچائیوں سے

دُور ہوتے چلے جا رہے تھے۔(18) وہ بہت سے لوگوں کو گمراہ کر رہے تھے۔ پولس رسول کے مطابق بیہودہ بکواس کا تعلق انسانی تعلیم اور سوچ سے ہے جو کہ خدا کے کلام سے قطعی مختلف اور متضاد ہیں۔ یہ اِس لئے بیہودہ بکواس ہے کیونکہ اس کا تعلق خدا اور اُس کے کلام سے بالکل بھی نہیں ہے اور نہ ہی اِس سے مسیح کے بدن کی ترقی ہوتی ہے۔

غور کریں کہ پولس رسول تیمتھیس کو اس بیہودہ بکواس کے تعلق سے خبر دار کر رہا ہے۔ رسول نے تیمتھیس کو بتایا کہ جو لوگ ایسی گفتگو کا حصہ بنتے ہیں، وہ بے دینی اور گمراہی کا شکار ہوتے چلے جاتے ہیں۔ جب ہم خدا کے کلام کی طرف رجوع نہیں کرتے تو پھر ہم ہر طرح کی گمراہی اور غلط تعلیمات کے لئے اپنے آپ کو دستیاب کر دیتے ہیں۔ خدا نے ہمیں اپنا کلام اس (خدا) کے تعلق سے سچائی اور اس کے مقاصد کے فہم و فراست کے لئے دیا ہے۔

کلیسیا کی تاریخ میں، ہمیں ایسے بہت سے لوگ دکھائی دیتے ہیں جنہوں نے اپنے ایمان پر سمجھوتہ کر لیا اور خدا کے کلام کو بگاڑ کر اُس کی تفسیر و تشریح اپنی ضرورت کے مطابق کی۔ وہ خدا کے کلام میں اپنی باتیں شامل کرتے ہیں یا بالفاظ دیگر وہ کلام کی اپنے دَور اور کلچر کے مطابق تشریح یا تفسیر کرتے ہیں۔ حتیٰ کہ ہمارے دَور میں بھی ایسی کلیسیائیں جو اپنی ترقی اور بڑھوتی کے لئے پروگرامز پر بھروسہ کرتی اور طرح طرح کی تکنیکس کو بروُئے کار لاتی ہیں۔ بعض لوگ تو اس حد تک پہنچ چکے ہیں کہ اُنہوں نے خدا کے کلام کے بعض حصوں کی منادی بھی ترک کر دی ہے تاکہ وہ لوگ ناراض نہ ہو جائیں جو اُن کی کلیسیا میں آرہے ہوتے ہیں ایسے لوگ تعداد میں بڑھ جاتے ہیں لیکن خدا کے قائم کردہ معیار سے بہت پیچھے رہ جاتے ہیں اور کبھی بھی روحانی بلوغت کے اِس درجہ تک نہیں پہنچ پاتے جہاں خدا اُنہیں دیکھنا چاہتا ہے۔ حقیقی ایمان خدا کے کلام کو سننے سے پیدا ہوتا ہے۔(رومیوں

17:10) جب ہم انسانی سوچ اور خیالات کو خدا کے کلام کی جگہ دے دیتے ہیں، تو پھر اس کا نتیجہ بے دینی اور گمراہی کی صورت میں منظر عام پر آتا ہے۔

غور کریں کہ بے دینی پر مبنی تعلیم جو ہُمِنیؔس اور فلیُتسؔ پھیلا رہے تھے وہ آکلہ کی طرح تھی۔(17)۔ایسے لوگ تو ہمیشہ ہی موجود ہوتے ہیں جو گمراہی اور غلط تعلیمات کا شکار ہو جاتے ہیں۔ ایسی تعلیم آکلہ (کینسر) کی طرح ہوتی ہے جو جسم کو کھا جاتی ہے۔ بہودہ بکواس ، پولس رسول کے مطابق آکلہ کی مانند ہے۔ لازم ہے کہ اس کا قلع قمع کر دیا جائے اِس سے قبل کہ یہ کینسر پورے بدن میں پھیل جائے۔ غلط تعلیم پوری کلیسیا کو برباد کر سکتی ہے۔

پولس رسول نے تیمتھیس کو اِس بات کے لئے اُبھارا کہ وہ خدا کے کلام سے لپٹا رہے۔ یہ خدا کا کلام ہی ہے جو ہمیں پاک کرتا، مضبوط کرتا اور خدا کے ساتھ ہمیں چلنے کا فہم و ادراک عطا کرتا ہے۔ لازم ہے کہ خدا کا کلام ہماری رہنمائی کرے اور ہمارے لئے ایک اختیار کی حیثیت رکھتا ہو۔ لازم ہے کہ ہم اس سے لپٹے رہیں اور کبھی بھی انسانوں کی بہودہ بکواس کا شکار نہ ہوں۔ کبھی بھی انسانی سوچ اور دُنیوی فلسفہ ہم پر حاوی نہ ہو۔

ناراستی سے باز رہے

اس دُنیا میں بہت سے خیالات اور فلسفے ہیں۔ ہر روز ہم میڈیا اور دوسرے لوگوں سے گفت وشنید کرتے ہوئے کئی ایک سوچوں اور فلسفوں سے دوچار ہوتے ہیں۔ ایک ہی سچائی ہے جو وقت کے امتحان کے خلاف پوری اُترے گی۔ انسانی فلسفے تو آتے جاتے رہتے ہیں۔ لیکن قائم رہنے والی سچائی خدا کا کلام ہی ہے۔ پولس رسول اِس سچائی کا موازنہ ایک ٹھوس بنیاد سے کرتا ہے۔ خدا کا کلام قائم رہتا ہے۔ خدا کے سبھی وعدے قابل بھروسہ ہیں۔ جو کچھ خدا فرماتا ہے ہم اُس پر توکل اور بھروسہ کر سکتے ہیں۔ خدا کا کلام ہماری رہنمائی کرتا اور

ہمیں گمراہ ہونے سے بچاتا ہے۔

پولس رسول نے تیمتھیس کو یاد دہانی کرائی کہ خداوند اپنوں کو پہچانتا ہے۔ اُس کے لوگ وہی ہیں جو اُس کے نام کا اقرار کرتے اور ناراستی سے باز رہتے ہیں۔ ہمیں کس طرح معلوم ہوگا کہ ناراستی کیا ہے اور خدا کی مرضی اور منشا کیا ہے؟ کیا یہ ہمارے لئے خدا کے کلام میں ہمارے لئے نہیں لکھا گیا؟ اگر ہمیں ناراستی سے باز رہنا ہے تو پھر ہمیں ایسے لوگ بننا ہے جو خدا کے کلام سے محبت کرنے والے لوگ ہوں۔ لازم ہے کہ ہم اِس کا مطالعہ کریں اور اِس پر غور وخوص کریں تاکہ معلوم کر سکیں کہ خدا ہم سے کس چیز کا تقاضا کرتا ہے۔

20 آیت میں پولس رسول نے ایک گھر کی مثال استعمال کی ہے۔ اُس نے تیمتھیس کو بتایا کہ بڑے گھر میں دو طرح کے برتن ہوتے ہیں۔ کچھ برتن سونے اور چاندی کے بنے ہوئے ہوتے ہیں اور کچھ ایسے برتن بھی ہوتے ہیں جو لکڑی اور مٹی کے بنے ہوتے ہیں۔ کچھ برتن پاک اور کچھ ناپاک ہوتے ہیں۔ مثال کے طور پر، اپنے گھر میں مہمانوں کو مدعو کر کے اُنہیں گندے برتنوں میں کھانا پیش کرنے کو ذہن میں لائیں، اگر ہم اپنے مہمانوں یا کسی اور کے لئے اپنے برتن استعمال کرنا چاہتے ہیں تو لازم ہے کہ پہلے اُنہیں اچھی طرح سے صاف کریں۔ یہی بات روحانی زندگی پر بھی صادق آتی ہے۔ 21 آیت میں، پولس رسول ہمیں یاد دہانی کراتا ہے کہ اگر ہم اپنے آپ کو پاک کریں گے تو اچھے مقصد کے لئے استعمال بھی ہوں گے۔ ہم پاک ہو کر مالک کے کام کے لائق ہو جاتے ہیں۔ یہی وجہ ہے کہ ہمیں ناراستی سے دُور بھاگنا اور بدی سے کنارہ کرنا ہے۔ اگر ہم استعمال ہونا چاہتے ہیں تو پھر لازم ہے کہ ہم خدا کے حضور پاک ہونے کے لئے اپنی طرف سے بھرپور کوشش کریں۔

خدا کے ہاتھوں میں ایک وسیلہ کے طور پر، ہمیں اپنے جسم کی بُری خواہشوں سے بھی دُور بھاگنا ہے۔ لازم ہے کہ ہم ہر روز اپنی جسمانی خواہشوں کے اعتبار سے مریں۔ غور کریں کہ

پولس رسول لفظ " بھاگ" استعمال کرتا ہے۔(22آیت) ہمارا جسم تو اپنی خواہشوں کی تسکین کرتا ہے۔ یہ بدی کی طرف کھینچا چلا جاتا ہے۔ پولس رسول ہمیں بتاتا ہے کہ ہمیں اپنے جسم کو قابو میں رکھنا اور اُس کی ہاں میں ہاں نہیں ملانا۔ لازم ہے کہ ہم ان بری خواہشوں کو خدا کے ساتھ چلنے میں رکاوٹ پیدا کرنے والے دشمن کے طور پر دیکھیں۔ ہم ان خواہشوں سے ایسے ہی دُور بھاگیں جس طرح فوطیفر کے گھر میں یوسف اُس کی بیوی سے دُور بھاگ گیا تھا۔ کیونکہ وہ اُسے بار بار گناہ کی طرف ورغلانے اور بہکانے کی کوشش کررہ تھی۔(پیدائش39: 11،12)

اپنے جسم کی خواہشوں کی تسکین کرنے کی بجائے لازم ہے کہ ہم راستی، ایمان، محبت اور صلح کے طالب ہو۔ ہمارا جسم راستی کہ بہ نسبت بدی کی طرف راغب ہوتا ہے۔ جسم دلیل یا عقل کے پیش نظر ایمان کا انکار کرتا ہے۔ جسم اپنے اندر حسد، تلخی، کڑواہٹ اور جھگڑے کو فروغ دیتا ہے۔ جہاں کہیں صلح اور اطمینان کی ضرورت ہوتی ہے جسم وہاں پر تفرقہ اور فساد برپا کر دیتا ہے۔ خدا کے ہاتھوں میں ایک اچھا وسیلہ بننے کے لئے،لازم ہے کہ ہم جسم کی خواہشوں سے دور بھاگنے کو اپنی زندگی کا ایک ہدف بنالیں اور پورے طور پر خدا کے ہاتھوں میں اپنی زندگی اور دل دے دیں تاکہ ہم اس کا چنا ہوا وسیلہ ثابت ہوں اور وہ ہمیں بڑی قوت اور قدرت سے اپنے جلال اور دوسروں کی برکت کے لئے استعمال کرے۔

بدن کی اہمیت

ہمارے لئے یہ بہت اہم ہے کہ 22 آیت پر غور کریں جو راستبازی، ایمان اور محبت اور صلح کے طالب ہونے کے بارے میں ہے۔ یہ سب کچھ تنہائی میں نہیں ہوتا۔ پولس رسول اس بات کو واضح کرتا ہے ہمیں ایسے لوگوں کے ساتھ مل کر اُن چیزوں کے طالب ہونا ہے جو پاک دل سے خداوند سے دُعا کرتے، اس کے طالب ہوتے اور اُس کی مرضی کو اپنی

زندگیوں میں پورا کرنا چاہتے ہیں۔ جب ہم دوسرے ایمانداروں کے ساتھ مل کر خدمت کرتے ہیں تو ہماری حوصلہ افزائی ہوتی اور ہم فہم و عقل اور خدمت میں ترقی کرتے ہیں۔ اگر ہم خدا کے ہاتھوں میں وہ وسیلہ بننا چاہتے ہیں جس کے لئے خدا نے ہمیں بلایا ہے، تو پھر ہمیں مسیح کے بڑے بدن (عالمگیر کلیسیا) کے پیشِ نظر سب کچھ کرنا ہو گا۔

اچھی طرح سے جلائی گئی آگ بڑی آب و تاب سے جلتی رہتی ہے۔ لیکن اگر آگ میں سے ایک کوئلہ الگ کر لیا جائے تو وہ بہت جلد بُجھ جاتا ہے۔ خدا نے اپنے لوگوں کو ایک بدن کے طور پر بلایا ہے۔ اگر ہمیں مسیح کے بدن میں موثر خدمت سرانجام دینی ہے تو پھر ہمیں دوسرے ایمانداروں کی طرف سے حوصلہ افزائی، اور نعمتوں کی بھی ضرورت پڑے گی۔ ہمیں وہ سب کچھ بننے کے لئے ایک دوسرے کی ضرورت پڑتی ہے۔ اگر آپ خدا کے ہاتھوں میں عزت کا برتن بننا چاہتے ہیں، تو پھر ضرورت ہے کہ ہم اپنے آپ کو خداپرست اور ایسے مخلص دوست احباب اور ایماندار بہن بھائیوں کی رفاقت میں لے آئیں جو آپ کے ایمان کی افزونی اور آپ کی خدمت کے لئے آپ کی حوصلہ افزائی کا باعث ہو سکتے ہیں۔

نرمی

23 آیت میں پولس رسول تیمتھیس کو یاد دلاتا ہے کہ وہ " نادانی کی حُجتوں اور بیوقوفی کی باتوں " سے کچھ تعلق نہ رکھے۔

اس کی وجہ بھی واضح اور صاف دکھائی دیتی ہے۔ کیوں کہ اس سے جھگڑے پیدا ہوتے ہیں ، پولس رسول 24 آیت میں یاد کراتا ہے کہ مناسب نہیں کہ خدا کا بندہ جھگڑا کرے۔ اِس کی بجائے اُسے نرم مزاج اور سب سے مہربانی کا روّیہ اختیار کرنا ہے اور کسی قسم کی خفگی اور کڑواہٹ کو اپنی زندگی میں موقع نہ دے۔ کچھ ایسے لوگ بھی ہوتے ہیں جو سچائی کو ایک

ہتھوڑے کی طرح استعمال کرتے ہوئے لوگوں کے سر پر دے مارتے ہیں۔ اُن کے لئے ایسے لوگوں کو برداشت کرنا بہت مشکل ہوتا ہے جن کا نکتہ نظر یا سوچ اُن سے مختلف ہوتی ہے۔ یوں محسوس ہو رہا ہے کہ پولس رسول تیمتھیس کو یہ تعلیم دے رہا ہے کہ وہ ایسے لوگوں کے ساتھ مل کر کام کرے جو کئی ایک چیزوں میں اس سے تھوڑا بہت اختلاف رکھتے ہیں۔ اور وہ ایسے ایماندار بھائیوں اور بہنوں کو خدا کے لوگ جانتے ہوئے قبول کرلے جو معمولی اختلاف رائے یا اُس سے تھوڑی مختلف سوچ کے مالک ہیں۔ وہ اُسے تعلم دے رہا ہے کہ وہ دوسروں کے ساتھ صبر و تحمل سے پیش آئے۔

اُس دَور کے جھوٹے اُستاد اُن لوگوں کو اُبھارتے تھے جنہیں وہ تعلیم دیتے تھے۔ وہ لفظی تکرار اور بحث میں پڑ کر فساد کھڑا کر دیتے تھے۔ تعلیمی موضوعات پر بھی وہ کئی طرح کے جھگڑے پیدا کر دیتے تھے۔ اُن کی تعلیم میں روح کے پھل بہت کم دیکھنے بلکہ نہ ہونے کے برابر تھے۔ محبت، مہربانی، صبر و تحمل کا اُن کی زندگی میں کوئی اظہار نہیں ہوتا تھا۔ پولس رسول تیمتھیس کو اِس بات کے لئے اُبھار رہا ہے کہ وہ ایسے لوگوں کو بری شائستگی کے ساتھ اُنہیں اِس اُمید کے ساتھ سمجھائے کہ خدا اُنہیں سچائی کی معرفت بخشے اور توبہ کی توفیق عطا فرمائے گا۔

سچائی کا دفاع ایک چیز ہے اور پھر اس سچائی پر عمل پیرا ہونا ایک الگ چیز ہے۔ ہم میں سے بعض ایسے ہیں جو دشمن کی تدبیروں کو استعمال کرتے ہوئے سچائی کا دفاع کرتے ہیں۔ ہم بحث مباحثہ کرتے، دلیل بازی سے کام لیتے اور دوسروں کو اپنی سوچ کا اسیر بنانا چاہتے ہیں۔ یہ خدا کا طریقہ کار نہیں ہے۔ پولس رسول ہمیں یہ تعلیم دے رہا ہے کہ ہم نرمی سے سچائی کی تعلیم دیں۔ یہ کس قدر آسان معلوم ہوتا ہے کہ خدا کے کلام کی وہ تفسیر و تشریح جو ہم کرتے ہیں دوسروں پر بھی مسلط کر دیں۔ ہمیں پاک روح کا کردار ادا نہیں کرنا۔ قائل کرنا

تو پاک روح کا کام ہے۔ پولس رسول نے تیمتھیس کو تلقین کی کہ وہ نرمی سے تعلیم دے۔ اسے سچائی کے لئے کھڑے ہونا تھا لیکن جن لوگوں کے درمیان وہ منادی کرتا تھا لازم تھا کہ وہ عزت اور محبت سے اُن کے ساتھ پیش آتا۔

یہ تو روح القدس کا کام ہے کہ وہ لوگوں کو روحانی ہوش و حواس عطا کرے اور اُنہیں دشمن کے پھندے سے رہائی بخش دے۔ (26) ہم اکثر اوقات پاک روح کا کام بھی خود ہی کرنا چاہتے ہیں۔ ہم یہ سمجھ لیتے ہیں کہ لوگوں کو قائل کرنا اور اُنہیں تبدیل کرنا ہماری ذمہ داری ہے۔ لیکن در حقیقت ہمارا کام تو محض محبت کے ساتھ سچائی کی منادی کرنا ہے اور پھر خدا کو اپنا کام کرنے دیں۔

اگر ہم خدا کے ہاتھوں میں عزت کا برتن بننا چاہتے ہیں، تو ہماری یہی ترجیح ہو کہ ہم نے کلام مقدس کے مطابق اور خدا کی رہنمائی میں زندگی بسر کرنی ہے۔ ہم ہر طرح کی بیہودہ گوئی، فضول باتوں اور لوگوں کے بے مقصد اور فضول قسم کے خیالات سے اجتناب کریں۔ کیونکہ وہ سمجھتے ہیں کہ ان کے پاس خدا کی بہ نسبت اچھی سوچ اور فلسفہ ہے۔ ہمیں ہر ممکن کوشش کر کے اس کے ہاتھوں میں پاک اور عزت کے برتن بننا ہے۔ اپنے آپ کو ہر طرح کی ناراستی اور بدی سے پاک رکھیں۔ اپنے دل کو تنبیہ اور اصلاح کے لئے کھلا رکھیں۔ ااور بڑی شائستگی اور نرمی کے روّیہ کے ساتھ محبت بھرے انداز میں عالمگیر کلیسیا کو سامنے رکھتے ہوئے لوگوں کو اُبھارے، اُن کی حوصلہ افزائی کریں اور خدا کے گلّہ کی خدمت کرنا جاری رکھیں۔

چند غور طلب باتیں

☆۔ہماری روحانی ترقی میں خدا کے کلام کی اہمیت کے بارے میں ہم نے یہاں پر کیا سیکھا ہے؟

☆۔پولس رسول اس حوالہ میں جھوٹی تعلیم کو ناسُور سے تشبیہ دیتا ہے، اس سے ہمیں جھوٹی تعلیم سے خطرے کے بارے میں کیسی آگاہی ہوتی ہے؟

☆۔ہماری روحانی افزائش میں دوسرے ایمانداروں کا کیا کردار ہوتا ہے؟کس طرح مسیح کے بدن نے آپ کی روحانی پختگی میں اہم کردار ادا کیا ہے؟

☆۔محبت کے بغیر سچائی میں کیا خطرہ درپیش ہوتا ہے؟

☆۔کیا ایمانداروں کے لئے یہ آزمائش ہوتی ہے کہ وہ روح القدس کے حصہ کا کام بھی خود ہی کرنا شروع کردیں؟روح القدس کا کیا کردار ہے۔ہمارے حصے کا کیا کام ہے؟

چند اہم دُعائیہ نکات

☆۔خداوند سے کہیں کہ وہ آپ کی زندگی کا جائزہ لے اور دیکھے کہ کوئی گناہ یا بغاوت کا عنصر موجود تو نہیں، التجا کریں کہ خداوند آپ کو پاک برتن بنے رہنے کی توفیق عطا فرمائے تاکہ آپ اس کے ہاتھوں میں پاک، مؤثر اور پُرزور ہتھیار بن کر استعمال ہوں۔

☆۔ایسے لوگوں کے لئے اپنے دل میں خدا سے محبت مانگ لیں جو آپ کی تعلیم سے اختلاف رکھتے ہیں یا پھر اُن کا طرزِ خدمت آپ سے قطعی مختلف ہے۔

☆۔ایسے خُدام کے لئے شکر گزاری کریں جو آپ ایمان کی پختگی کے لئے مدد گار ثابت ہوئے۔

☆۔دوسروں کے ساتھ شائستہ روّیہ اپنا کر خدمت کرنے کا فضل اور توفیق خدا سے مانگ لیں۔ ایسے وقتوں کے لئے بھی خدا سے معافی مانگ لیں جب آپ نے روح القدس کے حصے کا کام بھی خود ہی کرنے کی کوشش کی۔

باب 30

مُشکل وقت

2 تیمتھیس 3 باب 1 تا 9 آیت کا مطالعہ کریں

پولس رسول اس حصہ میں اپنی توجہ آخیر زمانہ پر مبذول کرتا ہے۔ تیسرے باب کے پہلے حصہ میں اس نے تیمتھیس کو بتایا کہ جب خداوند یسوع کی آمدِ ثانی قریب ہو گی تو پھر کیسے حالات وواقعات رونما ہوں گے۔

پولس رسول 1 آیت میں تیمتھیس کو بتا رہا ہے کہ بہت بُرا وقت آنے والا ہے۔ لفظ " بُرا" نا قابلِ برداشت اور انتہائی خراب اور، خطرناک اور تلخ" کے معنی و مفہوم رکھتا ہے۔ جب خداوند کی آمد کا وقت قریب آرہا ہے ہم توقع کر سکتے ہیں کہ ایمانداروں اور غیر ایمانداروں، دونوں ہی کے لئے حالات نامساعد اور ماحول تلخ اور خطرناک ہو جائے گا۔ پولس رسول آنے والی آیات میں واضح کرتا ہے کہ وہ کیا کہنا چاہتا ہے۔

پولس رسول نے تیمتھیس کو یاد دہانی کرائی کہ اُخیر زمانہ میں، اپنے آپ سے محبت کرنے لگیں گے۔ وہ اپنے آپ کو خوش کرنے کے لئے زندہ رہیں گے اور اپنی ہی دلچسپی اور مشاغل کو فروغ دیں گے۔ اپنے دوست احباب، پڑوسیوں اور خاندان کے لئے اُن کی فکرمندی اور محبت ماند پڑ جائے گی۔ اپنے مفاد کے پیش نظر وہ ایک دوسرے کو نقصان پہنچانے سے بھی گریز نہیں کریں گے۔ خود غرضی کا دَور دَورہ ہو گا۔ ظاہری بات ہے کہ اس سے کلیسیا اور معاشرے پر اجتماعی طور پر بڑے گہرے اثرات مرتب ہوں گے۔

دوسری بات پر غور کریں، لوگ زر دوست بن جائیں گے، پیسے سے خریدی جانے والی

چیزوں کی محبت بھی اُن میں بڑھنے لگے گی۔ ہم ایسے وقت کی توقع کر سکتے ہیں جس میں مال و متاع جمع کرنے کی ہوس پروان چڑھنا شروع ہو جائے گی۔ جو کچھ اُن کے پاس ہو گا اُس پر وہ مطمئن اور شکر گزار نہیں ہوں گے۔ وہ اس دُنیا کی لذتوں اور چیزوں کے پیچھے بھاگنے لگیں گے۔ وہ زیادہ سے زیادہ حاصل کرنے کی دَوڑ میں لگ جائیں گے۔ مجھے کار پر لگا ہوا ایک اسٹکر آج بھی یاد ہے جس پر یہ تحریر موجود تھی۔" جو زیادہ کھلونوں کے ساتھ مرتا ہے وہ جیت جاتا ہے۔" یہی وہ فلسفہ ہے جس کے بارے میں پولس رسول بات کر رہا ہے۔ اس فلسفہ کا یہی ایمان و اعتقاد ہے کہ وہی شخص کامیاب ہے جو اس دُنیا میں زیادہ سے زیادہ مال و متاع اور روپیہ پیسہ جمع کر لیتا ہے۔ خداوند کی آمدِ ثانی کے قریب ہوتے ہوئے دَور میں ہم زیادہ سے زیادہ لوگوں کو اپنے اہداف کی طرف دَوڑتے ہوئے دیکھیں گے۔ اِس مال و دولت اور روپے پیسے کی ہوس میں لوگ خدا کو ایک طرف کر کے اپنی منزل کی طرف گامزن رہیں گے۔

پولس رسول مزید بیان کرتا ہے کہ لوگ شیخی باز اور متکبر ہو جائیں گے۔ وہ کامیاب اور کامران ہونے کے لئے انسانی قابلیت پر بے حد بھروسہ کرنا شروع کر دیں گے۔ دُنیا کے مسائل کے حل کے لئے سائنس، طب اور سیاسیات پر بھروسہ کیا جانے لگے گا۔ لوگوں کی نظریں خدا پر سے اُٹھ کر خود پر لگ جائیں گی۔ لوگ خدا کی ضرورت ہی محسوس نہیں کریں گے۔ بلکہ تکبر سے، اپنے کارناموں، اپنی قابلیت پر شیخی ماریں گے۔ خدا اُن کی زندگیوں میں ثانوی حیثیت اختیار کر لے گا۔

ہم بڑھتی ہوئی بدگوئی کو بھی دیکھیں گے۔ یہاں پر استعمال ہونے والا یونانی لفظ، کفر بکنے، تہمت لگانے اور بدگوئی کے معنی دیتا ہے۔ بالفاظ دیگر، لوگوں کے درمیان تعلقات کشیدہ ہو جائیں گے۔ مرد و زن ایک دوسرے کے خلاف بدزبانی کریں گے۔ وہ ایک دوسرے

سے فائدہ اُٹھائیں گے اور ایک دوسرے کو اپنے مفادات کے لئے استعمال کریں گے۔

ایسے معاشرے کا تصور کریں جس کا مقصد اور واحد دلچسپی اپنے آپ میں ہی ہو۔

اپنے مفادات کے حصول کے پیشِ نظر وہ اپنے دوست احباب اور اپنے ساتھی کارکنان کے خلاف بولنے اور اُن کی شہرت کو نقصان پہنچانے سے بھی لوگ گریز اور پرہیز نہیں کریں گے۔

بچے بھی ان بُرے وقتوں کا شکار ہو جائیں گے۔ پولس رسول نے 2 آیت میں تیمتھیس کو بتایا کہ بچے والدین کے نافرمان ہو جائیں گے۔ والدین کے لئے اُن کے دلوں میں کوئی عزت نہیں رہے گی۔ ظاہری بات ہے کہ اگر والدین کی عزت نہیں ہو گی تو پھر اساتذہ اور صاحب اختیار لوگوں کی عزت کیسے ہو گی۔ صاحبِ اختیار اور اربابِ اختیار لوگوں کی عزت جاتی رہے گی۔ ہر کوئی وہی کچھ کرے گا جو اُسے پسند آئے گا۔ اختیار والے لوگ بھی اس بے راہ روی اور گستاخانہ روّیہ پر قابو پانے میں بے بسی کا اظہار کریں گے۔ تصور کریں پھر معاشرہ کس طرح کا بن جائے گا۔

بے دینی بڑھ جائے گی۔ لوگوں کو خدا کی قطعاً کوئی ضرورت ہی محسوس نہیں ہو گی۔ وہ خدا اور اُس کے کلام سے منہ پھیر لیں گے۔ وہ وہی کچھ کریں گے جو اُنہیں اچھا لگے گا یا اُن کی طبیعت سے میل کھائے گا۔ بدی اور گناہ کا دَور دَورہ ہو گا۔ بد اخلاقی، بدی، بد دیانتی اور ہر طرح کی بُرائی عام بلکہ سرعام دکھائی دینے لگے گی۔

پولس رسول 3 آیت میں مزید بیان کرتا ہے کہ لوگ محبت سے خالی ہو جائیں گے۔ بالفاظ دیگر، دوسروں کے ساتھ اُن کے تعلقات میں محبت کا عنصر نہیں ہو گا۔ اُنہیں کسی کی نہیں بلکہ اپنی ہی فکر ہو گی۔ چونکہ لوگ محبت سے نہیں چلیں گے، اس لئے وہ اپنے قصورواروں کو معاف بھی نہیں کریں گے۔ اِس کے برعکس، وہ اپنے اندر تلخی اور غصے کو جگہ دیں گے۔

اِس سے ہر طرح کی بدی بڑھتی چلی جائے گی۔ اُن کی زبان ایک تلوار کی مانند ہو گی جو اپنی زد میں آنے والے لوگوں کو کاٹتی اور پھاڑتی چلی جائے گی۔

اخیر زمانہ میں لوگ بے ضبط ہو جائیں گے، ہم پہلے ہی یہ دیکھ چکے ہیں کہ وہ ناپاک اور گستاخ ہو جائیں گے اور اربابِ اختیار اور صاحبِ اختیار لوگوں کے لئے ان کے دل میں کوئی عزت نہ ہو گی۔ وہ معاف نہ کرنے والے اور محبت سے خالی ہوں گے۔ وہ حسبِ خواہش شراب نوشی بھی کریں گے۔ وہ غصے اور انتقام کی آگ میں جلتے ہوئے لوگوں کو زخمی بھی کریں گے بلکہ قتل بھی کر ڈالیں گے۔ پولس رسول بیان کرتا ہے کہ وہ بے ضبط اور تُند مزاج ہو جائیں گے۔

پولس رسول نے تیمتھیس کو بتایا کہ اخیر زمانہ میں لوگ قابلِ بھروسہ نہیں ہوں گے۔ وہ نیکی سے محبت نہیں رکھیں گے، وہ بدی کو ترجیح دیں گے۔ دھوکہ دہی اور چوری چکاری کو پسند کریں گے کیونکہ اُنہیں کسی اصول و قانون کی پاسداری اچھی نہیں لگے کہ اور نہ ہی خدا کی شریعت کے لئے اُن کے دل میں احترام ہو گا۔ لوگ دغاباز ہوں گے (آیت 4) وہ اپنے دوست احباب اور عزیز و اقارب اور دوست احباب کو بھی دھوکہ دیں گے۔ وہ کسی قاعدے قانون کو مدِ نظر رکھے بغیر زندگی بسر کریں گے۔

4 آیت میں پولس رسول نے اَخیر زمانہ کے لوگوں کو بیان کرنے کے لئے لفظ " ڈھیٹھ " استعمال کیا ہے۔ وہ اپنے فیصلوں اور اعمال و افعال میں خود سر ہوں گے۔ وہ غیر ذمہ دار ہوں گے۔ وہ دغاباز، فریبی اور عیش و عشرت کو خدا سے بھی زیادہ پسند کریں گے۔ اُن کا طرزِ زندگی بدی اور بد اخلاقی پر مبنی ہو گا۔ انہیں خدا کے اصولوں کا کوئی احترام نہیں ہو گا۔ ایسے لوگ جسم کی خواہشوں کی تسکین کے لئے زندہ ہوں گے۔ ایسے لوگ خدا اور صاحبِ اختیار لوگوں اور اربابِ اختیار کی کوئی عزت نہیں کریں گے۔ تصور کریں کہ وہ معاشرہ کیسا

ہو گا جہاں پر ایسے لوگ آباد ہوں گے۔

یہ صورتحال اور بھی بدترین ہو جائے گی کیونکہ درحقیقت ایسے لوگ دین داری کی وضع رکھنے والے ہوں گے۔ بالفاظ دیگر، وہ روحانی دکھائی دیں گے جبکہ حقیقت میں خدا سے دُور بلکہ بہت دُور ہوں گے۔ اُن کا ایمان ناتواں ہو گا کیونکہ خدا کے ساتھ اُن کا کوئی تعلق اور رشتہ نہیں ہو گا۔

5 آیت پر غور کریں وہ خدا کی قدرت کا بھی انکار کریں گے۔ وہ خدا کے روح کی طرف کوئی توجہ نہیں دیں گے بلکہ اُسے بُری طرح سے نظر انداز کریں گے۔ وہ خدا کے روح کے اُس کام کو نظر انداز کر دیں گے جو وہ اُن کی زندگیوں میں کر رہا ہو گا۔ بلکہ وہ خدا کے پاک روح کے اپنی زندگیوں میں کلام اور کام کے خلاف مزاحم ہوں گے۔ پولس رسول نے تیمتھیس کو بتایا کہ ایسے لوگوں سے کوئی تعلق واسطہ نہ رکھے۔ ظاہری بات ہے کہ پولس رسول کے دور میں ایسے لوگ موجود تھے۔ اُس نے تیمتھیس کو یاددہانی کے طور پر لکھا کہ جیسے جیسے خداوند کی آمد کا دن قریب آرہا ہے، اور بھی زیادہ ایسے لوگ منظر عام پر آئیں گے۔

آخیر زمانہ میں ایسے لوگ اپنے بُرے اور باغیانہ دل اور روِشوں کو اپنے تک رکھنے میں اطمینان محسوس نہیں کریں گے (6 آیت) بلکہ وہ دوسروں پر بھی اپنا اثر چھوڑیں گے، خاص طور پر ایسے لوگوں پر جو روحانی طور پر کمزور اور ناتواں ہوں گے۔ اس دن عورتیں، خاص طور پر غیر تعلیم یافتہ (روحانی طور پر) ہوں گی جو ایسے لوگوں کے قابو میں آجائیں گی۔ یہ جھوٹے استاد معاشرے کے کمزور اور غیر محفوظ لوگوں کو اپنا ہدف بنائیں گے۔ آخیر زمانہ میں خداوند کی آمدِ ثانی کے قریب آتے ہوئے بہت سے لوگ جھوٹے اُستادوں کے فریب اور دھوکہ دہی کا شکار ہو جائیں گے۔ لوگ حق سے گمراہ ہو جائیں گے اور اُن

جھوٹے نبیوں کی تعلیم کے پیروکار ہو جائیں گے۔

اگرچہ یہ لوگ ایسے سادہ لوح لوگوں کی تلاش کریں گے جنہیں باآسانی دھوکہ دیا جاسکے۔ اِس کا ہرگز یہ مطلب نہیں کہ دھوکہ کھانے والے بالکل بُدھو قسم کے لوگ ہوں گے۔ پولس رسول 7 آیت میں ہمیں بتاتا ہے کہ یہ جھوٹے استاد ہمیشہ سیکھتے رہتے ہیں۔ جھوٹے استاد ذہین اور علم دوست ہوتے ہیں۔ ہو سکتا ہے کہ کسی کے پاس بہت سا علم ہو لیکن اسے خدا کے کلام اور مسیح کے صلیب پر کیئے گئے کام کی کبھی بھی سمجھ نہ آئی ہو۔

8 آیت میں، پولس رسول ایسے لوگوں کا موازنہ ینیس اور یمبریس سے کرتا ہے۔ کہا جاتا ہے کہ یہ وہ جادوگر تھے جنہیں فرعون موسیٰ کی طرح معجزات کرنے کے لئے لایا تھا۔ (خروج 7:11) ایسے لوگ دھوکہ دینے کے لئے معجزات اور نشانات دکھائیں گے۔ خداوند یسوع مسیح ہمیں بتاتا ہے کہ اَخیر زمانہ میں بہت سے جھوٹے معجزات اور نشانات دکھائے جائیں گے۔ جس طرح کی ملکِ مصر میں اِن دونوں جادوگروں نے معجزات دکھائے لیکن وہ بدبخت، گنہگار اور سچائی سے بہت دُور تھے۔ ایسے لوگوں کا خدا کی بادشاہی میں کوئی حصہ بخرہ نہیں تھا۔

یہاں پر ہمارے لئے ایک حوصلہ افزا بات ہے جو پولس رسول ہمیں 9 آیت میں بتاتا ہے۔ وہ تیمتھیس کو بتاتا ہے کہ ایسے لوگ کامیاب نہ ہوں گے۔ اگرچہ ینیس اور یمبریس نے موسیٰ کے دَور میں لوگوں کو دھوکہ اور فریب دیا تاہم سچائی کا بول بالا ہوا اور سب کے سامنے سچائی اور حق بات آگئی۔ خدا کا نام سربلند ہوا اور اُس کے نام کو جلال اور اُس کے کام کو کامیابی اور کامرانی حاصل ہوئی۔ ایسا وقت آیا جب وہ کوئی معجزہ نہ دکھا سکے۔ بالاخر ملکِ مصر کی ساری قوم اپنے گھٹنوں پر آگری۔ موسیٰ ہی خدا کا سچا اور حقیقی نبی ظاہر اور ثابت ہوا۔ جھوٹے اُستادوں اور فریبی لوگوں کو بھی ایسا ہی تجربہ ہو گا۔ وہ دن قریب ہے جب ان

کا جھوٹ بے نقاب ہو جائے گا۔ خدا کی سچائی غالب اور فاتح ہو گی۔

چند غور طلب باتیں

☆۔ خداوند کی آمدِ ثانی سے قبل آخری دنوں کو بیان کریں۔ جب خداوند کی آمدِ ثانی قریب ہے تو ہمیں کس طرح کا معاشرہ دیکھنے کی توقع کرنی چاہیئے؟

☆۔ ہم اپنے معاشرے میں کیسے شواہد دیکھتے ہیں جو اِس بات کی عکاسی کرتے ہیں کہ خداوند کی آمدِ ثانی قریب ہے؟

☆۔ ہمارے لئے کس قدر آسان ہے کہ ہم علم و نشانات سے گمراہ ہو جائیں؟ کیا سبھی پُر قدرت نشانات خدا کی طرف سے ہوتے ہیں؟ کس طرح ہم دھوکہ دہی سے بچ سکتے ہیں؟

☆۔ علم رکھنے اور سچائی کا فہم و ادراک رکھنے میں کیا فرق پایا جاتا ہے؟

چند اہم دُعائیہ نکات

☆۔ خداوند سے التجا کریں کہ وہ آپ کو دشمن کی پُر فریب چالوں اور جھوٹے استادوں سے محفوظ رکھے۔

☆۔ خداوند سے اُس کے کلام سے وفادار رہنے کی توفیق مانگیں۔ التجا کریں کہ خداوند آپ کو اس دنیا میں ایک اچھی مثال اور نمونہ بننے کے قابل بنائے جو راہ حق سے گمراہ ہوتی جا رہی ہے۔

☆۔ خداوند کی شکر گزاری کریں کہ جس طرح اس نے مردِ خدا موسیٰ کے دَور میں سچائی کو ظاہر کیا تھا، اسی طرح وہ آنے والے دَور میں دشمن کے جھوٹوں کو بے نقاب کرے۔ اُس کی شکر گزاری کریں کیونکہ وہ بدی اور جھوٹ پر فاتح ہو گا۔

باب 31

ایذا رسانی اور کلامِ مقدس

2 تیمتھیس 3 باب 10 تا 17 آیت کا مطالعہ کریں

پچھلے باب میں ہم نے دیکھا کہ کس طرح پولس رسول نے تیمتھیس کو یاد دہانی کرائی کہ اخیر زمانہ میں جھوٹے اُستاد برپا ہوں گے۔ خداوند یسوع کی آمدِ ثانی سے قبل گناہ اور بدی کا دَور دَورہ ہو گا اور انتہائی ناگفتہ بہ صورتحال پیدا ہو جائے گی۔ لوگ خدا اور اُس کے مقصد سے منہ پھیر لیں گے۔ اُنہیں وہی کرنا اچھا لگے گا جو اُن کا دل چاہے گا۔ وہ اپنی ذات اور دولت سے پیار کرنے والے ہوں گے۔ وہ خدا کو قبول کریں گے اور نہ ہی اُس کے خادموں کو۔ اِس کا معنی یہ ہوا کہ آنے والے دَور میں اُن لوگوں کے لئے مشکلات اور مصائب ہی ہوں گے جو پورے دل سے خدا کی خدمت سرانجام دینا چاہتے ہیں۔ اس حصہ میں پولس رسول تیمتھیس کو بُرے وقتوں، نامساعد حالات اور ناگفتہ بہ صورتحال میں خدا اور اُس کے کلام سے وفادار رہنا کس قدر اہم ہے۔

اُن مشکل اوقات کی روشنی میں جو آنے والے ہیں، پولس رسول نے تیمتھیس کو کئی ایک چیزیں یاد رکھنے کی تلقین کی۔ 10 آیت پر غور فرمائیں۔ سب سے پہلے اسے خدا کے کلام کی تعلیم کو یاد رکھنا تھا۔ پہلے ہی بہت سے جھوٹے استاد دیگر اقسام کے پیغامات کی منادی کر رہے تھے اور بہت سے لوگ ان کے فریب کا شکار ہو گئے تھے۔ پولس رسول نے تیمتھیس کی حوصلہ افزائی کرتے ہوئے اسے سچائی کی یاد دہانی کرائی تا کہ وہ اُن مکار اور چالاک اُستادوں کی گمراہی کا شکار نہ ہو۔ تیمتھیس نے اسی سچائی کی منادی کرنا تھی جس کی

اُس نے پولس رسول سے تعلیم پائی تھی۔ تا کہ گردش کرتی ہوئی جھوٹی تعلیم کا شکار دوسرے لوگ بھی نہ ہوں۔

تیمتھیس کو صرف پولس رسول کی تعلیم کو ہی دوسروں تک نہیں پہنچانا تھا بلکہ اسے پولس رسول کے نمونے کو بھی یاد رکھنا تھا۔ سچائی کی صرف تعلیم ہی نہیں دی جانی چاہئے بلکہ اسے طرزِ زندگی کا حصہ بننا چاہئے۔ پولس رسول ایسا مردِ ایمان تھا جو خدا اور اُس کے کام کے لئے پُر جوش اور سرگرم تھا۔ اس نے اپنی گناہ آلودہ زندگی سے منہ موڑ کر خدا کی محبت میں زندگی گزاری۔ اور وہی کچھ کیا جس کے لئے خدا نے اُسے اپنی بادشاہی میں بلایا تھا۔

تیمتھیس کو پولس رسول کے نقشِ قدم پر چلتے ہوئے ایسا ہی کرنا تھا۔ اگرچہ پولس رسول کئی دفعہ ستایا گیا، عدالتوں میں گھسیٹا گیا تو بھی سچائی سے آگے پیچھے نہ ہوا اور نہ ہی خدا کے ساتھ چلنے میں کبھی کسی بات سے سمجھوتہ کیا۔

پولس رسول نے تیمتھیس کو اس بات کے لئے ابھارا کہ وہ اپنی زندگی کا مقصدِ حیات کبھی نہ بھولے۔ (10) پولس رسول کا مقصد حیات کیا تھا؟ یہ خدا کو جاننا اور اس کی عزت اور تکریم کرنا تھا۔ ایک وقت پولس رسول نے پیچھے مُڑ کر اپنی زندگی کے کاموں کو دیکھا جو اس نے سر انجام دئے تھے اور کہا کہ مسیح کو جاننے سے موازنہ کیا جائے تو یہ سب کچھ کوڑا کرکٹ ہی ہے۔ (فلپیوں 8:3) پولس رسول کی زندگی کا عظیم مقصدِ حیات مسیح کو جاننا اور آنے والی آزمائشوں اور ایذاہ رسانیوں کے باوجود اس میں قائم رہنا اور اُس میں بڑھتے جانا تھا۔ پولس رسول نے تیمتھیس کو اُبھارا کہ اُس کی نگاہیں خداوند پر مرکوز رہیں۔ اور وہ کسی چیز کو بھی موقع نہ دے کہ اُس کی توجہ مسیح سے ہٹا دے۔ اُسے خداوند کو جاننے اور اُس کی خدمت بہ دل و جان کرنے کو ہی اپنی زندگی کا مقصدِ عظیم بنانا تھا۔

آنے والے مشکل اوقات میں، تیمتھیس کو ایمان سے چلنا تھا۔ ایمان سے چلنے کا مطلب یہ

ہے کہ ہم اُس وقت بھی خداوند پر توکل اور بھروسہ کریں جب کچھ دکھائی نہ دے رہا ہو۔ اُس وقت بھی اس پر بھروسہ رکھیں جب ہم اپنے کانوں سے اُس کی آواز نہ سن رہے ہوں اور ہمیں کچھ سمجھ نہ آرہا ہو۔ خدا پر بھروسہ یہ اعتماد ہے کہ جو کچھ بھی ہو رہا ہے، خدا اُس پر اختیار اور قدرت رکھتا ہے اور اِن حالات و واقعات کو بھی اپنے جلال اور کام کے لئے استعمال کرنے کی قدرت رکھتا ہے۔ یہ خدا پر توکل اور بھروسہ ہی ہے جو اِس بات پر ایمان رکھتا ہے کہ جو کچھ بھی ہو رہا ہے، خواہ بُرا، خواہ بھلا، بالاخر خدا اُسے ہماری بہتری اور بھلائی کے لئے استعمال کرے گا۔ ابلیس تو ہر ممکن بلکہ سر توڑ کوشش کرے گا کہ ہم خدا کے کردار اور اُس کے مقصد پر شک کرنے لگیں۔ ایسے وقتوں میں، جب حالات و واقعات بد سے بد تر ہوتے چلے جائیں، ہمیں اپنے خدا اور اس کے کلام پر توکل اور بھروسہ کرنا ہے۔

خداوند پر ایمان رکھنے کے خیال کے بہت قریب صبر ہے۔ صبر دباؤ اور آزمائش کی صورت میں دل برداشتہ ہوئے بغیر خداوند میں قائم رہنا اور اس پر توکل کرنا جاری رکھنے کا نام ہے۔ صابر ہوتے ہوئے برداشت کرنا اور ہر رکاوٹ کے باوجود آگے بڑھتے چلے جانا ہے۔ صابر ہونے کی صلاحیت اور خوبی دُکھ اور دباؤ میں رہتے ہوئے بھی قائم رہنا ہے تاکہ خدا ہماری زندگیوں میں اپنے مقصد کو پورا کرے۔ صبر کا ایمان سے گہرا تعلق ہے کیونکہ ہم اسی وقت دکھ سہہ سکتے اور ہر طرح کے مصائب اور رنج والم کو برداشت کر سکتے ہیں جب ہم خدا پر ایمان رکھتے ہوئے اُس پر توکل اور بھروسہ کرتے ہیں۔ کیونکہ ہم جانتے ہیں کہ وہ ہر ایک چیز پر اختیار اور قدرت رکھتا ہے اور جن حالات و واقعات سے ہم گزر رہے ہیں وہ اُنہیں اپنے مقصدِ عظیم کے لئے استعمال کرے گا۔

تیمتھیس کو محبت کو بھی فراموش نہیں کرنا بلکہ یاد رکھنا تھا۔ نامساعد حالات اور کٹھن دَور میں سے گزرتے ہوئے محبت کو نظرانداز کر دینا کس قدر آسان ہوتا ہے۔ بلکہ تکلیف دہ

حالات اور مشکل صورتحال میں تو ہم تلخی اور غصے کا شکار ہو جاتے ہیں۔ پولس رسول نے تیمتھیس کو اس بات کے لئے اُبھارا کہ وہ خدا اور اُس کے مقصد کی محبت سے اپنے دل کو کبھی خالی نہ ہونے دے۔ خواہ کچھ بھی ہو جاتا اسے خدا اور اُس کے کام کی محبت میں گرفتار رہنا تھا۔ اسے سبھی کچھ کرنا، کسی چیز کے تعلق سے ردِ عمل کا اظہار بھی محبت کی رو سے ہی ہونا چاہئے تھا۔ اگر وہ ستایا جاتا اور اُس کی بے عزتی بھی کی جاتی تو بھی اُسے محبت کا اظہار ہی کرنا تھا۔ بالکل ایسے ہی جس طرح یسوع نے بھی اپنے مصلوب کرنے والوں کو معاف کر دیا تھا۔ تیمتھیس کو سب کچھ محبت ہی سے کرنا تھا۔

11 آیت قابلِ غور ہے، پولس رسول نے ایذا رسانیوں اور دُکھوں میں ان تمام صفات و اَوصاف کو مدِ نظر رکھنا اور اُن کا عملی مظاہرہ کرنا تھا۔ جب سب کچھ ٹھیک ہو اور لوگ ہماری عزت اور خدمت مدارت بھی کر رہے ہوں، اُس وقت صبر و محبت کا اظہار بہت ہی آسان ہوتا ہے۔ لیکن جب لوگ ہم سے نفرت کرتے اور ہماری راہوں میں کانٹے بوتے چلے جاتے ہیں تو پھر محبت اور صبر کا اظہار بہت مشکل ہو جاتا ہے۔

پولس رسول نے تیمتھیس کے سامنے اپنے دُکھوں، تکلیفوں اور اُن مشکلات کا حال بیان کیا جو اُسے خدمت میں جگہ بہ جگہ سفر کرتے ہوئے درپیش آئیں۔ اُس نے تیمتھیس کو گواہی اور حوصلہ افزائی کے طور پر یہ بھی بتایا کہ کس طرح خدا نے اُسے ہر طرح کے مشکل حالات اور ناگفتہ بہ صورتحال سے رہائی بخشی اور ہر طرح کے حالات و واقعات میں اُس کے شاملِ حال رہا۔ پولس رسول کی زندگی کا نمونہ ہمارے لئے ایک چیلنج ہے۔ اسے دیگر رسولوں کی بہ نسبت زیادہ مخالفت اور مشکلات کا سامنا کرنا پڑا۔ اسے سنگسار کیا گیا، ڈنڈوں سے مارا گیا اور اُس کی ہر طرح سے تذلیل کی گئی۔ پولس رسول ہمیں بتاتا ہے کہ خدا نے اسے ہر طرح کے دکھ سے رہائی بخشی۔ اس کا ہرگز یہ مطلب نہیں کہ پولس رسول

کو دُکھ درد سے رہائی مل گئی۔ جب اس کے بدن پر پتھر برسائے جاتے تھے تو اُسے درد ہوتا تھا۔ جب اُس کی بے عزتی کی جاتی تھی تو اس وقت بھی وہ دُکھ محسوس ہوتا تھا۔ خدا نے اسے مشکلات سے دُور نہ رکھا۔ بلکہ ہر ایک مصیبت میں وہ اُسے اپنے ہاتھوں پر اُٹھائے پھرتا رہا۔

تیمتھیس کو یہ بھی بتایا گیا کہ ہر کوئی جو دینداری کی زندگی بسر کرنا چاہتا ہے ستایا جائے گا۔ (12 آیت) یہ حقیقت اور تجربہ ہر اس شخص کے لئے یقینی ہے جو خدا کی محبت اور اُس کی خدمت کے لئے سرگرم اور پُرجوش ہوتا ہے۔ شیطان کو خدا کے کاموں سے نفرت ہے۔ وہ خدا کی بادشاہی کے کام میں رکاوٹ ڈالنے کی ہر ممکن کوشش کرتا رہے گا۔ اگر ہم دینداری کی زندگی بسر کرنا چاہتے اور خدا کے جلال کے لئے زندہ رہنا چاہتے ہیں تو پھر ہم توقع کر سکتے ہیں کہ دُشمن ہماری مخالفت کرتے ہوئے ہماری راہ میں روڑے اٹکانے کی بھرپو کوشش کرے گا۔ ایسے وقتوں میں ہمیں پولس رسول کی تعلیمات کو یاد رکھنا ہے جو وہ تیمتھیس کو دے رہا ہے۔ ہمیں ایمان میں ثابت قدم رہنا ہے۔ صبر و تحمل اور محبت کا روّیہ اختیار کرتے ہوئے اس کے کلام پر ایمان رکھنا اور خداوند کے منتظر رہنا ہے۔

پولس رسول کے مطابق بُرے اور دھوکہ باز لوگ تعداد میں بڑھتے چلے جائیں گے اور بہت سے لوگوں کو اپنے فریب کے جال میں پھنسالیں گے۔ (13 آیت) ہمیں یہ سب کچھ پہلے ہی بتا دیا گیا ہے تاکہ ہم بے دل نہ ہو جائیں اور جب یہ سب کچھ ہوتا ہوا دیکھیں تو اسے عجیب خیال نہ کریں۔ آخیر زمانہ میں بہتوں کے ایمان کی پرکھ بھی ہوگی۔ ہم دیکھیں گے کہ کلیسیا پر بڑی ایذا رسانی کا دَور آئے گا۔ ہم شیطان کی بادشاہی کو بڑھتا ہوا دیکھیں گے۔ لیکن ہمیں یہی نصیحت کی گئی ہے کہ ہم بے دل نہ ہوں

جیسے جیسے مسیح کی آمد ثانی قریب ہوتی جا رہی ہے، یہ بہت اہم ہے کہ ہم اس تعلیم اور

ایمان میں آگے بڑھتے چلے جائیں جو خدا کے فضل سے ہماری زندگی میں موجود ہے۔
(14)پولس رسول نے تیمتھیس کو بتایا کہ صحائف انبیاہ اُسے دانش اور عقل بخش سکتے ہیں اور فی الحقیقت یہ مسیح پر ایمان کے وسیلہ سے نجات بخشنے کے لئے واقعی دانش و حکمت کا منبع ہیں۔(15) اِنہی صحائف کی بدولت ہی وہ مسیح پر ایمان لایا تھا۔ اُسی کلام کی مدد ہی سے وہ خداوند میں نشو و نما اور ترقی کرتا اور بڑھتا ہوا چلا جا رہا تھا۔

صحائف انبیاہ محض کہانیوں کی کتاب یا تعلیمات کا مجموعہ نہیں ہیں۔ پولس رسول 16 آیت میں ہمیں بتاتا ہے کہ تمام صحائف الہام سے ہیں۔ یعنی یہ کلام خدا کے منہ اور دل کی آواز ہے۔ اگرچہ صحائف اور مقدس کتب ایمانداروں کی لکھی ہوئی ہیں، تاہم یہ ایسے خدا کا کلام ہے جو جھوٹ نہیں بول سکتا۔ اس کا کلام قطعی طور پر قابلِ بھروسہ اور قابلِ اعتماد ہے۔

صحائف ایک ایماندار کی زندگی کے چار پہلوؤں کے لئے مفید ہیں۔ پولس رسول ہمیں بتاتا ہے کہ صحائف تعلیم دینے کے لئے بھی فائدہ مند ہیں۔ یعنی صحائف سچائی کی طرف ہماری رہنمائی کرتے ہیں۔ یہ دینداری اور راستی کی زندگی بسر کرنے میں بھی مفید ثابت ہوتے ہیں۔ اِن سے ہمیں مقصدِ حیات اور زندگی صحائف ہی خدا اور اُس کے مقصد کو جاننے میں قابلِ اعتماد رہنمائی کا منبع ہیں۔

دوسری بات، صحائف ہماری اصلاح کے لئے بھی فائدہ مند ہیں۔ بالفاظ دیگر، جس طرح ہم خدا کے کلام سے تعلیم پاتے ہیں تو یہ ہمارے قدموں کی رہنمائی کرتے ہیں تاکہ ہم گمراہی کا شکار نہ ہو جائیں۔ جب ہم اپنی زندگیوں میں کسی تاریک حصہ کی طرف بڑھتے چلے جاتے ہیں تو اُن سے ہمیں روشنی اور رہنمائی حاصل ہوتی ہے۔ صحائف ہی ہم پر ہماری گناہ آلودہ روّشوں کو منکشف کرتے ہیں اور ہمیں قائل کرتے ہیں تاکہ ہم اپنی بدی اور گناہ کو جانیں اُس کا اقرار کر کے اُسے ترک کر دیں۔

نہ صرف صحائف تعلیم دیتے ہیں بلکہ یہ اصلاح کے لئے بھی مفید ہیں۔ اصلاح کا مطلب ہے کہ ہم اپنی اصل راہ کی طرف لوٹ آئیں۔ صحائف انبیاہ اور خدا کا کلام نہ صرف ہم پر یہ منکشف کرتا ہے کہ ہم کہاں پر غلط ہیں بلکہ ہمیں تعلیم دے کو واپس درست راہ پر بھی ڈال دیتا ہے۔

یہ ہم صرف یہی ظاہر نہیں کرتا کہ ہم کھو چکے ہیں بلکہ ہمیں خدا اور اُس کے کام اور مقصد کی طرف واپس لوٹ آنے کی راہ بھی دکھاتا ہے۔

خدا کا کلام راستبازی میں بھی ہماری تربیت کرتا ہے۔ اس تعلیم و تربیت کے باعث ہم دوبارہ سے گمراہی کا شکار ہونے سے بچ جاتے ہیں۔ خدا کا کلام دشمن کے حملوں کے خلاف ہماری تقویت اور زور بنتا ہے۔ جب دُشمن اپنے فریب اور دھوکہ دہی سے ہم پر حملہ آور ہوتا ہے تو ہم خدا کے کلام کے وسیلہ سے اُس کے حملوں کو روک دیتے ہیں۔ یہی کچھ تو خداوند نے اس وقت کیا تھا جب شیطان اُسے آزمانے کے لئے اس کے پاس آیا تھا۔ خداوند یسوع نے مسلسل کلام کی طرف رجوع کیا، شیطان کا مقابلہ کر کے اُسے پسپائی اختیار کرنے پر مجبور کر دیا۔

17 ویں آیت قابلِ غور ہے۔ خدا کا کلام ہمیں تعلیم دیتا، ہماری کانٹ چھانٹ، ہماری اصلاح اور تربیت کرتا ہے۔ تاکہ ہم " پورے طور ہر خدا کے کام کے لئے تیار ہو جائیں۔" اس آیت میں دو الفاظ پر غور کریں۔ " مکمل طور پر" اور دوسرا لفظ " ہر ایک " پولس رسول ان دونوں الفاظ کے استعمال سے ہمیں کیا تعلیم دے رہا ہے؟ وہ ہمیں یہ بتارہا ہے کہ بائبل مقدس میں ہمیں ہر ایک کام کے لئے تیار کرنے کے لئے وہ سب کچھ موجود ہے جس کے لئے خدا ہمیں بلاتا ہے۔ اس میں ہمیں آنے والے حالات و واقعات اور مصائب کا سامنا کرنے کے قابل بنانے کی صلاحیت بھی پائی جاتی ہے۔

پولس رسول نے تیمتھیس کو اس بات کے لئے اُبھارا کہ وہ آنے والے کٹھن دَور کی روشنی میں مردِ کلام بنے۔ خدا کا کلام ہی اسے تسلی، تشفی، رہنمائی اور تعلیم دے تا کہ ہم گمراہی، گناہ اور بے راہ روی کا شکار دُنیا میں راہِ مستقیم پر چلتے رہیں۔ جیسے جیسے آخیر زمانہ قریب آرہا ہے۔ ہمیں زیادہ سے زیادہ ایسے لوگوں کی ضرورت ہے جو خدا کے کلام کو اپنا طرزِ زندگی بنائیں

چند غور طلب باتیں

☆۔ آنے والے مشکل دَور میں پولس رسول تیمتھیس کو تلقین کرتا ہے کہ وہ اُس کی تعلیم، طرزِ زندگی، مقصدِ حیات، ایمان، صبر اور محبت کو یاد رکھے۔ اُن اصولوں کی روشنی میں اپنی زندگی کا از سرِ نو جائزہ لیں۔ آپ کو اِن میں سے کس حصہ میں کام کرنے کی ضرورت ہے؟

☆۔ ہماری آزمائشوں، کٹھن راہوں اور امتحان کی گھڑیوں میں کس طرح خدا کا کلام مفید ثابت ہوتا ہے؟ کس طرح خدا کے کلام سے آپ کی ہمت افزائی ہوئی اور آپ شخصی طور پر محفوظ اور مضبوط رہے؟

☆۔ خدا کا کلام کس طرح آپ کی زندگی پر اثر انداز ہوا ہے؟ کس طرح خدا کے کلام نے آپ کی زندگی کو بدل کر رکھ دیا ہے؟ چند مخصوص مثالیں پیش کریں۔

☆۔ جب خداوند کا روزِ عظیم قریب ہے تو اِس صورت میں خدا کا کلام کس قدر اہمیت کا حامل ہے؟

☆۔ خدا کے کلام کی سچائی کو جاننے اور سچائی کے مطابق زندگی بسر کرنے میں کیا فرق پایا جاتا ہے؟

☆۔ پولس رسول ہمیں بتاتا ہے کہ خدا کا کلام ہماری سرزنش، اصلاح اور ہماری تربیت بھی کرے گا۔اس سے پولس رسول کا کیا مطلب ہے، اپنے لفظوں میں بیان کریں۔

چند اہم دُعائیہ نکات

☆۔خداوند کی شکر گزاری کریں کہ اُس نے ہمیں اپنا کلام دیا ہے تاکہ ہماری تعلیم و تربیت، اصلاح اور سرزنش ہو سکے۔

☆۔خدا سے دُعا کریں کہ آپ کے دل میں اُس کے کلام کے لئے بڑا جوش و جذبہ پیدا ہو سکے۔

☆۔ آنے والے دَور میں ایذا رسانیوں کے دوران، پولس رسول نے تیمتھیس کو تلقین کی کہ وہ اُس کے طرزِ زندگی، تعلیم، مقصدِ حیات، ایمان، صبر اور محبت کو یاد رکھے۔ خداوند سے دُعا کریں کہ وہ آپ پر منکشف کرے کہ آپ کو اُن میں سے کس حصہ میں تربیت اور افزائش پانے کی ضرورت ہے۔

باب 32

تیمتھیس کو تاکید

2 تیمتھیس 4 باب 1 تا 8 آیت کا مطالعہ کریں

اِس آخری باب میں پولس رسول تیمتھیس کو دورُخی حکم دیتا ہے۔ دراصل یہ پورے خط کا خلاصہ ہے۔

وہ حکم جو پولس تیمتھیس کو دے رہا ہے وہ خدا اور خداوند یسوع مسیح کی حضوری میں دیا گیا۔ کہنے کا یہ مطلب ہے کہ یہ حکم خدا کے اختیار سے دیا گیا۔ غور کریں، پولس رسول نے خداوند یسوع کے تعلق سے دو باتیں بیان کی ہیں۔

اوّل۔ خداوند یسوع زندوں اور مُردوں کی عدالت کرنے کے لئے آنے والا ہے۔ اس بات سے تیمتھیس پر ایک ذمہ داری عائد ہو جاتی ہے کہ وہ اُن لوگوں کو تنبیہ کرے جو خدا کی عدالت کے نیچے ہیں۔ تیمتھیس کو یہ جانتے ہوئے خداوند کی خدمت میں مصروف و مشغول رہنا تھا کہ خدا کی ہولناک عدالت آنے والی ہے۔

دوئم۔ پولس رسول نے تیمتھیس کو یسوع کے بارے میں بتایا کہ وہ اپنی بادشاہی کو قائم کرنے کے لئے آنے والا ہے۔ کوئی اُس کے سامنے کھڑا نہیں رہ سکے گا۔ وہ دشمن کی قدرت کو شکست فاش دے گا اور سلطنت کے بادشاہ کے طور پر حکمرانی کرے گا۔ یہ بڑی خوشی اور شادمانی کی بات تھی۔ اسی سبب سے تیمتھیس نے کڑے حالات میں بھی آگے بڑھتے چلے جانا تھا۔ انجیل کی مخالفت کرنے والی قوتوں نے نیست و نابود ہو جانا تھا۔ خداوند ہی سب چیزوں پر حکمرانی کرے گا۔ تیمتھیس نے فتح سے ہمکنار ہونا تھا اور کسی طور پر بھی

شکست نہیں کھانی تھی۔ اُس نے اِسی فتح کی حقیقت میں زندگی بسر کرنا تھی۔ شیطان وہی کر سکتا ہے جو خدا اُسے کرنے کی اجازت دیتا ہے لیکن وہ جیت نہیں سکتا۔ خدا اپنی بادشاہی قائم کرے گا اور شیطان کچھ نہ کر پائے گا اور نہ ہی کوئی چیز اُس کے ارادے کو پورا ہونے سے روک سکتی ہے۔ اِنہی دو سچائیوں کی روشنی میں پولس رسول تیمتھیس کو یہ دورُخی حکم دیتا ہے۔

خدا کے کلام کی منادی کر

تیمتھیس کو پہلا حکم یہی دیا گیا کہ وہ کلام کی منادی کرے اُسے کلام کی خدمت گزاری کے کام یں ثابت قدم اور قائم رہنا تھا۔ ہماری زندگی اور خدمت میں ایسے وقت بھی آتے ہیں جب ہم بے دل ہو جاتے ہیں۔ جب میں اِن تفاسیر کی تصنیف میں مصرُوف و مشغول ہوں تو ابلیس میرے ذہن میں یہی ڈالتا ہے کہ آیا جو کچھ میں کر رہا ہوں ضروری ہے۔ در حقیقت، ہمارے معاشرے کو خدا کے کلام کی کسی بھی چیز سے بڑھ کر ضرورت ہے۔ ہمارے معاشرے میں سر اُٹھانے والے مسائل اور مشکلات سائنس، سیاسیات یا طب سے حل نہیں ہوں گے۔ کچھ ایسے پیچیدہ معاملات اور مشکلات ہوتی ہیں جنہیں خدا ہی حل کر سکتا ہے۔ اگر ہمارا معاشرہ خدا کے کلام کی واضح تعلیم کی طرف لوٹ آئے تو ہمارے بہت سے مسئلے حل ہو جائیں گے۔ نافرمانی سے ہمارے معاشرے پر لعنت آٹھہرتی ہے۔ صرف اور صرف خدا کے کلام پر عمل پیرا ہونے ہی سے برکات اور بحالی آسکتی ہے۔ پولس رسول نے تیمتھیس کو تلقین کی کہ وہ خدا کے کلام کی منادی جاری رکھے۔

غور کریں کہ تیمتھیس کو وقت اور بے وقت مستعد رہنا تھا۔ بالفاظ دیگر اُسے ہر وقت خدا کے کلام کو بیان کرنے کے لئے تیار رہنا تھا۔ کچھ ایسے وقت بھی ہوتے تھے جب خدا کے کلام کو سننے اور قبول کرنے کے لئے تیار ہوتے تھے۔ کچھ ایسے وقت بھی ہوتے تھے جب وہ

اُس کی تعلیم کو قبول نہیں کرتے تھے۔ اُسے لوگوں کے ردِ عمل کی پرواہ کئے بغیر خدا کے کلام کی منادی کرتے چلے جانا تھا۔ لوگ متفق ہوں یا مخالف اُسے بہر صورت خدا کے کلام کی منادی کرنا تھی۔

2 آیت پر غور کریں اُس کی منادی سے لوگوں کی تنبیہ، حوصلہ افزائی اور اصلاح ہونا تھی۔ اُس نے ہر ایک صورتحال میں خدا کے کلام کا اطلاق کرنا تھا۔ بعض اوقات کلام نے لوگوں کی سرزنش کرنا تھی۔ اُس نے لوگوں کی غلطی اور گمراہی کو اُن پر منکشف کرنا تھا۔ اُن کے گناہ آلودہ کام اور روّیوں کی نشاندہی ہو جانی تھی۔ کلام نے اُن کی اصلاح بھی کرنا تھی۔ خدا کے کلام نے لوگوں پر منکشف کرنا تھا کہ کس طرح وہ خدا اور اُس کی راہوں کی طرف واپس لوٹ سکتے ہیں۔ بعض اوقات اس کلام نے مشکل اور کٹھن حالات میں لوگوں کی ہمت افزائی بھی کرنی تھی۔ سنائے گئے کلام نے مسیح کے بدن کی تعمیر کرنا تھی۔ اُس کلام نے خدا کے لوگوں کو خدا اور اُس کے مقصد کے اور بھی زیادہ قریب کر دینا تھا۔

منادی کرتے ہوئے تیمتھیس نے بولے گئے کلام پر خاص توجہ دینا تھی۔ اُسے اپنی ہدایت کے تعلق سے بہت محتاط روّیہ اختیار کرنا تھا۔ کیونکہ جس سچائی کی اُس نے منادی کرنا تھی وہ اُس کے لئے خدا کے حضور جوابدہ بھی تھا۔ نہ صرف تیمتھیس نے ہدایت کے تعلق سے محتاط روّیہ اختیار کرنا تھا بلکہ اس نے بڑے صبر کے ساتھ اس کی تعلیم بھی دینا تھی۔ (2 آیت) کوئی بھی شخص فوری طور پر سچائی قبول نہیں کر لیتا۔ بعض اوقات سمجھنے اور قبول کرنے میں وقت درکار ہوتا ہے۔ اُن کی زندگیوں میں کچھ ایسی چیزیں ہوتی ہیں جن کے توڑنے کی ضرورت ہوتی ہے۔ خدا کا پاک روح تو زندگیوں میں کام کرتا ہے لیکن بعض اوقات لوگ اس کام کی راہ میں خود ہی رکاوٹ بن جاتے ہیں۔ ایسی صورتحال میں تیمتھیس کو بڑے صبر و تحمل کا مظاہرہ کرنا تھا۔ اُسے موقع دینا تھا کہ خدا کا پاک رح کام

کرے۔ اُسے سننے اور سمجھنے میں سُست رفتار لوگوں کے ساتھ صبر و تحمل سے پیش آنا تھا۔ آنے والے وقت میں حالات و واقعات نے اس نہج پر پہنچ جانا تھا کہ صبر و تحمل ہی سے کام لینے میں کامیابی اور کامرانی حاصل ہونا تھی۔ جیسے جیسے خداوند کی آمد کا دن قریب آتا جا رہا ہے۔ لوگ انجیل کی سچائی کے خلاف مزاحم ہوتے چلے جا رہے ہیں۔ حقیقی اور دُرست اساتذہ کی جگہ پر ایسے لوگ آئیں گے جو جھوٹی تعلیم دینا شروع کر دیں گے اور وہ لوگوں کو وہی کچھ سنائیں گے جو وہ سننا چاہیں گے۔ (3 آیت) لوگ سچائی سے منہ موڑ کر دشمن کے جھوٹوں پر کان لگا لیں گے۔

دُکھ اُٹھا

پولس رسول نے تیمتھیس کو دوسرا حکم یہ دیا کہ وہ دُکھ اٹھائے۔ پولس رسول نے یہ واضح کر دیا کہ خداوند کی خدمت کرنے والوں کو سختیاں جھیلنا پڑیں گی اور ایذاہ رسانی کے تکلیف دہ وقت سے بھی گزرنا پڑے گا۔ ہمیشہ ہی ہمیں قبول نہیں کیا جائے گا۔ شیطان خدا کے کام میں حائل ہونے کی بڑی کوشش کرے گا۔ اگر ہم خدا کے خادم ہونے کے لئے سنجیدہ ہیں تو پھر مخالفت کے لئے بھی تیار رہیں۔

تیمتھیس کو اُن مشکلات میں اپنا سر اُٹھا کر جینا تھا۔ بالفاظ دیگر، اُسے خدا پر توکل اور بھروسہ کرنا اور اُس کے منصوبے اور مقصد پر اپنا اعتماد قائم اور بحال رکھنا تھا۔ اُسے کسی صورت میں بھی تلخ مزاجی اور کڑواہٹ کا شکار نہیں ہونا تھا۔ اِس کی بجائے اُسے صبر اور تحمل کا مظاہرہ کرنا تھا۔

لوگوں نے اُسے قبول نہ کیا، اس حقیقت کے باوجود، تیمتھیس کو بشارت کا کام کئے چلے جانا تھا۔ (5 آیت) یہ آسان کام نہیں تھا۔ غیر ایمانداروں نے اُس کی راہ میں رکاوٹیں کھڑی کرنا تھیں۔ پولس رسول جانتا تھا کہ مبشر ہونے کا اُن لوگوں کے لئے کیا معنی اور مفہوم

ہے۔جو پیغام کو سننا ہی نہیں چاہتے۔ اُسے سنگسار کیا گیا اور مارا پیٹا گیا۔ اُس کی تذلیل ہوئی اور اُس کو دھمکیاں بھی دی گئیں۔ ایسی صورتحال میں بشارت کا کام آسان نہیں تھا۔ لیکن تیمتھیس کو یہ بات یاد رکھنا تھی کہ وہ انجیل کی منادی کے تعلق سے خدا کے حضور جوابدہ ہے۔اُسے ہمت سے کام لیتے ہوئے ثابت قدم رہنا تھا۔ اسے اپنے فرائض کی انجام دہی میں لاپرواہی اور سُست روی کا شکار نہیں ہونا تھا۔ حتیٰ کہ اس وقت بھی جب صورتحال مشکل اور پیچیدہ ہو اُسے رُکنا نہیں بلکہ آگے ہی آگے بڑھتے چلے جانا تھا۔ اُسے ہر طرح کے حالات وواقعات میں قابلِ بھروسہ شخصیت رہنا تھا۔

پولس رسول نے 6 آیت میں تیمتھیس کو یاد دہانی کرائی کہ مسیح یسوع کا رسول ہوتے ہوئے۔وہ ناتواں ہو گیا۔ اس کا آخری وقت آرہا تھا۔ اُسے اب یہ معلوم نہیں تھا کہ وہ اس روئے زمین پر کتنا عرصہ گزارے گا۔ ایک طرح سے پولس رسول اپنی خدمت اب تیمتھیس کے حوالہ کر رہا تھا۔ وہ اُسے بتارہا تھا کہ وہ انتقال کر کے خداوند کے پاس جانے والا ہے۔اور اب یہ اُس کی ذمہ داری تھی کہ جو کچھ اس نے پولس رسول سے سیکھا تھا دوسروں کو بھی سکھائے۔

پولس رسول نے بڑی کٹھن زندگی بسر کی تھی۔اُس نے بہت سے دُکھ جھیلے اور بڑی ایذاہ رسانیوں سے گزرا۔ اُس نے بڑی کٹھن جنگ لڑی۔ بہت دفعہ وہ زخمی ہوا۔ جب اس نے واپس مڑ کر دیکھا، تو پولس رسول کو یہ اعتماد حاصل تھا کہ اُس نے اچھی کشتی لڑی ہے۔اُس نے ہمت نہیں ہاری تھی۔ اُس نے وہ سب کچھ کیا جو اُس کی بساط میں تھا۔ اس نے دشمن کا مقابلہ کیا اور ثابت قدم رہا۔ اُس نے اپنے حصہ کا کام کرتے ہوئے دوڑ کو مکمل کر لیا۔ اب اُسے اپنی دوڑ کی وہ حد نظر آرہی تھی جہاں پر اُسے فتح کا سہرا مل جانا تھا۔ وہ اچھی طرح دوڑا۔ اُس نے ایمان کو محفوظ رکھا۔ اُس نے خداوند کا انکار نہیں کیا تھا۔ اب اُس نے

خداوند کے حضور جا کر اُس سے اپنا اجر لینا تھا۔ اُس نے وہ تاج دیکھا جو اُس کے لئے رکھا ہوا تھا۔ پولس رسول نے تیمتھیس کو بتایا کہ وہ جیت کا سہرا اُن سب کے لئے رکھا ہوا ہے جو خداوند یسوع کی آمد کے منتظر ہوں گے۔ اگر آپ خداوند کی آمدِ ثانی کے لئے تیار ہوں گے تو پھر ہی آپ اُس کی آمدِ ثانی کے منتظر ہوں گے۔ اگر کوئی شخص بے وفا ہے تو پھر وہ خداوند کی آمدِ ثانی کا منتظر کیسے ہو سکتا ہے کیونکہ اسے اپنی بے وفائی اور ناپاک زندگی کا علم ہوتا ہے۔ ہو جانتا اور ڈرتا ہے کہ خداوند کی آمد پر سب کچھ بے نقاب ہو جائے گا۔ جس شخص نے اپنی خدمت اور نعمتوں کو آسمان کی بادشاہی کے لئے استعمال نہیں کیا ہو گا۔ اپنا وقت اپنی روِشوں اور جسم کی خواہشوں کی تسکین میں ضائع کیا ہو گا وہ کسی صورت میں بھی خداوند کی آمد کا منتظر نہیں ہو گا۔ صرف بہ دل و جان اُس کی خدمت کرنے والے ہی اُس کی آمد کے لئے تیار اور اُس کے ظاہر ہونے کی راہ دیکھیں گے۔

اپنے خط کے اِس حصہ میں پولس رسول نے تیمتھیس کو تلقین کی کہ وہ اَنجیل کی منادی کرے اور دکھ اٹھائے۔ ہم سب کے لئے خدا کی یہی بلاہٹ ہے۔ آج ہمیں اور بھی زیادہ مزدُوروں کی ضرورت ہے جو خدا کے کھیت میں کام کرتے ہوئے انجیل کی منادی کے سلسلہ کو جاری رکھیں۔ ہمیں ایسے لوگوں کی ضرورت ہے جو کسی طرح کی مخالفت اور ڈراوے سے نہ ڈریں اور ثابت قدمی سے کام لیتے ہوئے خدا کی مرضی اور منصوبوں کا پایہ تکمیل تک پہنچائیں۔ کیا آپ سچائی کے لئے کھڑے ہونے کے لئے تیار ہیں؟ کیا آپ سچائی کی خاطر ثابت قدم رہنے اور دُکھ اٹھانے کے لئے تیار ہیں؟ پولس رسول نے تیمتھیس کو اُبھارا کہ مستقل مزاجی اور تحمل مزاجی سے کام لیتے ہوئے خدا کے کلام کی منادی کرے۔ پولس رسول ہمیں بھی آج یہی پیغام دے رہا ہے۔

چند غور طلب باتیں

☆۔اس بات کا علم کہ ایک دن خداوند یسوع عدالت کرے گا، ہمارے طرزِ زندگی اور طرز خدمت میں تبدیلی پیدا کرتا ہے؟

☆۔کیا آپ خداوند یسوع کی فتح کی روشنی میں زندگی بسر کر رہے ہیں؟ اس سے آپ کو اپنی کاوشوں میں بے دل نہ ہونے میں کس طرح مدد ملتی ہے؟

☆۔اگر ہمارا معاشرہ خدا کے کلام کی واضح تعلیم کے مطابق تابعداری میں زندگی بسر کرتا تو آج کس قدر تبدیل ہو چکا ہوتا؟ آپ کس طرح کی تبدیلیاں دیکھنے کی توقع کرتے ہیں؟

☆۔کیا آپ کو یہ اعتماد ہے کہ آپ نے اچھی کشتی لڑی ہے؟ کیا آپ کی زندگی میں کچھ ایسے حصے ہیں، جن پر آپ کو غور و خوص اور کام کرنے کی ضرورت ہے؟ وہ کون سے حصے ہیں؟

چند اہم دُعائیہ نکات

☆۔خداوند کی شکر گزاری کریں کہ وہ جنگ میں فاتح ہو گا۔

☆۔ آنے والے دَور میں خداوند سے ایذارسانیوں کو برداشت کرنے کا فضل اور دلیری مانگیں۔

☆۔خداوند سے دُعا کریں کہ وہ آپ کی زندگی کا جائزہ لے اور آپ پر منکشف کرے کہ کون سی رکاوٹ کو اچھی طرح دوڑنے سے روکے ہوئے ہے۔

☆۔خدا کے کلام کے لئے اس کی شکر گزاری کریں۔ زندگیوں اور معاشرے میں تبدیلی کے لئے زیادہ سے زیادہ اُس کی تبدیل کر دینے والی قدرت پر بھروسہ اور اعتماد کرنے کی شکتی خداوند سے مانگ لیں۔

باب 33

میرے پاس آجا

2 تیمتھیس 4 باب 9 تا 22 آیت کا مطالعہ کریں

تیمتھیس کے نام لکھے گئے اس خط کے دوسرے حصہ میں، پولس رسول نے اپنی تنہائی کے احساسات کا اظہار کیا اور تیمتھیس کو اُبھارا کہ وہ جس قدر ممکن ہو اُس سے ملنے کے لئے آجائے۔ ہمیں انسانی رفاقت اور شراکت کی ضرورت کے پیشِ نظر پیدا کیا گیا تھا۔ جب خدا نے باغِ عدن میں انسان کو خلق کیا تھا تو اُس نے کہا کہ آدم کا اکیلا رہنا اچھا نہیں۔ اُس نے ایک عورت آدم کی ساتھی ہونے کے لئے پیدا کی۔ یہ بات دلچسپی کی حامل ہے کہ اُس وقت خدا کی انسان سے رفاقت تھی۔ اگرچہ آدم اور خدا کی رفاقت ہو رہی تھی تو بھی اُسے اِس ضرورت کے تحت پیدا کیا گیا کہ وہ دوسرے انسانوں کے ساتھ رفاقت رکھے۔ جب ہماری رفاقت انسانوں کے ساتھ منقطع ہو جاتی ہے تو پھر ہم خدا کے ساتھ رفاقت رکھتے ہوئے بھی تنہائی محسوس کرتے ہیں۔ اسی تنہائی کا یہاں پر پولس رسول ذکر کر رہا ہے۔

9 آیت میں پولس رسول نے تیمتھیس سے کہا کہ وہ اُس کے پاس آنے کے لئے ہر ممکن کوشش کرے۔ جب پولس رسول نے کہا کہ اُس کا آخری وقت قریب آرہا ہے تو پھر اس نے ساتھ ہی اسے اپنے پاس آنے بلکہ جلد آنے کے لئے بھی کہا۔ پولس رسول اچھی کشتی لڑ چکا تھا۔ اس کا آخری وقت قریب تھا۔ پولس رسول کو قطعاً یہ علم نہیں تھا کہ اس نے اس زمین پر کتنا عرصہ رہنا ہے۔ وہ انتقال سے پہلے اپنے روحانی فرزند کو دیکھنے کا خواہشمند تھا۔ اُس نے تیمتھیس سے کہا کہ وہ جس قدر جلد ممکن ہو اُس کے پاس آجائے۔

پولس رسول اِس لئے بھی شدت سے تنہائی محسوس کر رہا تھا کیونکہ بہت سے لوگ اُسے چھوڑ کر جا چکے تھے۔ 10 آیت میں پولس رسول نے تیمتھیس کو بتایا کہ دیماس اسے چھوڑ کر تھسلنیکے کو چلا گیا ہے۔ یہ تنہائی اور بھی تکلیف دہ ہو گئی تھی کیونکہ دیماس نے اس دُنیا کی محبت کا اسیر ہو کر پولس رسول کو چھوڑ دیا تھا۔ اِس وجہ سے پولس رسول اور بھی زیادہ پریشانی اور دُکھ کی حالت میں تھا۔

صرف دیماس ہی نے پولس سے بے وفائی نہیں کی تھی بلکہ کریسکینس گلتیہ کو اور ططس دلمتیہ کو چلا گیا تھا۔ اس وقت صرف لوقا اس کے ساتھ تھا۔ پولس رسول نے دوسروں کے ساتھ بھی مل کر خدمت کی تھی۔ مشنری سفروں پر ہمیشہ لوگ اس کے ساتھ ہوتے تھے۔ خداوند یسوع نے بارہ لوگوں کی ٹیم کے ساتھ مل کر کام کیا۔ پولس رسول نے اپنے خداوند کے نقشِ قدم پر چلتے ہوئے ٹیم کی صورت میں کام کیا۔ ہمیں خدمت گزاری میں دوسروں کی ضرورت پیش آتی ہے۔ ہمیں اُن کے تحفظ، حوصلہ افزائی اور مدد کی ضرورت پیش آتی ہے۔ پولس رسول نے دیندار لوگوں کی رفاقت کی کمی بہ شدت محسوس کی۔

11 آیت پر غور کریں کہ پولس رسول نے تیمتھیس سے بھی کہا کہ وہ مرقس کو ساتھ لے آئے کیونکہ وہ منسٹری میں بڑا مددگار تھا۔ یہ وہی مرقس ہے جو یوحنا مرقّس کے طور پر جانا جاتا تھا۔ یہی وہ مرقّس ہے جو برنباس اور پولس رسول میں تقسیم کا باعث ہوا تھا (اعمال 15:36-38) پولس رسول اس لئے بھی اس کے ساتھ خدمت نہیں کرنا چاہتا تھا کیونکہ اس نے ابتدائی مشنری سفر پر اُنہیں چھوڑ کر چلا گیا تھا۔ اب پولس اور مرقّس میں صلح ہو چکی تھی اس لئے اس نے تیمتھیس سے کہا کہ وہ اس کو بھی ساتھ لے آئے۔ کیونکہ وہ خدمت میں بڑے کام کا بندہ تھا۔ مرقّس اب زندگی میں کئی ایک سبق سیکھ چکا تھا اور ایمان میں پختہ اور مضبوط ہو چکا تھا۔ پولس رسول نے اسے کھلے بازوؤں قبول کر لیا تھا اور اب وہ

اُس سے ملنے کا مشتاق تھا۔

تخکس جو مشنری سفر میں پولس رسول کے ی ساتھ تھا(اعمال 4:20)اُسے افسّس میں موجود ایمانداروں کے درمیان خدمت کرنے کے لئے بھیجا گیا۔ ظاہری بات ہے کہ پولس رسول کی طرف سے ایک قربانی تھی لیکن وہ اُس کے ساتھ شراکت کرنا چاہتا تھا تاکہ افسّس کے ایماندار برکت پائیں۔

13 آیت میں پولس رسول نے تیمتھیس سے کہا کہ وہ اُس کا وہ چوغہ بھی لے آئے جو وہ کرپُس کے ہاں چھوڑ آیا تھا۔ ہمیں یہ تو نہیں بتایا گیا کہ وہ اپنا چوغہ وہاں کیوں چھوڑ ایا تھا۔ ممکن ہے کہ وہ آتے وقت اُس چوغے کو ساتھ لانا بھول گیا تھا یا پھر جلدی میں اُسے وہ چوغہ وہاں سے اُٹھانے کا موقع ہی نہ ملا ہوا۔ چوغے کے تعلق سے پولس رسول کی خواہش سے اُس صورتحال کا پتہ چلتا ہے جس میں وہ زندگی بسر کر رہا تھا یا ممکن ہے کہ اُس کی صحت دن بدن نیچے کی طرف جا رہی ہو۔ ظاہری بات ہے کہ اس کے پاس دوسرا چوغہ خریدنے کے لئے پیسے نہیں تھے۔ یہ بھی ممکن ہے کہ جس قید کوٹھری میں اُسے رکھا گیا تھا وہ سرد ہو اور اُسے اپنے آپ کو گرم رکھنے کے لئے اُس چوغے کی ضرورت پیش آئی ہو۔ خواہ کچھ بھی امکان ہو، یہ بات بالکل واضح ہے کہ مردِ خدا مالی اعتبار سے اچھی حالت میں زندگی بسر نہیں رہا تھا۔

اُس کے پاس بنیادی ضروریات زندگی کی کمی تھی۔ خدا کبھی بھی ہم سے بڑی دولت اور خوشحالی کا وعدہ نہیں کرتا۔ بعض اوقات اُس کے خدام دُکھ اور مالی مشکلات میں سے بھی گزرتے ہیں اور اُنہیں کئی ایک لحاظ سے گزارا کرنا پڑتا ہے۔ پولس رسول نے تیمتھیس سے یہ بھی کہا کہ وہ طومار بھی لیتا آئے جو وہ ترواس میں چھوڑ آیا تھا۔ ہمیں یہ تو نہیں بتایا گیا کہ ان طوماروں میں لکھا تھا۔

14 آیت میں، پولس رسول نے تیمتھیس کو بتایا کہ سکندر ٹھٹھیرے نے اُس سے بہت سی زیادتیاں کیں۔ پولس رسول تفصیل سے تو بیان نہیں کرتا کہ اُس نے اُس کے ساتھ کیسا نارواں سلوک اختیار کیا تھا۔ اہم بات یہ ہے کہ پولس رسول کا اس تعلق سے کیسا ردِ عمل تھا۔ جو کچھ بھی سکندر نے کیا تھا، پولس رسول نے وہ سب روّیہ اور اپنے ساتھ کی جانے والی بد سلوکی خدا کے سامنے رکھی۔ پولس رسول نے تیمتھیس کو سکندر کے بارے میں آگاہی دی تا کہ وہ اُس کے تعلق سے محتاط رہے اور وہ اُس کو کسی طرح سے کوئی نقصان نہ پہنچانے پائے۔(15)

خدا ہمیں فرزند جانتے ہوئے ہماری فکر کرتا ہے، وہ اس درد کو بھی محسوس تا ہے جو ہمیں ہوتا ہے۔ جو بد سلوکی ہمارے ساتھ کی جاتی ہے وہ اُس کو بھی دیکھتا ہے۔ اپنے ہاتھ میں معاملات لینے کی بجائے یہی بہتر ہے کہ ہم ایسے لوگوں کو خدا کے حضور لائیں یعنی اُن کے لئے دُعا کریں اور خدا کو ہی موقع دیں کہ وہ اُن سے نپٹے۔ مطلب یہ ہے کہ ہم اپنے اندر انتقام کی آگ کو جلنے کا موقع نہ دیں۔ دُشمن تو بار بار ہمارے ذہنوں میں سلوک اور روّیہ لائے گا جو ہمارے دُشمنوں نے ہمارے ساتھ کیا ہو گا۔ تاہم بدلہ لینا ہمارا کام نہیں ہے۔ ہمارا کام تو محبت کرنا، معاف کرنا اور سارے معاملہ کو خدا کے ہاتھوں میں دے دینا ہے۔

پولس رسول کو کئی طرح کے جھوٹے الزامات کا بھی سامنا تھا۔ لوگ اس سے دستبردار ہو رہے تھے اور اُس کے پیغام کی بھی مخالفت کر رہے تھے۔ ایسی صورتحال میں پولس رسول کو مدد اور حوصلہ افزائی کی ضرورت تھی۔ کوئی اُس کی مدد کے لئے آگے نہ بڑھا۔ 16 آیت میں پولس رسول نے خدا نے ساری صورتحال کو خدا کے سامنے رکھ دیا۔ پولس رسول نے خدا سے دُعا کی کہ وہ اُس کے دوستوں کے روّیہ کے مطابق اُن سے نہ نپٹے۔ آزمائش اور

دُکھ کی گھڑی میں اگرچہ سبھی اسے چھوڑ کر چل دیئے تاہم پولس رسول جانتا تھا کہ خداوند اُس کے ساتھ ہے۔ اُس نے آگے بڑھنے کے لئے خداوند کی طاقت اور شکتی اپنے اندر محسوس کی۔ ایسے دنوں میں بھی خدا نے اُسے انجیل کی منادی کے لئے استعمال کیا۔ وہ شیر کے منہ سے چھڑایا گیا۔ اُس کے دشمن یہی چاہتے تھے کہ پولس رسول کو شیر کھا جائے۔ خدا نے اُس کی محافظت کی اور اُسے بچالیا۔ پولس رسول کو یہ اعتماد تھا کہ خدا اسے ہر برے حملہ سے بچا کر اپنی بادشاہی میں سلامتی سے پہنچائے گا۔ پولس رسول اِس بات پر بھی ایمان رکھتا تھا کہ اگر اُسے موت کا سامنا بھی ہوا تو بھی خداوند اُسے موت سے بھی بچائے گا۔

اس خط کا اختتام کرتے ہوئے، پولس رسول نے پرسکلہ اور اِکولہ کو سلام بھیجا۔ یاد رہے کہ یہ جوڑا پولس رسول کی مشنری خدمت میں اس کا ہم خدمت اور مددگار بھی تھا۔ اس نے انیسفرّس کو بھی سلام بھیجا(19 آیت) وہ تیمتھیس کو اراستس کے بارے اچھی خبر دیتا ہے جو کہ کرنتھس میں رہتا تھا اور ترفِمس جو کہ ملتے میں بیمار ہو گیا۔(20) اس نے یُوبُولس، پُودینس، لِینُس اور کلودِیہ اور سب بھائیوں کی طرف سے سلام بھیجا۔ کچھ ایسے لوگ تھے جنہیں پولس اور تیمتھیس جانتے تھے۔ اور منسٹری میں اُن لوگوں نے ساتھ مل کر کام بھی کیا تھا۔

21 آیت میں پولس رسول نے تیمتھیس سے کہا کہ موسم سرما شروع ہونے سے پہلے اس کے پاس آنے کی پوری کوشش کرے۔ شاید یہی وجہ تھی کہ وہ اسے کہہ رہا کہ وہ اس کا چوغہ بھی ساتھ لے آئے۔ وہ اس دُعا کے ساتھ اس خط کو اختتام پذیر کرتا ہے کہ خداوند تیمتھیس کے ساتھ رہے گا اور اُس کی روح کو تازہ بھی کرے گا۔

اِس خط سے ہمیں تیمتھیس کے لئے پولس رسول کے دل کی لالسا کا علم ہوتا ہے۔ وہ بطور

فرزند جانتے ہوئے تیمتھیس سے محبت رکھتا تھا اور دل میں اِس بات کی گہری ضرورت محسوس کرتا تھا کہ وہ اُس کے پاس آجائے اور شخصی طور پر اُس سے ملاقات کرے۔ یہ جانتے ہوئے کہ اس کے انتقال کا وقت قریب آرہا ہے، پولس رسول کہ یہ بہت اہم تھا کہ وہ اپنے ایمان کے فرزند کو ملے۔

تیمتھیس کے نام لکھا گیا یہ خط مکمل طور پر اسی کے بارے میں ہے۔ اُس نے اسے ہدایت کی کہ کس طرح اُس نے اپنے ایمان میں آگے بڑھنا ہے۔ اِس خط کا مقصد تیمتھیس کے لئے برکت چاہنا بھی تھا۔ اُس نے خدمت کا علم اُس کے ہاتھوں میں دیتے ہوئے اُس کی حوصلہ افزائی کی تا کہ وہ انجیل کی خدمت کے لئے جانفشانی سے آگے بڑھتا ہوا چلا جائے۔

چند غور طلب باتیں

☆۔ کیا بطور ایماندار آپ نے کبھی تنہائی محسوس کی ہے؟ مسیح کے بدن میں ہمیں ایک دوسرے کی ضرورت کے تعلق سے یہ حوالہ ہمیں کیا تعلیم دیتا ہے؟

☆۔ ہم اِس حوالہ میں دیکھتے ہیں کہ کس طرح پولس، یوحنا مرقس کی آپس میں صلح ہوگئی۔ کیا کچھ ایسے لوگ ہیں جن سے آپ کو آج کے دن صلح اور میل ملاپ کرنے کی ضرورت ہے؟

☆۔ پولس رسول یہاں پر اپنا چوغہ منگوا رہا ہے، اس سے ہمیں اس کے حالات کے بارے میں کیا جانکاری حاصل ہوتی ہے جن میں وہ زندگی بسر کر رہا تھا؟ کیا خدا کا یہ وعدہ ہے کہ ہم ہمیشہ عیش و عشرت، مال و دولت اور آرام و سکون کی زندگی بسر کریں گے اور کبھی کوئی رنج والم، دُکھ درد اور مسائل اور مصائب ہماری زندگی میں نہیں آئیں گے؟

☆۔ پولس رسول سکندر ٹھٹھیرے کے تعلق سے کیسا رویّہ اختیار کرتا ہے؟ کیا کبھی آپ نے اُن کو خدا کے ہاتھوں میں دیا ہے جو آپ کو نقصان پہنچاتے ہیں؟

☆۔ کیا آپ کے اِرد گرد کچھ مسیحی لوگ ہیں جو تنہائی کا شکار ہیں؟ آپ کے خیال میں خدا کیا چاہتا ہے کہ آپ یا آپ کی کلیسیا ایسے ایمانداروں کو تعلیم دیں؟

چند اہم دُعائیہ نکات

☆۔ خداوند کی شکر گزاری کریں کہ خواہ سبھی چھوڑ جائیں، وہ نہ تو ہم سب دستبردار ہو گا اور نہ ہی وہ ہمیں ترک کرے گا۔

☆۔ کیا آج آپ کو کڑے امتحانوں اور مسائل کا سامنا ہے؟ خداوند سے دُعا کریں کہ وہ ان دشوار اور ناخوشگوار حالات میں اپنی حضوری کو ظاہر کرے۔

☆۔ ایسے لوگوں کو خدا کے سپرد کرنے کے لئے خدا سے مدد اور فضل چاہیں جو آپ کے لئے دُکھ اور نقصان کا باعث ہوتے ہیں۔ ایسے لوگوں کو معاف کرنے اور ان سے اظہار محبت کرنے کی توفیق بھی خداوند سے چاہیں۔

☆۔ خداوند سے دُعا کریں کہ وہ آپ کے دل کو ٹٹولے اور آپ پر ظاہر کرے کہ آیا کوئی ایسا شخص ہے جسے معاف کرنے کی ضرورت ہے۔

☆۔ کیا آپ کسی ایسے شخص سے واقف ہیں جو آج تنہائی کا شکار ہے؟ خداوند سے رہنمائی چاہیں کہ آپ کس طرح اس شخص کے لئے خدمت گزاری کا کام سرانجام دے سکتے ہیں۔

لائٹ ٹو مائے پاتھ بک ڈسٹری بیوشن

Light to My Path Book Distribtion

لائٹ ٹو مائے پاتھ منسٹری (ایل ٹی ایم پی) کتابوں کی تصنیف اور تقسیم کی ایک ایسی منسٹری ہے جو کہ برِ اعظم ایشیا، لاطینی امریکہ اور افریقہ میں ضرورت مند مسیحی کارکنوں تک پہنچ رہی ہے۔ ترقی پذیر ممالک میں بہت سے ایسے مسیحی کارکن بھی ہیں جن کے پاس اِتنے وسائل نہیں ہیں کہ وہ بائبل ٹریننگ کے لئے جا سکیں یا اپنی شخصی ترقی اور بڑھوتی اور کلیسیائی ضرورت کے لئے بائبل سٹڈی کا مواد خرید سکیں۔ زیرِ نظر کتاب کا مصنف ایکشن انٹر نیشنل منسٹریز کا رُکن ہے جو کہ پوری دُنیا میں ضرورت مند مسیحی کارکنوں اور پاسبانوں کے درمیان مفت یا قیمتاً کتابوں کی تقسیم کے عزم کے ساتھ کتابیں لکھ رہا ہے۔

آج اِس وقت تیس سے زیادہ ممالک میں ڈیووشنل کمنٹری سیریز اور لائف اِن دی کرائسٹ سیریز میں ہزاروں کتب، منادی، سلسلہ تعلیم بشارتی خدمت اور مقامی ایمانداروں کی روحانی ترقی اور نشو نما کے لئے استعمال کی جا رہی ہے۔ اِن سیریز میں یہ کتب ہندی، فرانسیسی، ہسپانوی، اور ہیٹین کریول زبانوں میں ترجمہ ہو چکی ہیں۔ جبکہ اُردو زبان میں کتب کے تراجم کا سلسلہ گزشتہ بارہ سالوں سے جاری ہے۔ ہمارا نصب العین جہاں تک ممکن ہو زیادہ سے زیادہ ایمانداروں تک اِن کتب کو مہیا کرنا ہے۔

لائٹ ٹو مائے پاتھ منسٹری ایک ایسی منسٹری ہے جو ایمان کے سہارے چل رہی ہے اور پوری دُنیا میں ایمانداروں کی مضبوطی اور حوصلہ افزائی کے لئے کتب کے تراجم اور تقسیم کے پیشِ نظر اپنی مالی ضروریات کے لئے خُداوند پر توکل کرتی ہے۔ آپ سے گزارش ہے کہ کتب کے دیگر زبانوں میں تراجم اور تقسیم کے لئے دُعا کریں۔ خُداوند آپ کو برکت دے۔ آمین

Rev F. Wayne. Mac Leod
